俄罗斯与外高加索三国安全合作研究

СОТРУДНИЧЕСТВО МЕЖДУ РОССИЕЙ И ЗАКАВКАЗСКИМИ СТРАНАМИ В СФЕРЕ БЕЗОПАСНОСТИ

姜磊 著

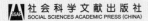
社会科学文献出版社
SOCIAL SCIENCES ACADEMIC PRESS (CHINA)

序

外高加索地区是欧亚大陆的交界之处，基督教、东正教、伊斯兰教在这里碰撞，独联体、集体安全条约组织、北大西洋公约组织、欧洲联盟、上海合作组织、古阿姆、欧亚经济联盟等各展身手，俄罗斯、美国、欧盟（国家集团）等大国，土耳其、伊朗、乌克兰等中等国家在这里争夺，因而这一地区具有极为重要的地缘战略价值。但一直以来，相较欧美等热门区域，国内对外高地区的研究兴趣较低，学术专著更是寥寥无几。本书以该区域为研究对象，能够填补相关研究的某些空白，是一部具有特色的学术著作。

本书的学术价值主要体现在下述三个方面。首先，深入挖掘和系统梳理了外高三国——格鲁吉亚、阿塞拜疆和亚美尼亚的安全战略和外交政策，为后续的研究者提供基础和借鉴。其次，兼顾大小国视角，对俄罗斯与外高三国安全关系进行了系统的研究与分析，不仅对大国俄罗斯的安全考量和战略运筹有准确把握，更是充分挖掘了格鲁吉亚等小国独特的安全和战略逻辑，避免了类似研究中经常出现的重大轻小的问题，提升了研究的客观性、科学性，也为研究大小国间关系提供了一定的方法借鉴。最后，对新现实主义国际体系结构理论进行拓展，从结构层面解释了为何处于相同地理空间与共同历史环境中的外高国家却与俄罗斯发展出截然不同的安全关系。华尔兹国际体系结构本质上所强调的是大国力量的分布，小国在其中处于被忽略状态，这令该理论难以充分解释俄与外高三国安全关系的发展演变。本书则另辟蹊径引入地区结构，从全球层面的国际体系结构与独联体地区结构这一双重结构的矛盾互动中找到了令人信服的解释，具有理论上的创新性。

本书也具有很强的现实价值。近年来，随着我国综合国力和国际影响力的迅速提升，我国的海外利益持续拓展，很多原本处于我国关注重点之外的区域与我国利益联系日益增加，这其中就包括外高加索地区。该地区是我国倡议的丝绸之路经济带的沿线地区。但很不幸的是学界对形势发展的预见性存有不足，对这些区域和国别的研究较少，不能满足形势发展的需要。本书对这些非热点区域展开的前瞻性研究因而具有了特殊的价值，符合我国海外利益维护和拓展的客观需求。具体而言，本书所做的研究，在一定程度上可以为相关部门处理与外高国家关系或判断、应对外高区域安全形势变化提供有益的借鉴与参考，同时也有助于我们把握和理解俄罗斯地缘安全战略和战略利益关切点，在拓展自身利益时避免与其产生不必要的误会与摩擦。

姜磊在北京师范大学攻读国际关系专业硕士和博士学位。他学习刻苦，学风端正，善于思考问题，学术基础比较扎实。本书运用现实主义国际关系理论来研究俄罗斯与外高加索三国的安全关系问题，是他在其博士学位论文基础上修改和延展而成。

作为作者的博士指导教师和一名国际问题研究者，我希望本书能够有助于引发更多研究者对于外高加索区域以及类似"冷门"区域的关注，共同填补相关学术研究的空白，也为"一带一路"在亚欧区域的建设提供急需的智力支撑。

是为序。

李 兴

于京师园

2019 年 8 月

目　录

前　言

外高加索又称南高加索，主要包括格鲁吉亚、亚美尼亚和阿塞拜疆三个独立的共和国。外高加索具有重要的地缘战略地位。它地处欧亚大陆的连接带，东靠里海，西临黑海，南接土耳其和伊朗，北依俄罗斯，基督教和伊斯兰教在这里交汇，北约、独联体、古阿姆集团、集体安全条约组织在这里博弈。外高加索地区成为当今世界历史、文化、种族、宗教最具多样性的区域之一。苏联时期，外高加索就是其东、南、西三大安全方向之一，是苏联保护南翼战略安全、威慑土耳其、南下中东的重要战略桥头堡。如今，外高加索不仅是俄战略南下的重要通道，而且是连接亚欧大陆的纽带和丝绸之路经济带中线的必经之路。外高加索在能源领域也拥有重要的战略价值，这主要源于它控制着里海盆地和中亚油气资源西输的重要通道。布热津斯基将这一地区特别是其中的阿塞拜疆形容为封闭里海中亚地区的"软木塞"，正是对外高加索地缘战略地位的一种形象描述。此外，外高加索本身拥有较为丰富的石油和天然气资源，阿塞拜疆共和国是世界第一口油井所在地，在苏联时期一度供应了全苏 85% 的石油需求。因此，外高加索堪称欧亚大陆中心地带的地缘战略枢纽，控制了该地区，就能在相当程度上掌握欧亚心脏地带的战略主动权，对地区和世界格局产生重大影响。

俄罗斯与外高加索地区具有特殊的紧密关系。在历史上外高加索区域长期处于俄罗斯控制之下。沙俄时代，外高加索就已经被并入沙俄帝国的版图，接受俄罗斯的政治统治和文化同化。苏联时代，外高加索三国与俄罗斯同为苏联的加盟共和国，是苏联南部安全的屏障和南下中东的战略桥头堡。这种历史形成的政治、经济、文化等各层面的紧密联系使得俄罗斯与外高加索三国间的关系较为特殊，不同于普通国家间关系。俄罗斯仍然将外高地区视为自身势力范围，而外高加索三国也将俄罗斯作为特殊的外部国家来对待。

苏联解体后，俄罗斯由于自身转型中的混乱和幼稚，一度对地缘战略竞争不屑一顾，对外高加索予以漠视，甚至将其视为麻烦和包袱，唯恐避之不及。随着对西方幻想的不断破灭，俄很快地就对先前幼稚的对外政策和战略进行了调整，努力恢复和提升自身在外高地区的传统地位。而外高三国在经历了独立后的混乱与兴奋后，也开始寻求在保障自身独立地位的前提下与俄罗斯发展正常的双边关系。因此，大致从 1993 年开始，俄罗斯与外高三国基本恢复了传统的经贸往来与政治联系，互动交往逐步加深。

从现实来看，俄与外高三国双边关系中最值得瞩目的当属安全关系。作为新独立国家，国家生存和主权独立往往是其首要关注目标，也就是说，安全是这三个国家的第一目标。相对大国而言，这一规律对于外高加索三国这样的小国更为适用。格鲁吉亚、亚美尼亚和阿塞拜疆都是典型的小国，在历史上长期处于俄罗斯帝国统治之下，只在短暂的时期获得过独立。对于这些国家而言，如何维护来之不易的独立地位和有限的领土空间是其最为重要的国家利益和战略目标，安全因素在这些国家的战略和决策中高于其他因素，在其对外关系中具有主导作用。因此，探讨俄罗斯与外高加索三国的安全关系对于研究俄与外高三国整体关系的发展演变和现状特点等都具有极为重要的作用。

值得关注的是，俄罗斯与外高加索三国独立后在安全领域逐步形成了三种截然不同的互动态势：俄与格鲁吉亚矛盾不断深化，最终走向了战争；俄与亚美尼亚在安全领域的合作日益紧密，军事联合趋势明显；俄与阿塞拜疆合作与制衡并存，存在矛盾却又在安全领域保持着相当的合作关系。同处于外高加索这一狭小地区又有着共同历史经历的三个国家为何与俄罗斯形成三种迥然不同的安全关系？对于其中原因的研究与探寻不仅有助于理清俄与外高三国关系演变发展的轨迹，还有助于进一步探寻小国与大国在安全战略和政策上的共性与差异。

一　本书的选题意义及研究价值

俄罗斯与外高加索三国间的安全关系是值得中国学界研究探讨的问题，其不仅具有重要的学术价值，还具有很强的现实价值。

（一）增强国内学界对外高加索地区的关注与研究

随着世界能源需求的不断增长、里海油气资源的勘探开发以及阿富汗战争和伊拉克战争后地缘战略的需要，西方特别是美国与俄罗斯围绕外高加索展开了持续的争夺。外高加索三国的重要性为西方战略界所重视，有专业研究人员持续追踪跟进，取得了一系列具有深度的研究成果，为西方介入外高事务提供了智力支撑和资料储备。反观我国，对于外高加索地区的关注度远低于西方学界。在 2008 年俄格战争之前，国内国际关系等相关学界关注该地区的研究者和研究成果都极为稀少。虽然由于俄格战争国内学者对该地区的关注一度有所上升，但主要关注点集中于这场战争本身及其对美俄关系的影响，而对于外高加索国家自身战略地位和作用的研究仍然相当不足。造成这种局面的最重要原因在于，此前中国的实力和国际影响力仍较为有限，国家海外利益的外延也相应较窄，在外高地区的利益需求不明显。而随着能源需求的攀升、国家利益的扩展，特别是"一带一路"建设的推进，中国在外高加索地区的海外利益必然不断增加，将来该地区地缘战略的某些重大变化也极有可能会影响到我国的相关重大利益，因此需要未雨绸缪，加强国内学界对该地区相关问题的研究与探讨，为未来中国维护和拓展在此区域的海外利益、应对相关变局提供智能储备。

（二）考察特殊大国与小国之间的安全关系

格鲁吉亚、亚美尼亚和阿塞拜疆都是标准的小国，俄罗斯与三国关系均为大国和小国间的关系，但是这种大国与小国间的关系又具有自身鲜明的特殊性。俄罗斯与外高加索三国均是从苏联分离出来的国家，由于长期同属一个国家的历史，俄与三国间存在着极为特殊的联系，依赖与抗衡、亲密与憎恶复杂交融，令彼此间的关系很难完全用主权国家间关系的尺度进行衡量。类似这种特殊的关系在俄罗斯与乌克兰、白俄罗斯、哈萨克斯坦等前苏联加盟共和国国家间均不同程度地存在，此外在一定程度上也存在于印尼与东帝汶、塞尔维亚与科索沃等双边关系中。

此外，俄罗斯和外高加索三国均经历了社会制度的转变与重组，由原来的苏联社会主义制度向西方资本主义制度转变。转型带来国家利益的重新界定，引发国家政策的改变。直至今日，这种转型仍然在继续之中，对俄罗斯与外高三国的关系产生了持续而重要的影响，令这些双边关系与普通国家间关系相比具有明显的不同。

俄罗斯与外高三国这种大国与小国的关系虽然特殊，却具有一定的普遍性，俄罗斯与独联体国家以及印尼与东帝汶的关系属于同一类型。研究这种特殊的大国与小国之间的关系对于探讨类似特点的国家间关系具有启发意义。

（三）增进对俄罗斯周边安全战略的理解

俄罗斯是中国最大的邻国及最主要的战略协作伙伴，其安全战略特别是周边安全战略对中国安全乃至国际安全都会产生重要影响，应予以关注和深入研究。外高加索地区是俄罗斯周边安全体系中极为重要的一环，因为该地不仅是俄罗斯南下中东的重要通道，也是巩固和维护其在黑海、里海地区传统利益的战略要地，更是保证俄南部边界安全与稳定的天然屏障。俄罗斯与外高国家安全关系的发展变化及其状态很大程度上体现出俄周边安全战略的内在特点及其动向趋势。考察俄罗斯与外高加索三国的安全关系，有利于深化对俄罗斯周边安全战略的理解，增进对其战略的内在考量和深层逻辑的认知，同时也有助于强化对俄周边安全战略未来走向的预测和判断。

（四）促进中国西向战略空间国家利益的实现和维护

中国目前西向安全战略的关注重心是中亚，但对与之紧邻的外高加索逐步显示出更为浓厚的兴趣。随着国家实力的迅猛发展以及丝绸之路经济带的顺利推进，中国国家利益的外延将会加速扩展，在外高加索地区的相关利益只会日渐增多而非减少，特别是国内经济发展对石油、天然气的旺盛需求，将会推动中国对外高加索这一里海油气资源开发和对外输出关键通道的关注和必要介入。即使剔除能源方面的考量，作为和中亚紧密相连的区域，外高加索地区与中亚在安全领域存在着联动性，外高安全局势变化会对中亚安全态势乃至战略

4

形势产生显著影响，而中亚与中国新疆地区紧密相连，其安全问题往往会对中国新疆乃至中国西部安全产生直接冲击，因此当前中国在处理西部安全问题以及维护和拓展西向战略空间安全利益时应该将外高加索纳入其中，提升其所占的比重。

中国在西向战略空间利益的实现和维护离不开俄罗斯的理解与配合，最低限度也应避免俄的误解与直接阻挠。由于中亚五国及外高三国均是前苏联加盟共和国，俄罗斯在处理与这些国家的安全关系时有独特的思考方式及利益诉求，中国对此须予以重视，进行深入的研究，并制定相应对策，以避免与俄产生不必要的矛盾。而研究俄罗斯与外高三国的安全关系对此显然是很有助益的。

二　国内外在相关领域的研究现状

对于外高加索地区的关注度，总的态势是国外学界远远高于国内学界。中国国际关系学界在苏联解体以后的关注焦点是美欧，对于后苏联空间的关注度与苏联时期相比急剧下降。随着上海合作组织的发展和西部安全局势的变化，国内学界对中亚地区的研究热情逐步增加，特别是伴随"一带一路"的展开，对中亚地区的关注呈上升态势，研究也日益增多，对与之相邻的外高加索地区的关注度虽较之以往有了增加，① 却仍然十分有限。目前对这一地区关注较多的学者主要集中于中国社会科学院俄罗斯中亚东欧研究所以及新疆大学、新疆社会科学院、黑龙江大学、兰州大学等少数机构，人数较少，且主要研究领域往往并非外高地区。与之相比较，国外学界对外高加索地区有较高的重视，在欧美等国都有为数不少的相关研究机构对之进行持续的研究，如美国哈佛大学的贝尔福中心（Belfer Center）、英国皇家联合研究所（Royal United Services Institute）、荷兰国际关系研究所（Clingendael Institute）等。这些机构拥有一批持续长期研究高加索地区的学者，他们对该地区的政治、经济、文化、外交等众多领域进行了深入的研究，做出了相当丰富的研究成果。然而，具体到俄罗斯与外高加索国家安全关系这一领域，国内外均呈现成果相对偏少的状态。

---

① 比如天水师范学院历史文化学院于 2016 年成立了高加索研究所，专门从事高加索地区问题研究，主要研究方向有：高加索历史与文化研究、高加索民族与宗教研究、高加索当代国际政治和经济研究、高加索与"一带一路"倡议研究。

（一）国内研究现状

对于俄罗斯与外高加索三国的安全关系，国内学界没有给予太多关注。目前，国内基本没有以外高加索为独立研究对象的专门机构，与之相关的研究者主要集中在中国社会科学院俄罗斯东欧中亚研究所等以俄罗斯、中亚、"一带一路"为主要研究对象的机构中。正是因为长期处于相对被忽视的状态，相关研究成果并不多。从苏联解体外高加索三国独立以来，有关该地区的学术成果数量与其他热点地区相比悬殊自见，不仅系统性的学术专著难得一见，就连有关学术论文也是相当有限。

通过对现有成果的分析，可以发现国内关于外高加索地区的研究呈现出以下特点。

1. 总体热度不高，但关注度有所上升

目前已有的成果，绝大部分完成于 2001 年"9·11"事件后，而其中的大部分又集中于 2008 年俄格战争之后。这种情况从国内大学研究生毕业论文选题中也能得到佐证。通过整理发现，研究领域与外高加索地区相关的硕士、博士学位论文基本完成于 2008 年之后，这些论文包括：2008 年，李建军的《试析美俄对外高加索的争夺》；2009 年，张建勋的《论美国在中亚外高加索的战略利益及其制约因素》；2009 年，陈思旭的《后冷战时期俄美对格鲁吉亚局势的影响》；2009 年，江伟的《俄罗斯与格鲁吉亚关系评析》；2010 年，朱恪川的《南奥塞梯事件后美俄关系的现状和未来走向》；2010 年，蒋晨峰的《论中亚外高加索地区的"大博弈"与"小博弈"》；2010 年，刘丽的《试析俄、美对外高加索的争夺》；2010 年，滕仁的《地缘政治视角下的俄罗斯与外高加索国家关系研究》；2014 年，韩亚伟的《冷战后俄罗斯对阿塞拜疆政策研究》；2014 年，滕淑晶的《美俄在外高加索地区的博弈及对地区稳定的影响分析》；2014 年，张翔宇的《新世纪以来外高加索地区形势及发展前景》；2015年，宋波的《苏联解体后俄罗斯与阿塞拜疆的关系研究》；2016 年，梁英超的《苏联解体后的俄罗斯与格鲁吉亚关系研究》；2017 年，阮祥坤的《俄罗斯外交政策演变的双层博弈视角——以外高加索三国地区冲突调节机制为例》；等等。可以说，除少量长期跟踪的研究者外，无论是学者还是未来可能成为学术研究者的院校学生，对外高三国的研究和关注更多是起自 2008 年之后。令人欣喜的是，虽然围绕外高加索展开的研究总量目前依旧相对较少，但趋势有所改变，更多的研究者开始关注这一区域，成果逐渐增多。随着美国对中亚高加索的介入、俄罗斯实力地位的恢复和上升，特别是乌克兰危机发生后俄美在叙利亚等外高加索周边地区的战略博弈升级，中国学界对外高地区的研究热情已经显著增加。未来伴随中国安全战略的调整、丝绸之路经济带的推进及对陆上能源供给需求的增长，国内学界对该地区的关注度还会持续上升。

2. 研究成果以论文为主，学术专著数量极少

目前能够查到的国际关系、战略或安全领域以外高地区为对象的研究成果绝大多数都是在各类期刊上发表的学术论文，学术专著仅有 2014 年滕仁的《地缘政治视角下的俄罗斯与外高加索国家关系研究》一书。① 社会科学文献出版社曾在 2005 年推出《列国志》系列丛书中的《列国志·格鲁吉亚》、《列国志·亚美尼亚》和《列国志·阿塞拜疆》，这些书对外高三国的国内政治情况和对外关系都有涉猎，不过均是编著，属于对基本情况的梳理介绍。学术专著的匮乏显示出当前国内学界对涉及外高加索地区进行持续跟踪研究的人员依旧不足，因为一般而言，专著较之期刊论文对问题的研究要更为系统深入，要求投入的时间也更为持久。

3. 将大国特别是俄美与外高地区联系起来进行研究，较少关注外高加索三国本身

现有的论文中，有相当大比例将关注点集中于大国尤其是俄美等大国对外高地区的战略、政策以及大国间的战略博弈。如赵龙庚的《大国在高加索地区的利益博弈》，汪金国、王志远的《论冷战后俄罗斯对外高加索战略的演变》，朱锋的《俄格冲突的国际政治解读》，毕洪业的《转型以来俄罗斯与外高加索国家关系的演变》，王晓玉、王月红的《美俄争夺外高加索的发展态势》，李抒音的《外高加索形势对俄罗斯安全环境影响分析》，张建勋的《制约美国在中亚和外高加索战略利益的俄罗斯因素》，涂志明的《冷战后欧盟对南高加索地区政策研究——政策演变、主要动因和影响要素》。这些研究的侧重点主要在大国一方，从大国的视角研究探讨外高地区局势的变化发展，探讨

---

① 滕仁：《地缘政治视角下的俄罗斯与外高加索国家关系研究》，黑龙江大学出版社，2014。

大国实力地位或大国间博弈态势因此将会受到的影响。对于格鲁吉亚、亚美尼亚和阿塞拜疆这三个小国的研究则较为缺乏，较少对小国的战略构想、政策动因等进行深层次的系统分析。

4. 较多综合性概括及对热点问题的梳理分析，细致性持续性研究不足

目前在对外高加索问题的研究中，宏观性的概括分析较为普遍，如对俄与外高关系演变的梳理、俄美在该地区总体战略的描述等，对问题领域进行细分并进行细致性跟踪研究的成果并不多见，这就导致对很多问题的探讨大多止于宏观层面，进而导致一些研究结论似是而非，既没有找到问题的复杂根源，也缺乏对未来变化的预见。同时，一些研究者仅是基于对热点关注而对外高地区研究产生一时的兴趣，其研究缺乏持续性。我们可以看到，2008 年俄格战争后，出现了一批相关论文，但经分析发现，其中一些学者此前并未有外高领域的研究成果，其后也未有进一步的学术跟进，研究随热点的冷却而断裂，这表明学界对外高地区的研究在持续性上还存在较大的提升空间，不仅要关注热点还应对基础性问题持续跟进。

总体而言，国内学界目前对外高加索地区的研究还处于起步阶段，关注度虽然在增加但仍然偏低，其中对于俄罗斯与外高国家安全关系的系统性研究更是寥寥无几。

（二）国外研究现状

由于外高加索紧邻欧洲和油气能源丰富的中东、里海地区，欧美学界对该地区的关注和成果都相对较多，研究成果从时间上看分布也较为均衡，表明国外对这一地区的研究具有较好的连续性。目前欧美学者对外高地区的研究主要呈现出以下三个特点。

1. 依托于专业学术机构和国际组织的支持

目前欧美国家有很多对外高加索地区较为关注的学术研究机构和国际组织，例如美国的中亚高加索研究所（Central Asia-Caucasus Institute）[①]，詹姆士顿基金会（The Jamestown Foundation），英国的外交政策中心（The Foreign

---

① 美国霍普金斯大学的中亚高加索研究所（Central Asia-Caucasus Institute）是欧美研究外高问题的著名机构。

Policy Centre），法国的法国国际关系研究所（Institut français des relations internationales，IFRI），瑞典的斯德哥尔摩国际和平研究所（Instituto per gli Studi di Previsione e le Ricerche Internazionali，SIPRI），荷兰的国际关系研究所（Clingendael Institute），以及欧盟的 ISS 安全研究所（Institute for Security Studies）等。已进行的关于外高地区的研究，很多是由这些研究机构给予支持，并以报告的形式将成果出版或刊登在该机构的刊物或网站上。例如 O. Antonenko，"Further conflict on the cards for troubled South Ossetia"，是在 SIPRI 支持下做的研究报告；M. Huber，"State-building in Georgia：Unfinished and at Risk?"，是由荷兰国际关系研究所进行资助；Dov Lyncb（ed.），"The South Caucasus：A Challenge for the EU" 则是按 ISS 的要求进行的转型研究。正是由于有这些研究机构和国际组织的资金支撑，欧美学者对于外高地区的研究才能长期保持较高的热情，不断地对新问题展开探讨。

2. 重点关注安全与能源问题

外高加索地区紧邻欧洲大陆，地区安全等问题易于向欧盟地区传导扩散。同时，欧盟一直在寻求降低对俄罗斯油气资源的过度依靠，里海地区巨大的油气储量引发了欧盟浓厚的兴趣，而作为里海油气向其输出的唯一可行通道的外高地区自然成为其关注的焦点。此外，从地缘政治上看，控制外高加索地区就能够直接威胁俄罗斯柔软的下腹部，减轻欧洲对俄能源依赖，同时对伊朗也有牵制作用，这符合美国的欧亚大战略及与俄罗斯战略博弈的需要。这些现实利益促使欧美学界将对该地区的关注重点集中在了安全和能源领域。在这些领域的研究成果与其他领域相比要丰富得多。比如，涉及安全问题的研究成果：Fall，Brian，"Conflict in the South Caucasus"，K. Yalowitz & S. E. Cornell，"The Critical but Perilous Caucasus"；Narochnitskaya，Natalia，"Caucasian Wars as an Instrument of Geopolitics"；Stulberg，Adam，"Moving Beyond the Great Game：The Geoeconomics of Russian Influence in the Caspian Energy Bonanza"；Russetski，Alexander and Siegfried Woeber，"Abkhazia and South Ossetia：Basic Principles for an Effective Transformation of the Peace Process（7D）"；J. Goodhand and T. Vaux，"War and peace in the Southern Caucasus"；Macfarlane，"Security and development in the

Caucasus",等等。涉及能源问题的研究成果: Blank, S. J.,"Energy and security in Transcaucasia"; Billmeier, A., Dunn, J. & Selm, B. van, "In the Pipeline: Georgia's Oil and Gas"; Hansen, S., "Pipeline Politics, The Struggle for Control of the Eurasian Energy Resources"; Nassibli, N., "Azerbaijan's Geopolitics and Oil Pipeline Issue",等等。

3. 重视大国和重要国际组织在外高加索地区的角色及作用

欧美学者重视各主要相关国际行为体在外高地区的角色及作用,不仅关注俄罗斯、美国两大力量在外高地区所扮演的角色及影响,重视欧盟、北约在该地区的利益诉求及影响力,还对伊朗和土耳其等地区大国在外高地区所发挥的作用加以深入分析。比如,涉及俄美的论文: Chepurin, Aleksandr, "Seven Subjects on Russian-Georgian Agenda"; Karaganov, Sergei, "Russia and Beyond. Moscow and Tbilisi: Beginning Anew"; Ivanov, Y., "Russia's National Security Problems in Transcaucasia and the Era of Globalization"; Blank, S. J., "U. S. Military Engagement with Transcaucasia and Central Asia"; Kotanjian. "Armenian Security and U. S. Foreign Policy in the South Caucasus",等等。涉及欧盟的论文: "Conflict Resolution in the South Caucasus: the EU's Role"; J. Shea, "Energy Security: NATO's Potential Role", "The Role of NATO in the Security of the Black Sea Region"; J. DeTemple. "Military Engagement in South Caucasus-NATO"; J. DeTemple, "Military Engagement in South Caucasus-NATO",等等。涉及伊朗与土耳其的论文: Shaffer, "Iran's Role in the South Caucasus and Caspian Region: Diverging Views of the U. S. and Europe"; T. Martirosyan: "Iran in the Caucasus: Keeping balance in volatility"; A. Katen. "Iran's Territorial Disputes with its Caspian Sea Neighbours"; "External Actors, and Turkish Policy in the Caucasus",等等。

欧美学界对外高加索地区的研究较之国内更为成熟和深入,不过就俄罗斯与外高加索三国安全关系这一问题领域而言,同样也缺乏系统性的学术专著。同时,由于许多欧美学者或多或少持有西方中心主义观点,在研究过程中习惯性地将西方标准作为评判尺度,存在着轻视外高国家本身历史和传统,居高临下进行分析评价的问题。此外,一些学者还将俄罗斯在该地区的作用过度负面化，突出强调俄罗斯与外高加索国家的矛盾，弱化两者的内在联系，损害了研究成果的客观性。

三　本书主要研究目标和关注内容

本书从现实主义视角分析俄罗斯与外高加索三国的安全关系。现实主义安全理论尽管受到了自由主义和建构主义两大学派的挑战，但大国地缘战略博弈日趋激烈的现状证明现实主义安全理论所具有的生命力和理论价值。因此，本书选择以现实主义安全理论为指导，研究分析俄罗斯与格鲁吉亚、亚美尼亚、阿塞拜疆三个外高加索国家之间的安全关系，重点关注军事、政治等传统安全，也会涉及能源、反恐等非传统安全领域。考察俄罗斯与外高三国的安全战略、外交政策等可能对安全关系产生重要影响的国内因素，并对现有国际体系、地区体系以及美国等外部因素在俄罗斯与三国安全关系中所发挥的作用进行探讨。同时，以这些安全关系的演变为基础提取相关数据对现实主义安全理论在该问题上的适用性进行验证。考察权力、利益、均势在其安全关系中的作用，寻找这些安全关系形成、变化的动因及制约因素，检验现实主义安全理论与现实的契合度。在此基础上，深入研究地缘政治、权力等现实因素是如何造成俄罗斯与外高加索三国迥异的安全关系；并尝试运用这些分析结论解析未来俄罗斯与三国安全关系的变化趋势。本书力求解答三个关键问题：俄罗斯与外高加索三国之间形成了怎样的安全关系？造成俄罗斯与外高加索三国现有安全关系的动因是什么？这些动因在多大程度上与现实主义的安全理论相契合？

第一章 安全研究的现实主义学派与其他主流学派的比较分析

安全一直是国际关系中最为基本与核心的概念之一。国际关系学科的诞生就是源于对战争与和平这一事关人类命运的永恒问题的研究与探讨。而安全是与战争与和平紧密相连的概念。事实上，国际关系学所追寻的消除战争实现和平的根本意图正是要达成国家间的安全状态。因此可以说，安全一直属于国际关系学最为根本的研究主题。国际关系学自建立以来不断发展演变，产生出众多的学派，而其中位列主流之列的主要有三大学派，即现实主义学派、自由主义学派与建构主义学派。① 三大学派都将安全问题列入研究的核心领域，运用各自的理论与研究方法对安全问题展开了深入的研究，产生出具有鲜明特色的研究成果，在安全理论上取得了重大进展，将国家安全研究推向深入。三大学派中，对于安全研究最为悠久的是现实主义学派，其视野宽广，发展出众多较为完备的安全理论，在国家决策中深受决策者的偏好，长期占据安全研究的主导位置。源于理想主义学派的自由主义学派则在二战后取得了迅速的发展，建立起堪与现实主义相抗衡的安全理论体系。而建构主义建立较晚，是国际关系

---

① 关于建构主义学派是否能够与现实主义学派和自由主义学派相提并论成为国际关系的主流学派仍然存有不同意见。秦亚青教授是最早将建构主义学派列入三大学派的中国学者，这也引发了其后中国国关学界对于建构主义的重视与研究。虽然在国际和国内的国关学界有许多学者认为建构主义学派尚不完善，不具备与两大学派并列的资格，但鉴于三大学派的提法在国内学界有相当程度的使用和接受，本书选择采用这一概念。

中新兴的学派，属于批判主义范畴，其在安全研究领域提出了与现实主义和自由主义迥然不同的主张与构想，促进了国际安全研究的发展，但是目前该学派尚未能在此领域形成严密的理论体系。

一 三大学派安全研究的综述

现实主义学派在安全研究领域一直占据着优势地位，这是由安全问题本身的性质所决定的。不过，随着安全概念外延的扩展和内涵的变化，自由主义和建构主义学派在安全领域的影响力正逐步扩大，形成了与现实主义相异的安全理论和安全思想，这也促进了安全研究在学术上的推进。对三大学派的安全研究进行一番梳理有益于加深对于现实主义学派安全思想的理解与认识，也可为下面将要进行的分析比较奠定基础。

（一）现实主义学派的安全研究

1. 现实主义学派对安全的思考

从二战结束至20世纪80年代初期，现实主义理论一直占据着国际关系研究领域的统治地位。而根据其理论的发展脉络又可大致分为三个前后相继的理论时期，即以汉斯·摩根索（Hans Morgenthau）为代表的古典现实主义理论、以肯尼斯·华尔兹（Kennethz Waltz）为代表的新现实主义理论（或称结构现实主义理论）和20世纪90年代出现的以法利德·扎卡利亚（Fareed Zakaria）等人为代表的新古典现实主义理论。纵观整个现实主义理论演变历史，国家安全问题一直是其重点关注的问题，是理论研究的核心领域之一。

现实主义学派对于安全问题的关注与思考有着悠久的历史传承。尽管作为国际关系的现实主义学派直到20世纪初才正式出现，但是现实主义理论的基本思想源远流长，从古至今一直绵延发展，从未中断。这些思想产生于古代国家分立、战乱频生的历史状态下。战争始终威胁着每一个国家的生存，国家间的征战是当时的常态。围绕着连绵不断的战争所进行的思索与探寻令现实主义思想逐渐产生。战争的起源、如何免于战争及如何维持国家的存在与发展等问题成为现实主义思想关注的重要问题。而这些问题在本质上又与国家安全密切相连，这就使得现实主义思想从一开始就包含着对安全问题的关注与思考。修昔底德（Thucydides）著名的《伯罗奔尼撒战争史》就是对雅典与斯巴达战争的描写与思索。他在书中深入分析了战争的原因，而其探讨这场战争的根本目的是从战争中汲取经验教训以保证城邦的安全。其著名的"强者做其权力所能，弱者受其所不得不受"的论断体现出他对权力作用的精辟见解以及对权力在保卫城邦安全方面的重视。其后的马基雅维利（Machiavelli）和霍布斯（Thomas Hobbes）也都基于对人性的悲观主义而突出了权力在保障安全方面所起的至关重要的作用。这种以权力保障安全的基本思路在其后的现实主义思想发展中继续推进，并推演出诸如主权、均势等重要安全思想。霍布斯将主权与统治者绝对的、不受约束的权力联系在一起。这种主权思想后来逐步发展成国家的对内最高统治权和对外的独立自主权，为国家的独立存在提供了支点，其实质正是保障处于国际无政府状态中的国家行为体的安全。而均势思想的核心则是通过对国家间权力进行平衡以实现国家的安全。19世纪的欧洲是运用均势思想的鼎盛时期。在均势思想的指引下欧洲大陆实现了长达数十年的和平状态，时任奥匈帝国首相的梅特涅对于均势思想的深刻理解与娴熟运用则广为后来的现实主义思想家所称道。此后，19世纪末20世纪初，现实主义又产生出一些至今仍有重要影响的军事战略思想，如"海权论""陆权论"等。这些军事战略思想的根本目的在于帮助国家赢得权力以保障安全，所以又可以算作特殊的安全研究，是基于地缘政治理论的现实主义安全思想。

国际关系现实主义学派的真正开端是在两次世界大战之间。由于第一次世界大战的残酷后果，传统的现实主义思想在国际关系领域受到了批判与压制，令乌托邦主义（或称理想主义）勃然兴起，成为当时主流的国际关系思想。然而，20世纪30年代纳粹德国法西斯主义的威胁和经济危机也促使一些具有现实主义思想的学者对国际关系展开严肃而深刻的思考，由此产生许多令人赞叹的成果，推动现实主义学派日渐形成。爱德华·卡尔的《二十年危机——国际关系研究导论》是这一时期现实主义研究的集大成者。随着第二次世界大战爆发，理想主义彻底破产，以摩根索等人为代表的现实主义学派日渐兴盛，走上了国际关系研究的中心，并在二战后长期主导着国际关系的研究与发展。这一时期的现实主义也被称为古典现实主义。由于古典现实主义赖以形成的第二次世界大战的现实时代背景及其历史承继，安全问题成为其最为关注的领域之一。现实主义理论的核心是权力，其理论思想亦是围绕着权力而展开。

按照摩根索的思想，以权力界定利益的概念是政治现实主义研究国际政治的主要标志性特征，它使国际政治成为一个独立的研究领域。其对于安全的理解也深刻地打上了权力的烙印，这点与之前的现实主义思想具有明显的继承关系。古典现实主义者从人性本恶的思想出发，设定国际社会处于无政府状态，国家必然会追逐和扩大权力，国际政治就是权力之争，冲突和斗争是国际关系的基本特征。在这种构想下，国家必然时刻处于面临威胁的不安全状态，而要保卫自己实现安全，必须获取大于威胁方的权力。因此，古典现实主义将权力与国家安全间画上了等号，用权力界定安全。在弱肉强食的国际现实中，缺乏权力也就缺乏安全。按照古典现实主义的逻辑理解，安全的达成依赖权力分布的状态，国家只有对权力的变化极度敏感并时刻去争取获得对自己更为有利的权力分配才能给自身提供安全。为了维系安全，古典现实主义又发展和完善了均势理论。均势主要用以抑制权力的过度失衡所导致的国家间战争，力图通过对权力的平衡来保证国际社会的基本和平，为国家的安全提供保障。古典现实主义这种以权力界定和保障安全的思想影响主导了 20 世纪 80 年代中期之前的国际关系安全研究。而在此后，这种权力安全思想仍然在国际社会特别是国家决策者中拥有众多的支持者，对其他安全思想和理论产生了持久而强烈的影响，这一切都根源于其设定的国际无政府状态仍然存在，而权力仍是国际关系中国家所追寻的重要目标之一。

20 世纪 70 年代，古典现实主义遭到来自行为主义学派、多元主义学派和激进派等各方面的批判与攻击，亟待理论的创新以延续其生命力。1979 年，出版了肯尼斯·华尔兹名为《国际政治理论》的著作，完成了对国际政治理论的创建，对现实主义所遭受的种种批评做出反击，在继承古典现实主义学派的基础上开拓发展出新现实主义学派。新现实主义学派提出了体系结构的新概念，从而与传统现实主义做出根本区隔。华尔兹的新现实主义绕开经典现实主义中人性善恶等难以科学界定的假设，把国际安全关系研究集中在体系结构层面。① 这就使得新现实主义的安全研究更为注重体系构成对于体系内国家安全

---

① 刘胜湘：《西方现实主义国际安全理论及其批判》，《武汉大学学报》（哲学社会科学版）2006
年第 2 期，第 209~215 页。

的影响，弥补了现实主义在整体层次上对安全分析的缺陷。而更为重要的是，新现实主义赋予安全更高的含义。与古典现实主义将权力作为终极目标、以权力界定安全不同，新现实主义将安全设定为国家追求的最终目标，强调权力本身并非目的，其只是实现国家安全的手段。如此，新现实主义就对现实主义权力与安全的关系进行了崭新的诠释，从而改变了古典现实主义将权力大小与安全与否正向简单关联的关系。新现实主义将权力的概念视为结构的根本特点，认为权力应是国家的综合实力，与古典现实主义过于侧重权力的军事实力内涵相比有了明显的进步。不过，新现实主义并没有轻视权力对于安全的影响作用，而是将权力与安全的互动联系更为丰富和复杂化，令其更为符合国际安全的发展现实。由此可见，新现实主义学派内部对于安全的实现和维持并没有统一的理论，而是多种多样，各有特点。例如，华尔兹本人积极认同均势维系安全的理念，只是他并不赞同古典现实主义所推崇的多极格局对于保持和平的作用，而是强调两极格局对保持国际安全与稳定的优势和重要性；另一位新现实主义的代表人物吉尔平则更倾向于单极霸权所产生的稳定性，提出了著名的"霸权稳定论"，认为单极体系更能保证安全。不过，这些安全思想都坚持了新现实主义的结构分析思想和以安全为目标、权力为手段的重要理念，对安全的理解更为广泛，与之前的古典现实主义有着鲜明的不同。总体而言，新现实主义是最为重视安全研究的现实主义学派，其对古典现实主义安全理论的修补与发展有效地增强了现实主义在安全研究方面抵御自由主义等理论流派攻击的能力，维系了安全研究领域现实主义学派的优势地位。

20 世纪 90 年代以来，新古典现实主义作为从现实主义学派中发展而来的一个理论分支在国际关系理论中影响日增。该学派建立在对古典现实主义和结构现实主义理论批判继承的基础之上，力图综合两大现实主义流派的优势，将国际结构与国内政治相结合，逐步形成了独立的理论特色。新古典现实主义的产生源于结构现实主义体系理论的过于简约，这导致现实主义理论范式对许多国际问题难以做出精确的阐释，从而促使一些学者尝试打破古典现实主义的单元层次理论和结构现实主义体系结构理论的分野，形成一种更为中庸的模式。其理论强调体系结构与单元层次、国际因素与国内因素的结合，包容了古典现实主义与结构现实主义的基本观点。① 代表人物包括扎卡利亚、施韦勒、克里斯坦森等人。新古典现实主义赋予安全新的地位，改变了结构现实主义将安全作为国家所追寻的最终目标的定位，引入国内政治变量，令权力与安全间的关系更加复杂化，在一定程度上打破了两者之间的直接联系。"他们不同意结构现实主义视安全为国家对外政策首要目标的观点，认为这里面存在着重大理论缺陷，因为这种做法既没有对不同国家的目标加以区别对待，也没有考虑国家对外政策目标发生变化的情况。譬如，对于那些乐于维持现状的国家而言，安全尚可以说是其对外政策谋求的主要目标，而对于那些对现有秩序不满，甚或必欲打破之而后快的'修正主义国家'（revisionist states）来说，安全便不是其对外政策的首要目标。"② 这显示出，新古典现实主义降低了结构现实主义对于安全重要性的强调，只是将安全作为国家对外政策所追寻的目标之一，其重要程度随国家内部特性的差异而产生变化。然而，新古典现实主义形成较晚，仍处于理论的建立和发展阶段，与古典现实主义和新现实主义的成熟性相差甚远，对于包括安全在内的许多问题的研究尚处于起步阶段，新古典现实主义对于国家怎样保障自身的安全和国际安全的维持问题尚未提出系统的理论论述，也没有形成类似于"霸权稳定论"这样明晰的安全理论。不过，其所强调的将国内单元层次重新引入安全研究领域对于推动现实主义安全理论的创新与发展具有相当的指导意义，是对现实主义安全研究的有益促进。

2. 现实主义国际安全理论

现实主义学派在安全领域的研究视野宽广，对于国际安全问题具有深刻的理解与分析，形成了众多具有广泛影响的安全理论，其中最为重要也最为学者广泛认可的是均势安全论、霸权安全论和地缘安全论。

均势安全论

均势理论是国际政治理论中最古老、最持久、最具有争议的理论之一。华尔兹曾说："如果有什么关于国际政治的独特的政治理论，则非均势理论莫

---

① 王爱冬：《权力与西方国际关系理论》，中国社会科学出版社，2010，第44页。
② 于铁军：《进攻性现实主义、防御性现实主义和新古典现实主义》，《世界经济与政治》2000年第5期，第29~34页。

属。"① 虽然作为国际关系意义上的均势理论产生较晚，但均势思想自古有之，早在中国春秋战国时期和古希腊城邦时期，均势思想就在国家实践中得到广泛运用。戴维·休谟认为，自古代至 18 世纪人类一直在实践着均势理论。②

均势理论是最具现实主义色彩的国际关系理论，深为现实主义者所欣赏和推崇。在现实主义者看来，均势是建立和维持国际安全的重要方法和手段。现实主义流派对于均势的重视源于其对人性和国际社会无政府状态导致的安全困境的悲观态度。在现实主义者看来，人性的权欲本性导致国家会不断追求更多的权力，而在无政府的国际社会中，一国权力的增长必将引起邻国的不安从而引发权力的竞争，最终导致均势的产生。按照最早推崇均势理论的古典现实主义大师摩根索的观点，多个国家为了寻求权力而进行的斗争最后必将导致一种被称为"均势"的格局；均势是维持和平的手段和主权国家间不可或缺的稳定因素。③摩根索认为权力的均衡具有两大功能：一个是实现国家间权力关系的稳定性；另一个则是确保一国的自由，使其免受另一个国家的支配。而达成均势的方式则主要包括分而治之、补偿政策、军备、联盟等。④除了摩根索之外，卡尔、阿隆索、基辛格、华尔兹等现实主义大师都对于均势维持国际稳定、保障国家安全方面的作用有精彩的论述。

均势的基础是实力。现实主义者始终认为只有实力才能限制实力，在无政府的国际社会中，只有实力的平衡才能保证国家间的安全与稳定。在现实主义者眼中，道德、理念、制度这些因素在安全方面的作用是充满疑问的。尽管现实主义也承认均势存在不确定性、不现实性和不充足性的问题，但现实主义者一般都相信均势是保障各国安全与世界和平的最佳方式。不过，许多观点认为，均势的达成和维系都要依靠大国，均势是大国间的游戏，小国只能旁观或成为牺牲品。然而，这种观点是从国际均势体系的层次而言，在具体的国家政策中，均势理论也广泛为小国所采用。实际上，均势对于小国的独立安全发挥

---

① 〔美〕肯尼斯·华尔兹：《国际政治理论》，信强译，上海世纪出版集团，2003，第155页。
② 〔美〕詹姆斯·多尔蒂、小罗伯特·普法尔茨格拉夫：《争论中的国际关系理论》（第五版），阎学通、陈寒溪等译，世界知识出版社，2003，第44页。
③ Hans Morgenthau. *Politics among Nations* (New York：Knopf, 1978), p. 118.
④ Hans Morgenthau. *Politics among Nations* (New York：Knopf, 1978), pp. 211, 216, 218, 219.

着重要的作用。众多弱小国家依靠均势思想的指导在大国间维持着谨慎的平衡，或结盟，或搭车，最大限度地保障着自己的安全。

霸权安全论

霸权安全论也常被称为霸权稳定论，这一思想最早是由美国经济学家查尔斯·金德尔伯格在 20 世纪 70 年代提出，后经克拉斯纳、莫德尔斯基、罗伯特·吉尔平等人发展完善并将之扩展到军事、安全等领域。其中吉尔平堪称霸权稳定论真正的塑造者，正是他运用现实主义国际关系理论的视野与方法对理论进行了系统的完善与阐释，使其成为现实主义最具影响的理论之一。不过，需要提到的是，最先提出"霸权稳定论"这一名词的却是罗伯特·基欧汉，虽然实际上他与该理论并没有太大关系。

霸权稳定论所针对的根本问题是如何在一个无政府的国际社会中实现安全稳定。其理论的出发点与均势安全论一样，即现实主义所设定的国际社会的无政府状态，在这种状态下，国家间的相互竞争造成了安全困境。但是，与均势思想不同，霸权稳定论认为稳定的国际政治与国际秩序依靠的不是权力的均衡而是权力的垄断。也就是说，要想实现普遍的国家安全，需要国际体系中存在一个居于霸权和支配地位的强国，即"霸主"。霸主充当着"稳定器"的作用，有责任向国际社会提供"集体利益"或"公益"。霸权国愿意承担这些责任是因为它可以从中得到利益，而其他国家也会从中获益。[1]

霸权稳定的基础仍然是现实主义所推崇的实力。"霸权国是以其压倒一切的实力维持霸权体系的，霸权的实力就是政治、军事、经济力量，而经济力量是霸权实力的最基本源泉。"[2] 按照霸权稳定论的逻辑，霸权国实力越强，国际体系就会越稳定，国际安全就会得到更为可靠的保障，而霸权国越是衰弱，国际体系就会越动荡，国际冲突将会增多，国际安全将难以得到保障。

不过，霸权稳定论虽然坚信霸权国的优势实力是国际安全稳定的重要保障，但也强调霸权国同样需要受到制约，其霸主地位和领导权是建立在其他国家对其合法性认同的基础之上。这体现出霸权稳定论的实质是由某个强国承担

---

[1] 倪世雄：《当代西方国际关系理论》，复旦大学出版社，2011，第 284 页。
[2] 倪世雄：《当代西方国际关系理论》，复旦大学出版社，2011，第 97 页。

国际政府的某些职责，从而缓解国际社会的无政府状态，达成国际社会的安全稳定。

霸权稳定论的支持者深信霸权能够带来稳定、有利于保障国际体系内国家行为体的安全。但批评者对此深表怀疑，认为霸权真正保障的只是霸权国的安全，实现的是有利于霸权国的稳定，霸权稳定论的实质是强权论，其他国家特别是小国的安全并没有得到任何实质性保护，反而面临来自霸权国的威胁。

地缘安全论

地缘安全论是根植于地缘政治学的安全理论，旨在强调地理环境因素在国家安全中的重要作用。地缘政治学（geopolitics）一词源自希腊语，Geo 或Gaia 原意是地球之神，polis 指古希腊的城邦国家，意指地球和国家以及两者之间的关系。[①] 地缘政治学又称地理政治学，产生于 19 世纪末 20 世纪初，德国地理学家弗里德里希·拉采尔使用"人类地理学"的概念，把地理学、人类学和政治学综合在一起，由此产生出政治地理学这一新的学科。其后，拉采尔的学生、瑞典地理学家伦道夫·谢伦首次提出了地缘政治学的概念，以此描述国家权力的地理基础。此后，地缘政治学逐步发展成为一种解释政治现象与地理因素的理论，并进而成为在国际政治中利用地理知识来支持和指导国家决策的一门学科。[②]

现实主义者非常重视地理因素在国际政治中的作用，他们通常认为，地理位置即使不是最终决定，也在很大程度上影响着国家的政治行为。[③] 按照地缘政治的理论，国家的权力与对具有重要战略意义的领土的控制间存在着重要联系。国家对于重要战略地域的控制越多，其所具有的权力就越大。而权力又是国家安全赖以维系的根本保障，由此，地缘因素成为制定国家安全战略时极为重要的考量因素。

地缘安全论认为，地缘态势对于国家的安全战略和安全政策具有重要的影

[①] 刘胜湘：《西方现实主义国际安全理论及其批判》，《武汉大学学报》（哲学社会科学版）2006年第 2 期，第 209~215 页。
[②] 宋新宁、陈岳：《国际政治学概论》，中国人民大学出版社，2000，第 235~236 页。
[③] 〔美〕詹姆斯·多尔蒂、小罗伯特·普法尔茨格拉夫：《争论中的国际关系理论》（第五版），阎学通、陈寒溪等译，世界知识出版社，2003，第 166 页。

响。内陆国家、沿海国家和岛屿国家所面临的安全环境极其不同，由此它们的安全观具有鲜明差异，从而导致彼此安全战略与安全政策的不同。例如，历史上，大英帝国的陆军长期处于较小的规模就是由其四面环海的地理环境所决定的，而其不愿通过结盟来保障自身的安全，在相当程度上也源于地理环境赋予的先天安全优势。

基于地缘政治学产生出一系列对大国对外政策发生重要影响的理论学说，如美国海军退役军官、历史学家阿尔弗雷德·马汉的"海权论"，英国地缘政治学家哈尔福特·麦金德的"心脏地带说"，美国学者尼古拉·斯拜克曼的"边缘地带说"以及美国前国务卿布热津斯基的"棋盘论"。其中最为人所熟知的当属麦金德有关心脏地带的三段式名言："谁统治东欧，谁就能主宰心脏地带；谁统治了心脏地带，谁就能主宰世界岛；谁统治了世界岛，谁就能主宰全世界。"① 虽然这些学说所论述的地缘因素并不一致，但核心思想都是强调地理因素在国际政治和国家安全中的作用，从地理因素中寻找国家政治行为和安全政策的某些根源。

尽管随着技术的进步，一些地理因素在国际政治中已经不具有以往的作用，但与此同时，其他一些地理因素的重要性却出现了上升。例如，由于洲际导弹的存在，美国已经无法依靠宽阔的大西洋与太平洋摆脱来自欧亚大陆毁灭性武器打击的威胁，但同时，由于科技的发展，石油等能源更为重要，这就令富含能源的地理区域所具有的战略意义在上升。因此，地缘因素在当今国际政治中的重要性仍不容忽视，依然是众多国家在评估自身安全环境和制定安全战略、政策时重要的甚至核心的考量。

（二）自由主义学派的安全研究

1. 自由主义学派对安全的思考

自由主义国际关系理论是西方国际关系理论主流流派之一，与现实主义流派共立和发展，并与之产生多次争鸣与论战，对推动国际关系研究的发展与完善起到了巨大的不可替代的作用。由于自由主义学派自身思想基础与发展脉络的独特性，其对安全的研究与现实主义学派形成了鲜明的差异，自成体系。

---

① J. Mackinder, *Democratic ideals and Reality*, New York: Henry Holt and Company, 1942, p.62.

自由主义学派的思想基础是自由主义这一西方政治学知识的传统，其历史源远流长，可以追溯到苏格拉底、柏拉图等人的哲学思想。不过，作为国际关系理论自由主义学派思想的直接源头是来自 17～18 世纪启蒙运动形成的理性主义、自由主义传统。这个时期对后来的自由主义安全研究产生最大影响的当属康德。康德一直在思索如何实现整个人类的自由和安全，为此他将社会契约论的观点应用于国际关系中，在 1795 年提出了著名的永久和平论。根据康德的观点，永久和平的实现应包括三个正式条款：每个国家的公民体制都应该是共和制；国际权利应该以自由国家的联盟制度为基础；世界公民权利将限于以普遍的友好为条件。① 这些思想深刻地影响了其后的自由主义对于安全的理解与研究，集体安全论、民主和平论都深受康德永久和平思想的影响。除了康德之外，洛克、潘恩、杰里米·边沁（Jeremy Bentham）、科布登等自由主义者也对如何实现国家安全进行了思考，提出了各自的理解，例如，边沁就认为国际法、世界舆论和国际合作与集体安全能够为欧洲国家的和平与安全提供强大的保障；科布登则强烈反对均势思想，支持不干涉原则，相信自由贸易将会增强国家间的联系和相互依赖，从而保障和平与安全。

现代意义上的自由主义国际关系理论出现于两次世界大战之间，由于具有相当理想主义的色彩，被称为理想主义理论。理想主义产生于此时，其历史原因在于：第一次世界大战的发生令一批具有自由主义思想的学者开始对建立一个和平、安全的世界秩序进行憧憬与探索研究。他们对人性持乐观主义态度，而对均势、权力等传统因素在维护国际和平、保障国家安全方面的作用深表怀疑，转而从国际法、国际舆论等层面去寻求和平安全的构建，推崇集体安全。理想主义的代表人物主要是阿尔弗雷德·齐默恩、伍德罗·威尔逊和约翰·默里，而其中威尔逊的安全思想最具影响力并在相当程度上付诸了实践。威尔逊"相信理性的无限力量，相信理性通过人民大众的声音表现出来"②，因此，他强调公众舆论与外交公开下的国际公约在保障和平中的重要作用。威尔逊尤其认为国家间的根本利益是和谐的，依靠军事体系不能保证和平与安全，真正实

---

① 〔德〕康德：《历史理性批判文集》，何兆武译，商务印书馆，1991，第 105、110、115 页。
② 〔英〕爱德华·卡尔：《二十年危机（1919～1939）》，秦亚青译，世界知识出版社，2005，第32 页。

现国际和平安全的方式是建立集体安全体系。而其所倡议和推动建立的国际联盟则是理想主义集体安全思想的集中体现，对于后来联合国安全机制的建立以及自由主义安全研究具有巨大的影响。不过，理想主义低估了国家对于权力、利益等因素的需求与彼此间的矛盾，对于和平与安全过于乐观，结果在第二次世界大战打击下以集体安全思想为核心的理想主义安全理论陷入困境，现实主义仍长期主导着国际安全研究。

20世纪70年代以后，由于石油危机爆发、多极化趋势出现以及美国权力的衰落，传统的现实主义权力安全观越来越难以适应形势发展需要，安全研究出现重大转折。[①] 国际安全的含义发生明显的变化，其外延开始向经济、环境、恐怖主义等领域扩展。对于现实主义安全理论的批评越来越多，传统的、以军事力量为中心的现实主义模式在安全研究中的统治地位日益动摇。正是在这种背景下，以相互依存为核心的新自由主义安全理论兴起，并对现实主义安全理论发起挑战。新自由主义的安全理论强调国际行为主体的多样性，降低了国家在安全体系中的重要性，认为国际相互依赖和国际合作对于实现和维护国际安全具有重要作用。新自由主义的这种相互依赖安全理论集中体现于1977年罗伯特·基欧汉和约瑟夫·奈合著的《权力与相互依赖》一书中。基欧汉和奈提出了复合相互依赖的概念：各个社会的多渠道联系；国家之间关系的议题包括许多无明确或固定等级之分的问题；在复合相互依赖占主导地位的情况下，政府不在自己所处地区内或在某些问题上对其他政府使用军事力量。[②] 尽管他们并不认为相互依赖必然带来和平，但是相信各国在政治、军事、经济、文化等方面相互依赖程度的深化将会促进合作关系的建立，并培育国际机制的发展。

1984年罗伯特·基欧汉的《霸权之后：世界政治经济中的合作与纷争》问世，对以权力为基础的国际合作理论提出质疑，认为由于国际机制的存在和发展，霸权之后的合作不仅是可能的，而且是必要和可行的。基欧汉在书中不仅强调了机制的维持和建设是霸权之后合作与和平能否持续的关键因素，更重

---

① 李学保：《当代国际安全合作的探索与争鸣》，世界知识出版社，2006，第30页。
② 〔美〕罗伯特·基欧汉、约瑟夫·奈：《权力与相互依赖》，门洪华译，北京大学出版社，2002，第13页。

要的是通过分析国际机制在世界政治经济中扮演的功能价值，说明国际机制是有可能促进"无政府状态下的合作"的，对减少世界政治经济中的纷争是有价值的，对管理国际相互依赖是有意义的。① 这种对于国际机制的强调是对相互依赖思想的继承与发展，促成了国际制度安全论的产生。国际制度安全论强调发展和建立成熟的国际机制在维护国际安全上的重要性，认为应通过国际制度的力量使国家间的相互依赖关系处于制度化的模式中，以此保证国家间和平状态的稳定。除了相互依存安全论和国际制度安全论，自由主义在安全方面还提出了颇具争议的民主安全论，或称民主和平论。该理论深受康德、威尔逊等自由主义者的影响，对民主制度本身所具有的有利于防止战争的因素进行深入论证，认为民主国家很少或从不相互打仗，由此得出结论，即建立普遍的民主制能够有效地实现国际和平，保证无政府体系内国家的安全。自 1983 年美国学者米切尔·多伊利在《康德、自由主义遗产和外交事务》一文中提出自由民主国家间相互从不打仗这一观点后，民主和平论备受西方社会的青睐。而冷战的结束和其后的国际关系中民主国家间确实没有发生战争的现实令民主和平的观点更为流行，使得民主安全论成为国际安全研究领域内自由主义流派的重要理论之一，尽管对于该理论的争议一直颇大。

2. 自由主义国际安全理论

自由主义学派对于安全的研究颇有成果，其代表性的安全理论主要有：集体安全论、相互依赖安全论、国际制度安全论和民主和平论。

集体安全论

集体安全是国际社会设想的以国际社会集体力量威慑或制止内部可能出现的国家侵略来维护体制内每一个国家安全的国际安全保障体系，强调各国安全共享、风险共担，以国际社会之安全求得国家安全之维护。② "一国为众国，众国为一国"（One for all, and all for one）是集体安全的口号，也是其内在的精神。

集体安全的提出是基于对欧洲数百年来国家间战乱不断的失望与反思，

① 〔美〕罗伯特·基欧汉：《霸权之后：世界政治经济中的合作与纷争》，苏长和等译，上海人民出版社，2006，第 7~8 页。

② 门洪华：《和平的维度：联合国集体安全机制研究》，上海人民出版社，2002，第 162 页

而第一次世界大战给欧洲带来的近乎毁灭性的打击更是激发了对于国际关系中权力政治的不满,一大批学者和思想家转而寻找不同于现实主义权力政治的新的和平途径。经过卢梭、康德、边沁等人的继承与发展,集体安全思想逐渐形成,并在第一次世界大战后由威尔逊推上了国际实践舞台,其标志就是国际联盟。国联的创立令集体安全思想从空想进入了实践,推动了集体安全在国际关系安全研究中地位的上升,也为后来联合国的建立打下了思想和实践的基础。

集体安全必须具备三大要素:第一,集体安全组织的成员来源应具有普遍性,不论这个组织是地区性的还是全球性的;第二,集体安全要求建立一套合法有效地防止侵略的安全机制,这是集体安全能否成功的关键;第三,集体安全的目的是防止内部成员针对其他成员发动的侵略行为。[1] 具备这三大要素是构成集体安全的根本,但是,集体安全在国际关系中的实现还需要满足一定的条件,即包括主要成员国在内的大多数成员国的认可与支持;成员国应摒弃以自身利益为中心的倾向;成员国间的相互信任等。

由于以上的特质,集体安全条约与强调相对性、竞争性和危险性的国家安全相比具有一些明显不同的特点。第一,集体安全追求的是国家的绝对与持久安全,通过共同的安全来化解"安全困境",在根本上消除国家间战争的根源;第二,集体安全强调安全的合作和共赢性,构建安全互相保障的机制,你之安全即为我之安全,改变了现实主义安全理论所强调的"零和博弈"或竞争性国家安全关系特点。

集体安全理论在现实中的运用并不十分令人满意。国际联盟并未能按照预想制止世界大战的爆发,而其后创立的联合国虽然是集体安全思想的新的实践,但在运行过程中难以克服现实主义国家政治的规律,尤其是在冷战时期受制于两极均势体系而没有发挥多少实际作用。冷战结束后,联合国的作用获得了提升,而集体安全思想也开始有所复兴,但总体而言,联合国集体安全机制能否发挥更大的功效还是取决于大国关系和态度的变化,人类能否在集体安全理论指导下构建持久稳定的安全和平仍大有疑问。

---

① 倪世雄:《当代西方国际关系理论》,复旦大学出版社,2011,第377~378页。

相互依赖安全论

世界政治中的相互依赖，指的是以国家间或不同国家的行为体之间相互影响为特征的情形。① 国家间相互依赖有利于实现和保障国际和平安全的思想早已有之。亚当·斯密所提出的在利己的竞争性经济行为表象之下存在着人类根本的利益和谐的思想是相互依赖安全论的源头。后来的康德也曾指出贸易往来能增进民族间的和平关系。而英国学者理查德·柯布登则明确指出，自由贸易的不断发展所带来的国家间经济相互依赖的增强将会维持持久的世界和平。②然而，相互依赖安全论的成型则是在相互依赖理论正式形成和发展之后。

相互依赖理论形成于 20 世纪 60 年代后期，在 70 年代得到兴旺发展。60年代末对相互依赖趋势具有敏锐观察和论述的国际关系学者主要是理查德·库珀（Richard Cooper）和卡尔·多伊奇（Karl Deutsch）。1968 年库珀在其《相互依赖经济学——大西洋经济政策》一书中明确提出，相互依赖趋势的出现和发展是二战后国际关系的突出变化，卡尔·多伊奇在《国际关系分析》中也指出，研究国家关系需要关注国家间相互联系和相互依存的问题。③ 罗伯特·基欧汉和约瑟夫·奈在《权力与相互依赖》一书中提出的复合相互依存概念则将相互依赖提升到了国际关系重要原则的地位，并用其分析国家安全问题，使之成为国际安全研究的重要理论。

相互依赖理论认为传统安全不再是国家所面临的主要问题，自然资源、粮食和人口、环境等低级政治问题都是国家必须解决的重要课题，而全球经贸关系的加深特别是跨国公司的大量出现使得跨国跨政府的联系日益增多，国家间相互关系由冲突走向相互依存、共同利益和国际合作，利益相互联结，形成了"一荣俱荣，一损俱损"的局面。在这种情况下，以军事问题为中心的国家安全概念越来越难以准确地反映国际关系现实情境，其象征性作用也在下降。④ 简而

---

① 〔美〕罗伯特·基欧汉、约瑟夫·奈：《权力与相互依赖》，门洪华译，北京大学出版社，2002，第 9 页。
② 刘胜湘：《西方自由主义国际安全理论及其批判》，《太平洋学报》2005 年第 9 期，第 21~28 页。
③ 白云真、李开盛：《国际关系理论流派概论》，浙江人民出版社，2009，第 79~80 页。
④ 〔美〕罗伯特·基欧汉、约瑟夫·奈：《权力与相互依赖》，门洪华译，北京大学出版社，2002，第 8 页。

言之，相互依赖安全理论认为国家间日益加深的相互依赖关系能够有效降低军事因素在国家间关系的作用，改变国家间零和博弈的局面，促进世界的和平、和谐与合作。冷战后国际关系的发展确实在一定程度上显示出国家间的相互依赖对于国际和平与安全维系的重要作用。不过，需要注意的是，对于相互依赖是否能保障国家间的和平安全还是存在许多争议的，即使罗伯特·基欧汉和约瑟夫·奈这两位复合相互依赖的创立者对于相互依赖与和平安全关系的认识也并非纯粹是正向的，他们指出："我们并不认为，当相互依赖普遍存在时，国际冲突就消失得无影无踪。相反，国际冲突会以新的形式出现，甚至会呈现上升态势。"①

国际制度安全论

国际制度安全论主要的观点是，建立在相互依存基础上的国际制度能够有效约束国家的行为，维护国际和平与国家安全。国际机制这个概念始于 20 世纪 70 年代，其后逐步形成了新制度自由主义学派。而国际制度安全论正是伴随该学派的兴起促成在安全研究领域引入国际制度的研究角度而产生的。通过建设一定的国际制度来缓解国际社会的无政府状态以实现国家间和平安全的思想早已有之，例如，19 世纪用以维持欧洲和平的"四国联盟"其实就是一种欧洲范围内的国际安全制度。而一战后威尔逊所倡导的国际联盟更是规模宏大的复合国际安全制度体系，这也是国际关系理论正式形成以来首次尝试使用国际制度来维护国际安全的实践。

国际制度在安全研究中地位的正式确立与罗伯特·基欧汉密切相关。1977年他在与约瑟夫·奈合著的《权力与相互依存》中已经敏锐地注意到了国际机制对于保证相互依存关系的重要性，并用大量篇幅探讨了国际机制的理论问题和案例分析，而 1983 年他在《霸权之后：世界政治经济中的合作与纷争》一书中对于国际制度维护国家间稳定的交往关系、规范国家行为、保持国际和平安全方面的功能进行了系统的分析与论述，这激发了国际安全研究学界对于国际制度安全作用的研究热情，促成国际制度安全论的形成。

按照基欧汉的定义，国际制度是有关国际关系特定问题领域的、政府同意

---

① 〔美〕罗伯特·基欧汉、约瑟夫·奈：《权力与相互依赖》，门洪华译，北京大学出版社，2002，第 9 页。

建立的、有明确规则的制度。① 国际机制的基本要素包括透明性、可靠性、责任性、一致性和非武力性，能够发挥降低国际政治不确定性、限制信息的不确定性以及减少合作成本增强合作的功能。在安全领域，自由主义者相信国际制度的建立有利于淡化国际社会的冲突及权力结构，促成无政府状态下的秩序与合作。不过，对于国际制度在安全上所能发挥的作用，虽然有些学者极其乐观，但许多自由主义学者并非持绝对肯定的态度，罗伯特·基欧汉、亚瑟·斯坦恩等人强调国际制度并不是无处不在的，在各主权国家都最大限度追求权力和利益的世界中，制度只能在某些利益可妥协的领域产生，并且国际机制的发展并不会根本改变国际体系的组织原则。②

民主和平论

"民主和平论"是引起学界颇多争论的一个理论，其核心命题是民主国家间无战争。其主要论点有两个：第一，一个民主国家绝不会（或者说极少）同其他民主国家进行战争；第二，当民主国家之间发生冲突的时候，它们极少威胁使用暴力，因为这样做是非法的（illegitimate）。③ 民主和平论提出三个主要概念：民主和平、民主政治和国际政治系统，认为单位层次上的民主政治结构（自变量）和民主和平（因变量）之间存在着一种因果关系，这种因果逻辑又归因于民主国家政体存在的两个限制因素，即国内舆论和政治机构权力的平衡等机制上的限制，以及民主标准和文化因素。④

"民主和平论"的概念是在 1983 年由迈克尔·多伊尔（Michael Doyle）正式提出的，然而从思想上而言，民主和平论可以追溯到 18 世纪的德国思想家康德。1795 年他在《论永久和平》一文中提出了立宪共和国内部具有的监督和平衡机制可以阻止统治者冒险发动对外战争，而且共和制国家比其他国家更

① Robert Keohane, *International Institutions and State Power: Essays in International Relations Theory*, Boulder: Westview Press, 1989, p. 4.
② 倪世雄:《当代西方国际关系理论》，复旦大学出版社，20i1，第 369~370 页。
③ 李少军:《评"民主和评论"》，《欧洲》1995 年第 4 期。原文引自 Robert I. Rotberg and Theodore K. Rabb, eds., *The Origin and Prevention of Major Wars*, Cambridge: Cambridge University Press, 1989, p. 88; *Bruce Russett, Grasping the Democratic Peace: Principles for the Post-Cold War World*, Princeton: Princeton University Press, 1993, p. 33.
④ 倪世雄:《当代西方国际关系理论》，复旦大学出版社，2011，第 451 页。

乐于服从国际法并对战争更为谨慎，因此立宪共和国更为可能是和平主义的。康德实际上探讨了国内政治制度与国家间关系的联系，是民主和平论最早的雏形。这一思想在其后的自由主义者中继续发展，最终产生了自由民主国家间不会打仗这一结论。1983 年美国霍普金斯大学政治学教授迈克尔·多伊尔在《康德、自由主义遗产与外交》一文中，首次正式提出了"民主和平论"，①其主要观点——民主国家间从未发生过战争，得到了许多学者的赞同，在西方受到青睐。而冷战结束后，西方民主国家间安全关系更为稳定，发生战争的概率几乎接近于零，这就令民主和平论的论据似乎更为充分，获得了更多的认同与影响力。

不过，民主和平论也受到了许多批评。特别是冷战后一些新兴民主国家间发生的冲突令民主和平论中有关民主国家间不会发生战争的论点受到质疑。而为应付这些漏洞，民主和平论也做了些新的补充与修正。例如，爱德华·曼斯菲尔德和杰克·斯奈德在对处于民主化进程中的国家与战争的关联性进行研究和分析后得出三个结论：（1）处于民主化转变进程中的国家更具侵略性和好战性；（2）与它们发生战争的国家正是民主国家；（3）民主化参与程度正在提高的前专制国家比稳定的民主国家或专制国家更容易与其他国家发生战争。②尽管如此，民主和平论在事实和说服力上仍存有疑问，围绕它形成的争议将继续下去。

（三）建构主义学派的安全研究

1. 建构主义学派对安全的思考

国际政治的社会建构主义理论兴起于 20 世纪 80 年代，80 年代末 90 年代初开始成型并受到学术界重视，90 年代中后期发展成为强劲的国际政治理论学派。③虽然说建构主义的思想源泉是欧洲的社会学、语言学、哲学以及对欧洲批判理论学派的吸收，但它是在美国变成系统的理论，是美国学者最早将之

---

① Michael Doyle, "Kant, Liberal Legacies, and Foreign Affairs," *Philosophy and Public Affairs*, Summer 1983, pp. 323-353.

② 龚泽宣：《"民主国家"之间的利益冲突与战争》，《政治学研究》2004 年第 1 期。

③ 〔美〕亚历山大·温特：《国际政治的社会理论》，秦亚青译，上海世纪出版集团，2000，第 1 页。

引入国际关系领域。

建构主义学派内派系复杂，有诸如规范建构主义、结构建构主义等，彼此差异颇大，不过也有其共同遵循的准则。其核心是重视理念，这是对传统的一种重新回归，对走向极端的主流理论的矫正。建构主义的基本特征大致包括：坚持社会本体论、坚持施动者与结构之间的互构、在认识论上坚持科学实在论。建构主义强势崛起打破了现实主义和自由主义在国际关系领域的绝对统治地位，但是对于它是否已经发展成为主流理论仍存在争议（中国国关学界对建构主义的主流理论地位基本是认同的）。即使在建构主义兴起的美国，学界也普遍将建构主义视为一种分析和研究的方法而非真正意义上的理论。

在安全问题上，建构主义没有一整套如何定义国家安全、如何保障安全，以及通过怎样的手段来防范和遏制威胁等自成体系的理论概括，而只有从建构主义的研究方法出发，来理解、解释和反映安全或者不安全问题的路径。[①] 不过，由于建构主义本身是属于后实证主义学派，这就使其对于安全的研究与论述与属于实证主义学派的现实主义和自由主义两大主流学派相比具有鲜明的特点和差异性。与安全研究之中现实主义强调权力、新自由主义强调制度相比，建构主义强调的是认同、身份建构等理念主义要素对国家、社会和人的安全的影响和作用。[②]

建构主义改变了权力政治主导国际关系的认识，认为国际体系中各个行为体的观念对于国际关系也会产生重要的影响。建构主义将国际政治体系的结构不仅理解成现实主义和自由主义所秉承的物质结构，还将其理解成社会结构。所谓的社会结构，指的是行为体行为的文化内容，如在社会占据主流、支配地位的信仰、规范、观念、认识等。按照建构主义的观点，物质结构具有怎样的意义要结合社会结构才能确定。这也就意味着行为体本身对于国际关系的认识和观念如若发生基本变化，那么国际安全也势必会有重大变化。

在安全研究中，建构主义学派形成了两个与现实主义和自由主义学派不同

---

① 朱锋：《国际关系理论与东亚安全》，中国人民大学出版社，2007，第62页。
② 朱锋：《国际关系理论与东亚安全》，中国人民大学出版社，2007，第62页。

的特点：一是认为国际安全环境更多的是"文化和制度性"的，而不仅是以权力分配为主导的"物质性"的；二是国家安全的"文化环境"不仅影响国家行为的利益估算，也影响国家行为的基本特点。建构主义的这两个特点突出了其自身对于安全的独特理解与解析。

建构主义也接受国际社会处于无政府状态，但是认为这种无政府状态是由国家的"共有知识"建构出来的，而这种共有知识是可以改变和塑造的，无政府状态并非必然导致安全困境的产生。霍布斯式的敌对关系、洛克式的竞争关系、康德式的朋友关系在国际无政府状态下都有可能产生，具体形成何种关系则主要由国家间的互动状态决定。在康德式的朋友关系中，安全困境将不复存在，建立安全共同体是现实可行的，因此建构主义实际上为安全困境的超越带来了可能，从而打破正统国际安全研究中所强调的安全困境这一国家安全问题产生的核心前提。

安全困境是否产生是由国家间互动关系造成的，而按照建构主义的观点，国家行为体角色身份是可变的并且彼此是不同的，因此国家安全也就并非客观既定的，而是主体之间的，即国家安全的意义需要结合国家间的身份确定，并非只是单纯依靠国家的物质力量及其结构所确定。对此，建构主义的代表人物之一温特曾给出令人印象深刻的例子："假如英国具有核力量，朝鲜也具有核力量，核力量是物质存在，但是对于美国来说，感到具有威胁的必然是朝鲜的核力量，而不是英国的核力量，所以就会对英国和朝鲜的核力量采取不同的政策和行动。仅仅核力量这种物质性因素是不能解释美国的行动的，只有通过美国相对于英国和相对于朝鲜的不同期望，核力量才产生了它所实际具有的意义。"[1]

建构主义认为国际无政府状态下自助并非国家的唯一行为逻辑，他助的逻辑同样存在，需要依据国家间互动关系确定会产生何种无政府状态。由此，无政府状态下既有可能形成安全的自助体系，也有可能形成集体安全体系。建构主义这种思想改变了国家间基于自助的逻辑而必然会引起彼此间安全竞争和威

---

[1] 〔美〕亚历山大·温特：《国际政治的社会理论》，秦亚青译，上海世纪出版集团，2000，第24页。

胁的传统安全观念。

需要说明的是，建构主义诸流派中，对安全研究影响最大的是温特的结构建构主义。这主要因为与其他激进的建构主义学者相比温特较为温和，走的是一条独特的中间路线。温特不是一个绝对的理念主义者，而是持理念主义的本体论者，又是持科学主义认识论的实证主义者，这就使得温特的研究路径和主流理论相一致，从而令其理论更为学界所接受。而许多过于激进的建构主义流派由于极端的观念主义至上的思想令其很难对国际安全研究主流产生实质性影响。不过，颇为遗憾的是，建构主义由于自身偏重批判的特性，对于如何建构和增进国际安全始终未能提出自己完整的安全理论，这也令建构主义在安全领域的影响力远不如现实主义与自由主义。

二　现实主义学派与两大学派安全研究比较分析

如上所述，现实主义、自由主义与建构主义三大学派都对安全问题十分关注，根据自身理论特点、视角和方法的不同形成了各具特色的安全理念和理论。其中，现实主义在国际安全研究领域一直占据着主导地位，至今仍是指导各国安全战略和政策的主要理论；自由主义在安全研究领域中的地位在冷战后得到了明显的上升，虽然仍无法取代现实主义的地位，但是确实形成了堪与之相抗衡的安全理论，对于国家的安全战略具有强烈的影响力，甚至在某些国家和时期中代替现实主义安全理论成为国家安全战略的根本指导理论；建构主义对于安全研究的影响力较现实主义和自由主义而言相差甚远，虽然其新颖的理念与思想对于打破安全研究中两大学派的固定范式有重要的启迪作用，也提出富有创建性的构想，但是迄今为止建构主义仍主要是一个批判理论，更多的是对现行理论的批评以及对安全的设想，在如何建构自身完整的安全理论方面仍未取得进展，因此其影响力更集中于安全研究的理论层次，对于国家安全战略的影响力十分有限。

现实主义尽管内部存在着古典现实主义、结构现实主义、新古典现实主义等派别，不同派别对于安全也有自身不同的理解与理论，但是现实主义安全理论的核心——强调权力与安全的关系——是现实主义所有流派都坚持的本质特点。国际关系虽然经历了从美苏冷战的两极格局到当今"一超多强"格局的转变，国家间的关系也更为缓和，相互联系与依赖性日益增强，但是现实主义所强调的国际社会无政府状态并没有发生实质性变化，联合国远未具有国际政府的基本职能，各主要国家的行为并不受更高层次权威的实际制约，而是取决于自身的独立利益。在这种无政府状态下，国家行为体的行为方式与冷战时代相比并未发生根本性的变化，安全困境虽有缓解但依旧存在。虽然冷战后国际组织和国际机制的数量和影响日益增长，国家间的合作与依赖也达到了新的高度，但是包括主要国家在内的大部分国家行为体在安全问题上仍将实力或者说权力作为自身安全的根本保障，并且因其他竞争者实力的增强而感到安全威胁。特别是当今世界霸主美国的安全战略仍主要由现实主义权力安全观所指导，这就使得其他主要大国的实际安全战略也基本遵循现实主义的安全逻辑。

现实主义安全理论也存在相应局限性。冷战时代现实主义安全理论强调的安全困境理论和权力安全观对于两次世界大战和冷战格局下的国家安全行为都有很好的解释力，但冷战后国际关系的新发展令现实主义过于突出权力以及将安全同主权密切联系在一起的理论缺陷性得到显现。这种缺陷导致现实主义的安全关注主要集中于军事和政治层面，令现实主义安全理论对于冷战后经济全球化迅速发展下愈加深化的国际相互依存趋势的解释力呈现明显不足的态势。

自由主义安全理论的根本特点是强调相互依存和国际制度对于安全的重要作用。自由主义接受了现实主义所提出的国际无政府状态和安全困境，也认为权力对于安全具有重要作用，但是自由主义并没有同现实主义一样，由安全困境导引出国家间必然会进行零和博弈的安全竞争从而产生出对权力的过度强调与依赖，而是另辟蹊径，淡化了无政府状态对于安全的威胁，强调经济的重要性，认为国家间经济相互合作加深所形成的相互依赖能够有效缓解安全困境，使国家在安全关系上从零和博弈转变成双赢博弈，并且进一步提出，在相互依赖基础上产生的国际制度本身能够独立于权力结构之外起到维系和保障国家合作关系和国家安全的重要作用。自由主义扩展了安全的范围，将安全由现实主义所强调的政治、军事领域延伸至经济、环境、文化等领域，并且突出了经济安全的重要性和安全的复合性，降低了安全与国家主权间的联系度。

自由主义在冷战时代对于国际安全关系的解释力并不是很强，但是随着冷战的结束，情况发生明显变化。两极格局不复存在，经济全球化迅速推进，国际组织和跨国公司在数量和能量上都有了突破性发展，国际经济联系和依存度远非冷战时代所能比拟，国家间合作和相互依赖持续加深。伴随着这些，相应的国际制度也在增多和完善，并对国家行为越来越具备约束和规范作用。国家安全已经从军事、政治领域扩展至经济、文化、环境等领域，并且这些领域的安全层级不再明显，即军事和政治安全并非占据原来的主导地位，从而促成了综合性的安全概念。而安全研究的主体也由单一的国家行为体转向包括国家行为体、群体、个人在内的多元主体。自由主义安全理论顺应了这一趋势，其在解释冷战后国际安全的这些新态势上具有比现实主义更强的解释力，令其成为能与现实主义抗衡的安全流派。

然而，自由主义安全理论同样存在着缺陷。正如上述所谈，当今国际社会仍处于无政府状态，安全困境虽然有所缓解但仍在发挥作用，这就使得国家间安全竞争关系继续存在，由此，权力依旧对安全具有极为重要的作用，而自由主义对于安全困境和国家间安全竞争的性质持过于乐观的态度，对于权力对安全的作用偏于轻视。冷战后的世界还是一个战争频发的世界，领土和主权安全仍是许多国家最为重视的安全议题，虽然跨国公司、国际组织的作用在增强，但国家仍为最重要的国际行为体，在安全领域更是如此。国际现实也显示，世界主要大国特别是美国的国家行为仍然主要遵循现实主义的思维逻辑，更多情况下国际合作和国际制度被其作为谋求维护权力利益的工具。这些都与自由主义的设想存在明显的出入。

建构主义学派侧重于批判，其提出的安全思想对于摆脱安全困境、改变传统的国家安全竞争关系有非常重要的借鉴意义和启发作用。建构主义对于观念异常重视，认为国家的利益并非先天具有的，而是由国家间的互动所建构的。这种独特的观点打破了传统的安全困境、权力、利益等国际安全研究的核心范畴。建构主义安全思想对于苏东集团的解体及其与西方安全关系的转变具有较好的解释力，新现实主义安全理论在此问题上却饱受诟病。此外，建构主义提倡的安全共同体的思想对于解释欧盟国家间安全关系的转变及推进欧洲安全共同体的做法也很有说服力。总体而言，对于冷战后其他许多国家间安全关系，建构主义理论都有着较为独特的理解与解释，这对于安全研究视角的扩大和路径的创新确实是颇有价值。不过，建构主义大多数流派过于激进，强调观念的绝对重要性，从而造成安全的虚无状态，无法形成现实可行的安全理论，使其对于现实国际关系内国家行为体的行为难以产生实际影响和指导作用。即使是走中间道路的温特的建构主义也未能建立起关于安全产生发展的系统理论，虽为安全关系引入了大量的变量，却又无法在这些变量间建立清晰的因果关系。并且，客观而言，权力政治仍是当今国际政治的主流与本质，过分强调观念和建构共同利益的建构主义对于国家安全关系实质动因的分析力是值得怀疑的。

通过对三大理论学派的安全研究的分析，可以发现，不同学派的安全研究各自都有其所适应的历史时期和区域。冷战时代的国际安全研究主要是由现实主义理论强势主导，因为这个时期的国际现实与现实主义所设想的安全困境和权力安全基本相符合，美苏两个主导大国间是颇具零和博弈色彩的敌对关系。而从冷战后期开始，特别是苏联解体后，东西方国家打破了原有的鸿沟，全球化迅猛发展，国家间的相互依赖关系在增强，国际制度在完善，纯粹零和博弈式的国家安全关系日渐稀少，这就使强调相互依存和国际制度的自由主义安全理论日渐繁荣。此后，随着对于保持国际和平、摆脱人类传统安全困境的渴望的增长，建构主义在现实主义与自由主义两个安全范式日益同质化的趋势下走出一条独特的安全研究道路，推翻了传统安全研究的限定条件，以观念为核心，为消解安全困境、创立安全共同体提供了有益的启示。

不过，我们需要注意的是现实中国际关系是异常复杂的，任何一个时代的国际安全关系都很难只用一种学派的安全理论就能完全解释得通。每一种安全流派和理论都有其相应的局限性，这在以上已有说明。冷战后的国际关系尤其证明了这一点。尽管两极对峙结束，国际局势日益缓和使得经济的重要性明显提升，取代了冷战时代的军事成为各国最主要的竞争领域，但是国际关系的实质并没有发生变化，国家间的安全竞争在很大程度上依然存在，无论是中美、中俄，还是俄美，都在安全领域存在着竞争的关系。而增强自身的权力或者说实力仍是大多数国家行为体实现安全的最根本思维方式，无论这种增强是依靠自身还是结盟。因此，尽管自由主义安全理论冷战后十分繁荣，但现实主义理论对于当今国际安全的现实具有的解释力仍相当强大。更为重要的是，国际总体形势与地区形势又是有差异的。冷战后的和平与缓和的国际形势并非出现于每一个地区，如朝鲜半岛地区就仍具有冷战时的安全关系。同样，在本书所研究的外高加索地区，由于格鲁吉亚、亚美尼亚、阿塞拜疆和俄罗斯特殊的历史恩怨，以及外高地区自从独立以来就存在的领土主权冲突——阿布哈兹问题、南奥塞梯问题、纳卡问题，使得格鲁吉亚与俄罗斯、亚美尼亚与阿塞拜疆之间长期处于敌对状态。外高地区三国的国家主权都处于受到侵害和威胁的状态中，安全对于三国而言，首先是国家的独立和主权，这与现实主义安全理论是契合的。三国在安全战略和对外政策上遵循的也正是现实主义的策略，以求保障本国的独立与安全。俄罗斯对于失去外高加索是心有不甘的，随着自身力量的恢复，俄外交思想日益偏向现实主义的脉络，重视自身的安全与利益，对外高加索的重视程度在加强，将外高作为势力范围和特殊地区的态势越来越明显。由于俄罗斯与外高加索三国都遵循现实主义的逻辑进行安全思考，权力和实力这些物质因素是各国安全考量的核心因素，因而现实主义较之自由主义与建构主义而言是分析双方安全关系最为适宜的视角。

第二章　俄罗斯与外高加索三国的安全战略

俄罗斯与外高加索三国都拥有自己的安全战略和安全政策，正是在这些战略和政策的指导下，双方展开了安全领域的互动交往。而从本质而言，战略和政策所处的层面并不一致，战略决定政策，国家具体执行的安全政策是由国家安全战略所决定的。俄罗斯与外高加索三国的安全政策依据的正是各自的国家总体安全战略，因此研究俄与三国间的安全关系必须要厘清这些国家的安全战略，并对这些战略间的异同进行比较分析。

通过分析可以发现，无论是作为大国的俄罗斯还是作为小国的格鲁吉亚等国，其安全战略制定所依据的主要都是国家硬实力，其中心关注点是传统安全，这基本与现实主义的安全思想相吻合。正是因为俄罗斯与外高加索三国的安全战略体现出现实主义的安全思想逻辑，从现实主义视角研究俄与三国间安全关系相较其他理论视角显得更为恰当也更具解释力。

一　俄罗斯的安全战略

苏联解体后，俄罗斯失去了曾经享有的超级大国地位，实力和影响力一落千丈。面对新的国际形势，如何制定适合自身的安全战略以保障国家安全成为俄罗斯必须面对和解决的问题。新生的俄罗斯所面对的内外局势与苏联时代截然不同，继续沿袭苏联时代的安全战略显然是不现实的。经历独立之初的混乱和盲目后，俄罗斯开始形成和建立自身的安全战略。从叶利钦到普京，俄罗斯在不断地进行调整和探索，安全战略日趋完善和符合现实。

（一）俄罗斯安全战略的形成与演变

1. 幼稚与形成期（1992~1993）

在 1994 年之前的这段时期，俄罗斯并没有成熟的安全战略，在安全上一方面延续戈尔巴乔夫后期苏联的安全政策，一方面又盲目冲动地寻求西方的帮助与合作，放弃自身传统的安全利益。

独立之初的俄罗斯处于兴奋与混乱交织的状态之中。掌握国家权力的是一批信奉西方自由主义思想的精英，他们不再信奉传统的军事地缘安全观，对于苏联解体后俄罗斯地缘安全局势的变化并不感到担心，相反，他们认为失去诸如乌克兰等地区是甩掉了大包袱，从此俄罗斯可以摆脱帝国状态，走上一条与西方相同的民主富裕之路。按照他们的看法，新独立的俄罗斯和西方的关系已经不再是苏联时代与西方的敌对关系，而是朋友与伙伴关系，俄罗斯应该彻底抛弃昔日敌对的意识形态观念，全面融入西方世界，成为西方世界的成员，而作为西方世界一员的俄罗斯自然就无须担心西方的安全威胁，传统军事地缘安全战略已毫无存在的价值。如此，俄罗斯不仅可以获得西方的资金和技术援助，还可以免除与西方对抗的成本负担。

1992 年至 1993 年，叶利钦政府在大西洋主义指导下奉行向西方"一边倒"的对外政策。俄罗斯政治领导人对于西方特别是美国抱有明显的理想主义幻想，热切期望按照西方模式全面改造俄罗斯，使之成为西方世界中平等的一员。例如 1992 年 6 月叶利钦访美期间，在美国国会演讲时他向美国议员保证要把俄罗斯"改造"成具有美国式"民主自由"和经济制度的国家。① 俄外长科济列夫则认为："美国过去显示出其为了重大战略目标而超越狭隘的民族利益的能力。而现在是美国继续显示这一能力以培育由冷战向安全的民主和平转变的时刻了。"②俄罗斯这种"一边倒"的外交战略导致其在安全领域完全放弃了对于西方的防范，以抛弃自身传统安全利益为代价去换取西方的合作与认同，以此来实现俄罗斯的国家安全。此时的俄罗斯并没有务实地依据变化了的内外形势制定自身安全战略，这种对西方的全面退让更多的是对戈尔巴乔夫

---

① 叶利钦 1992 年 6 月 17 日在美国国会的演讲。
② Andrei Kozyrev，"The Lagging partnership"，*Foreign Affairs*，Vol. 73，No. 3，1994.

后期苏联安全战略的一种延续，只是退让的程度更大，幻想的成分更强。

俄罗斯将自身安全完全寄托于西方的善意与合作之上，其安全关注方向只有一个，那就是西方，其他的诸如独联体、亚洲等方向均未在此时俄罗斯的考虑之中。俄罗斯领导层认为，由于俄与西方关系已经发生了由敌到友的彻底转变，在军事上俄罗斯已经不再有现实上的强大敌人，虽然外部军事威胁还会存在，但威胁的程度变得非常微弱。这种认识造成俄罗斯在安全上战略上对西方做出了苏联时期难以想象的全方位的退让，对于传统的安全利益缺乏重视。

俄罗斯在一系列重大安全议题上全面对西方妥协让步：在朝鲜核设施问题上，俄罗斯积极支持西方对朝鲜进行国际监督的立场，甚至保证不再向朝鲜出售进攻性武器；在南斯拉夫冲突问题上，俄罗斯放弃其对塞尔维亚的传统支持，转而投票赞同西方对其实施制裁；支持西方对伊拉克实施空中打击，撤出驻古巴的军事教练旅；等等。[1] 在美苏军事竞争的关键领域——核武器领域——也对美国大幅妥协退让。经过 1992 年 2 月、6 月和 1993 年 1 月的三次首脑会议，俄罗斯与美国就《第二阶段削减战略武器条约》达成协议，条约要求双方将各自保有的战略核弹头减少至 3000~3500 枚。[2] 这个条约基本是按照美国的意愿达成的，美国不仅保持了在潜射弹道导弹方面的优势，还令俄罗斯销毁了对美威胁最大的多弹头洲际弹道导弹。1992 年 6 月，叶利钦访美时宣布，俄罗斯原来瞄准美国的核武器已经取消警戒状态。[3]

对于传统的地缘安全势力范围，俄罗斯也完全未予重视，大踏步地从这些地区收缩力量，以显示自身与西方合作的真诚意愿，换取西方的全面援助与支持。俄罗斯积极从独联体国家撤出军事力量，失去了波罗的海三国、乌克兰等战略屏障。此时的俄罗斯对于自身安全利益的认定过于理想化，完全舍弃了俄罗斯传统的地缘战略思维模式，对于独联体等周边战略地带的重要性缺乏认识。

应该说，这段时期俄罗斯处于混乱、亢奋的不正常时期，在继承了戈尔巴

---

① 李渤：《俄罗斯政治与外交》，时事出版社，2008，第 282~283 页。

② Sarah J. Diehl and James Clay Moltz, *Nuclear Weapons and Nonproliferation* (2th ed.), Santa Barbara. Calif.：ABC-CLIO, 2008, p.19.

③ 叶利钦 1992 年 6 月 17 日在美国国会的演讲。

乔夫时期对西方采取防御性安全战略的基础上又加入了过度理想化的预期，造成了其安全战略的幼稚与不成熟。在这种不成熟战略的影响下，俄罗斯对于外高加索地区也持忽略的态度，没有明确自身在外高地区的安全利益和相应的利益维护机制与战略。面对当时外高出现的阿布哈兹问题、纳卡问题，俄罗斯基本处于一种被动卷入的状态，既没有明确的战略目标，也缺乏统一的国家行动。加上当时俄罗斯自身国家权力的松懈，中央政府对各地方分支机构缺乏强有力的控制力，造成俄罗斯驻外高国家的军事分支一度各行其政、相互矛盾，令俄经常遭受彼此矛盾重重的外高国家的指责，如阿塞拜疆和亚美尼亚双方都曾指责俄罗斯驻当地的军事力量参与了反对自己的战斗。

俄罗斯这种以妥协顺从求合作安全的战略远未达到预想的目的。在俄罗斯独立后，西方曾经召开三次国际性援俄协调会议，并先后提出 240 亿美元和 430 亿美元的庞大援助计划。但是，这些援助落实得相当有限，例如，"1992 年 4 月 26 日，西方七国首脑在华盛顿宣布将向俄罗斯提供 240 亿美元的援助，其中 60 亿用于稳定卢布，180 亿用于俄罗斯弥补当年国际收支逆差和增加粮食进口，以支持俄罗斯改革和向市场经济过渡"[①]。然而，这笔资金只有一半落实到位。俄罗斯曾经幻想的西方强力援助成为泡影，这就击毁了其在安全上全面退让的主要动力。更为糟糕的是，西方并没有如同俄罗斯所希望的那样视其为平等友好的合作伙伴，而是仍然对其严加防范，限制和弱化俄罗斯的大国地位。这集中体现在作为遏制和与苏联对抗的军事政治组织——北约不仅没有解散，反而积极筹谋向东扩大，将原为苏联的势力范围纳入自身的体系之中，不断挤压俄罗斯的战略空间。与此同时，俄罗斯国内政治经济局势进一步恶化，民众对于西方的不满情绪强烈上升，对于俄罗斯当局在安全利益上的步步退让极为不满。曾任俄联邦最高苏维埃外交委员会高级顾问的米格拉尼扬的下述文字正是这种思想的典型表现："俄罗斯因摧毁极权的苏维埃帝国而得到的嘉奖不是作为一个备受尊敬和权利平等的伙伴返回文明民族大家庭，而是俄罗斯的急剧削弱和孤立。"[②] 在这种情况下，俄罗斯从独立的混乱和幼稚中逐渐

---

① 学刚、姜毅：《叶利钦时代的俄罗斯》（外交卷），人民出版社，2001，第 11 页。
② 〔俄〕安·德·兰尼克、米格拉尼扬：《俄罗斯之路——为何如此曲折》，新华出版社，2007，第 397 页。

清醒过来，传统的国家安全利益考量再次回归，俄罗斯开始构筑基于自身现实利益的安全战略。

2. 全面的大国安全战略（1994～2000）

1994 年 2 月 24 日，叶利钦总统在联邦委员会所做的国情咨文中宣布：俄罗斯应"结束有缺陷的、对西方的单方面退让"，"俄罗斯对外政策应始终符合俄罗斯的大国地位"，"必要时应采取坚决果断的行动维护国家利益"。① 这表明俄罗斯前一阶段对西方过度妥协退让、全面收缩力量的安全战略基本结束，标志着突出大国地位的全新安全战略的形成。

俄罗斯这一安全战略的形成有一个过程，其雏形首见于 1992 年 3 月提出的《关于俄罗斯对外政策构想基本原则》和同年 6 月拟定的《俄罗斯军事学说（草案）》，调整则开始于 1993 年 4 月叶利钦总统批准的《俄罗斯联邦对外政策构想》和 1993 年 11 月俄安全会议通过的《俄罗斯军事学说基本原则（草案）》，至 1994 年，俄罗斯基本上建立起一套比较完整的安全战略构想。② 其中，1993 年 4 月的《俄罗斯联邦对外政策构想》体现了俄对于安全利益的新认识，显示出向其重视地缘战略的安全传统的正式回归。该构想论述了加强与独联体国家关系的重要性，强调"调节俄罗斯周边冲突和努力维护周边稳定是俄罗斯正常发展和有效贯彻自身远邻外交政策的最重要的条件……俄应同独联体其他国家和邻近国家建立崭新的、平等互利的关系"。③ 1993 年 11 月的《俄罗斯军事学说基本原则（草案）》（以下简称《原则》）则突出了俄罗斯军事战略趋向强硬以维护其大国地位，以及俄对于独联体等周边地区的安全关注。《原则》一方面认为"对俄罗斯的最大威胁已不是来自北约，而是来自俄罗斯周边潜在的地区性冲突……俄安全利益的主要威胁来自后苏联空间，特别是中亚、高加索地区的民族和宗教冲突"；另一方面"放弃'不首先使用核武器'的承诺……通过遏制对俄罗斯联邦及其盟国发动侵略来消除核战争的危

---

① 叶利钦总统 1994 年所做国情咨文，俄通社-塔斯社，1994 年 2 月 24 日，莫斯科电。
② 俞邃：《冷战后俄罗斯安全战略的调整及其对华影响》，《太平洋学报》1996 年第 1 期，第 3～12 页。
③ 《俄罗斯联邦对外政策构想》，〔俄〕《外交通报》1993 年特刊（22）。

险"，并且将戈尔巴乔夫时期的"纯粹防御"战略调整为积极防御。① 这样，至1994年时，俄罗斯以维护其大国地位和利益为根本目标的"全面大国安全战略"基本形成。

俄罗斯安全战略的调整是在俄整体外交战略发生重要变化的大背景下发生的。俄罗斯对西方"一边倒"的外交战略实际已经失败，俄罗斯做出大幅度的妥协让步却未能获得预期的援助与平等地位，反而令其日益受到西方的轻视，国家地位严重下滑。西方自由主义思想在俄国内受到严重质疑，欧亚主义取而代之成为俄外交政策指导思想，俄罗斯外交战略由"一边倒"转变为"双头鹰"，即兼顾东西方以维护俄罗斯大国地位。"双头鹰"战略是俄罗斯力图利用自身横跨欧亚的地缘优势维系其大国地位的思想体现。而伴随着这一外交战略的形成与发展，俄罗斯的安全战略也在不断地进行调整与完善。

面对北约东扩的现实战略逼迫，俄罗斯在安全战略上做出了新的调整。1996年6月，俄罗斯发布首份总统国家安全咨文，首次做出世界向多极化方向发展的战略判断，将俄罗斯国际地位定位于对国际事务具有相当重要影响力的地区大国，正式提出新的俄罗斯军事战略——"现实遏制"战略，该战略与以往最大的不同在于，重新确定以美国为首的北约集团是俄罗斯国家安全的主要外部威胁，并将战略核力量视为保障俄国家安全的主要手段。② 1997年12月17日，全面阐述俄国家安全战略的政治文件《俄罗斯联邦国家安全构想》（简称《构想》）首次问世，该构想成为制订保障俄罗斯联邦国家安全的具体计划和组织文件的基础。《构想》重申了世界的多极化趋势以及俄罗斯作为重要一极的大国地位，明确了作为大国的俄罗斯的国家安全所受到的威胁，突出强调"国际领域中对俄罗斯国家安全的威胁表现为，其他国家阻止俄罗斯成为多极世界中一个有影响力的中心的企图越来越强烈"，"不能接受北约东扩，因为它对俄罗斯国家安全构成威胁"，并明确将"独联体国家实现一体化联合"作为加强俄多极中心地位的重要方针之一。③ 《构想》是俄罗斯基于国家独立后自身安全实践的经验教训对国家安全战略所做的总体规划，其内容

---

① 章平：《俄罗斯军事学说评述》，《东欧中亚研究》1994年第3期，第80~82页。
② 薛兴国：《俄罗斯国家安全理论与实践》，时事出版社，2011，第94页。
③ 陆齐华：《俄罗斯和欧洲安全》，中央编译出版社，2001，第317、322、326页。

更为成熟、理性，表明俄领导层对于国家安全利益和环境的看法更加趋于务实、客观，回归了俄罗斯安全战略传统的现实主义风格。

在"全面大国安全战略"的指导下，俄罗斯强调自身作为独立的世界大国的地位与利益，在涉及俄罗斯国家利益的问题上敢于和西方展开积极的抗争。同时，为了塑造其全球多极力量中心之一的形象，俄罗斯在一系列国际重大事务上彰显自身的独特立场，与西方拉开距离。在这一时期，俄罗斯在欧洲坚决反对北约东扩，在周边致力于整合和领导独联体并将之确立为自身的"特殊利益地区"，在亚太积极发展与中国、印度的战略关系，展现出对西方战略紧逼的全面反抗态势。

随着北约东扩的启动，俄罗斯对于美国漠视俄大国地位、威胁俄国家安全的不满和不安愈加强烈。2000 年的《俄罗斯联邦国家安全构想》删除了 1997年《构想》中"在可以预见的将来实际上已不存在对俄罗斯发动大规模侵略的威胁"① 这一提法，进而强调了以美国为首的西方国家对俄罗斯的威胁，特别是北约东扩的威胁。俄罗斯与西方的对抗日益上升，叶利钦甚至以将发起新的"冷战"来威胁美国，要求停止北约东扩。

俄罗斯的"全面大国安全战略"要求其必须在周边特别是独联体地区维持俄罗斯传统势力的影响，防止西方的介入与干涉。俄罗斯对于外高加索地区的重视程度也相应得到提升，将之列为防护俄罗斯南部安全的重要屏障。特别是在车臣问题愈演愈烈的情况下，俄罗斯更加担心宗教极端势力以及西方力量经由外高地区对车臣分离主义势力进行援助，因而俄更为积极地介入外高三国的内部事务，努力与之建立稳固的双边关系，以阻滞西方力量在该地区的渗透和扩展。总体而言，这一阶段俄罗斯已经重新意识到外高加索这一重要地缘战略区域的价值，无论是为了保障自身南部安全还是欲控制中亚、里海石油资源，还是南下阿拉伯半岛涉足中东事务，外高加索地区都是俄罗斯必须予以掌控的战略要地。

然而，俄罗斯的"全面大国安全战略"是存在明显问题的。其核心问题在于以叶利钦为首的俄领导人对于俄罗斯的国际角色和地位定位不准，造成实

---

① 陆齐华：《俄罗斯和欧洲安全》，中央编译出版社，2001，第 317、322、327 页。

力和战略目标的脱节。独立后的俄罗斯已经远非当年的超级大国苏联。俄经济虽然经历了"休克疗法"等西方化的改革，但始终未能建立起富有活力的经济体制，大量企业破产倒闭，通货膨胀严重，经济连年负增长，国家收入拮据。1990 年俄罗斯 GDP 为 10000 多亿美元，中国为 3700 亿美元，美国为 55000 多亿美元，俄 GDP 为美国的 18.2%，是中国的 2.7 倍；1997 年俄罗斯的 GDP 降至 4284 亿美元，美国约为 80000 亿美元，中国约为 9000 亿美元，俄 GDP 总额仅为美国的 6.0%、中国的 47.6%；2000 年俄 GDP 进一步降至 2469 亿美元，仅为美国的 2.7%、中国的 25%。[1] 俄罗斯经济实力的急速衰败导致军费投入严重不足，令其根本无法维持苏联时代的庞大军力。据英国国际战略研究所测算，自 1992 年到 1996 年，俄军费减少了 45%，俄罗斯军事超级大国的地位一落千丈。[2] 俄军处于装备老化、供应不足、士气涣散、指挥低下的状态，其最明显的体现是俄军在 1994 年至 1996 年的第一次车臣战争中的拙劣表现。

从现实而言，俄罗斯已经从超级大国沦为近乎第三世界国家。然而，叶利钦等领导人尽管认识到俄力量的衰退，却没能够摆脱对于苏联时代超级大国地位的历史记忆，仍然将俄罗斯视为在国际体系中与美国同一量级的大国，力图发挥世界大国的作用。这种国际定位导致俄罗斯将自身的安全利益外延设定得过于宽广，积极插手东欧、中东等远离俄罗斯周边地区的事务，并且凸显俄罗斯与西方不同的立场，令双方间的矛盾冲突频繁发生。而在北约东扩问题上，俄罗斯又常常发出自身难以付诸实施的威胁，不仅没有改变北约东扩的进程，反而令俄备受西方的轻视。虽然普里马科夫担任俄总理时强调世界的"多极化"，但这并没有真正改变俄罗斯将自身视为全球大国的态度和国家利益界定。如果说前一阶段俄罗斯安全战略的问题在于对西方过于妥协退让，那么这一阶段的问题则是过于强调与西方的对抗争夺，安全战略的目标超出了自身力量的限度。

3. 务实的大国安全战略（2001 年至今）

2001 年"9·11"事件的发生，为俄罗斯调整国家安全战略带来契机。普

---

[1]　潘德礼、许志新：《俄罗斯十年》，世界知识出版社，2003，第 423 页。
[2]　谭索：《叶利钦的西化改革与俄罗斯的社会灾难》，社会科学文献出版社，2009，第 331 页。

京抓住小布什政府全球反恐战略的契机，缓和了与美国的双边关系，加强了与西方的合作，依据自身的实力适当收缩力量，逐步形成务实的大国安全战略。这一战略的根本特点是放弃不切实际的全球大国梦想，奉行实用主义，依据俄现实客观的实力、地位设定合理务实的安全利益和目标。这一安全战略清晰地体现出现实主义流派所信奉的实力界定利益的思想。

务实的大国安全战略正式形成于"9·11"事件之后，但是普京上台之初就已经开始对俄罗斯坚持的全球大国定位进行了调整。1999年12月，普京在就任总统前夕发表的《千年之交的俄罗斯》一文中对于俄罗斯的国家状况和国际地位做出了准确务实的分析，明确提出："俄罗斯正处于其数百年来最艰难的一个历史时期。大概这是俄罗斯近二三百年来首次真正面临沦为世界二流，甚至三流国家的危险。"① 这表明以普京为首的俄罗斯新领导人开始放弃叶利钦时代对于俄罗斯全球大国地位的不切实际的坚持，在承认实力衰退的基础上谋求对自身安全利益最大限度的维护。但是在"9·11"事件之前，俄罗斯基本仍延续了叶利钦后期对西方的强硬安全路线，其原因在于当时的美国在北约东扩等问题上对俄罗斯异常强硬、步步紧逼，令俄不得不强硬以对。

"9·11"事件的发生令美国全球安全战略重心发生转移，反恐成为小布什政府最为关注的问题，包围和压制俄罗斯不再是美国的首要战略任务。以普京为首的俄罗斯领导层也已经清醒地认识到俄罗斯的现有实力根本不足以挑战以美国为首的西方力量，必须进行战略收缩，根据现有的实力重新确定自身的安全利益，与西方对抗并不会改善俄国家安全环境，缓和和务实的合作才是可行之路径。这种内外环境的变化促成俄罗斯国家安全战略的转变，俄进入"务实的大国安全战略"时期。

这一战略的具体表现是，一方面对美国在涉及反恐的重要安全领域做出让步，以合作寻求美国对俄需求的满足；另一方面则将俄罗斯的安全利益区域大幅收缩至周边特别是独联体地区，力图在其近邻地区建立起巩固的安全空间。俄罗斯对美国在阿富汗的反恐行动予以支持，开放空中走廊以方便美国运输物资。并且更为令人吃惊的是，俄同意中亚国家对美国提供支持，这实际上等于

---

① Путин. Россия на рубеже тысячлет. www. kreml. org/media/74229524? mode=print.

默许美国进入俄罗斯以往对外甚为禁忌的中亚势力范围。美国与中亚五国均建立了军事合作关系，并在乌兹别克斯坦和吉尔吉斯斯坦建立了军事基地。同时，普京在武器谈判领域也对美做出让步，签署了对美国较为有利的《莫斯科条约》，并未对美国退出《反导条约》做出激烈反应，态度温和。更为重要的是，普京对于北约的态度发生了变化，提出"稳定的弧形"这一安全新概念。该概念"认为俄罗斯的安全威胁主要来自西、南、东三个方向，提出通过北大西洋公约组织、独联体集体安全条约组织和上海合作组织来分别保卫俄罗斯的西、南、东三边安全，在俄周边构成一个'稳定的弧形'"[1]。这一战略立足于俄罗斯有限的国家实力，根据实力将安全空间回缩到力量所及的范围之内，从而使安全战略的目标与手段间实现了平衡，与之前的战略相比更为务实和可行。俄罗斯在这一时期对美国和西方确实做出了重要让步，但是需要强调的是，这种让步并非第一阶段中近似无原则的让步，这些让步和收缩都只是普京实现俄国家安全利益的手段，是为了更好地实现俄罗斯的国家利益。俄罗斯的让步与合作得到了美国的回报：北约－俄罗斯理事会正式成立；美国承认俄市场经济地位，并支持俄罗斯加入 WTO。

　　普京领导下的俄罗斯对于自身安全利益的界定十分清晰，对于维护重要安全利益的立场相当坚定，让步和强硬对俄而言只是手段，服务于现实的国家安全战略。事实上，当美国 2004 年开始启动新一轮北约东扩、对车臣问题持双重标准、干涉俄罗斯内政、在独联体地区策动"颜色革命"等一系列严重威胁俄安全的行动后，普京也对美做出了强硬反击。俄美关系自 2004 年后对抗态势加剧，俄安全战略趋于强硬，2008 年，普京总统更是罕见地在慕尼黑安全会议上直接对美国进行了斥责。但是，整体而言，普京时期俄罗斯的安全战略是十分理性务实的，清醒地认识到了自身的国际地位，始终与美国维持着适度的双边关系，尽量避免与其直接对抗，并且大力发展与法、德、意等欧洲大国的关系，分化西方阵营对俄罗斯的立场，扩大俄罗斯的安全空间，这与叶利钦时代动辄以"冷战"相威胁的态度形成鲜明对比。其安全战略概括而言就是：整合独联体地区以形成以俄罗斯本土为中心的核心安全空间；在西部发展与欧盟的关系

---

[1]　李兴：《论冷战后美俄关系中的欧亚地缘因素》，《国际政治研究》2005 年第 3 期，第 62～69 页。

以削弱北约东扩的不利影响并分化欧美对俄态度；在东部则积极发展与中国的战略伙伴关系，以牵制美日对俄远东的威胁；在南部依靠集体安全条约组织全力控制外高加索和中亚，防范西方力量和宗教极端主义势力的渗透。

在外高地区，俄罗斯对于西方国家力量进入和扩展的担心在加剧。特别是普京大力推行"能源外交"，这更增加了俄掌控外高这一能源战略走廊的决心与需要。俄罗斯积极尝试将外高三国整合入其领导的独联体安全框架内，加大了对外高地区的资源投入，对格鲁吉亚和阿塞拜疆施行打压和拉拢相结合的外交策略，力图迫使两国转变对俄态度，接受俄罗斯的安全领导地位，以便将外高打造成俄罗斯稳固的安全势力带。

梅德韦杰夫继任总统后，总体上延续了普京时代的安全战略，遵循了其务实的战略精髓，根据实际情况灵活调整安全策略，又始终坚定不移地维护俄罗斯的大国地位与利益，保证了俄国家安全利益的实现。

2014 年发生乌克兰危机，俄罗斯出兵克里米亚，西方对俄展开全面制裁，俄与西方关系遭遇重大挫折。俄罗斯为应对西方在西线的战略压力，实行战略南下，迂回突进，在叙利亚发力，以斗争求妥协，意图打破西方对其的封锁制裁。外高加索是俄罗斯南下的重要通道，俄强化了对该地区的战略关注度，更为忌惮外部力量的介入。俄适度调整了对格鲁吉亚的政策，在施压的同时，也释放出善意的政策，意图缓和并改善双方关系。此外，俄罗斯积极斡旋亚美尼亚与土耳其关系，力图推动两国关系正常化，理顺俄地区盟友与重要合作者间的关系。

（二）俄罗斯安全战略制定的主要现实依据

俄罗斯独立以来的安全战略一直处于不断调整和变化之中。作为一个转型中的世界大国，俄罗斯安全战略的这种不断摸索调整的变化轨迹并不令人感到意外。可以看到，经历了叶利钦、普京、梅德韦杰夫、普京四任总统的继承与发展，当今的俄罗斯已经度过最初彷徨与混乱的时期，找到了更为符合自身国情特点的安全战略。

每个国家制定自身的安全战略都有其现实依据，俄罗斯安全战略尽管在不同时期具有明显的差异，但无论是叶利钦时期的"全面大国安全战略"还是普京的"务实的大国安全战略"，其确立的依据都有相当的共通之处。

1. 俄罗斯的大国传统

俄罗斯自中世纪以来始终是世界舞台上的大国。从彼得一世开始直到沙皇帝制被推翻之前，俄罗斯都是欧洲政治舞台上的权力中心之一。尽管西欧国家从来不愿把俄罗斯视为西方世界中的一员，对于俄罗斯的政治制度和经济效率也多存鄙夷，但俄罗斯始终以大国自居，凭借其庞大的规模积极插手欧洲事务，甚至在拿破仑战争后一度主宰了欧洲事务，堪称与英、法等西方强国地位相当的世界大国。苏联时代，俄罗斯的大国地位得到了最大的实现。苏联控制着整个东欧地区，建立起与西方世界平行而立的东方阵营，在国际上成为与美国并驾齐驱的超级大国。在长达数十年的时间内，苏联作为超级大国在全球范围内发挥着巨大的影响力，不仅控制着东欧社会主义阵营，还积极插手亚非拉广大区域的地区事务，与美国一道主宰着世界格局的走向。可以说，俄罗斯的历史就是一部大国的历史，大国思想、大国传统已经渗透整个俄罗斯民族和国家的肌体之内，成为俄罗斯行为的内在动力。苏联解体后，俄罗斯尽管实力和地位都已急速下降，不仅失去了超级大国地位甚至还一度连大国地位也面临危机，但是整个俄罗斯领导层和民众仍然以大国自居，不愿放弃传统的大国荣耀。

俄罗斯对于大国传统的坚持限定了其对自身安全利益和目标的定位。在叶利钦时期，最为重视的就是恢复和维持俄罗斯的全球性大国地位，由此将东欧许多地区和一些苏联时代的战略地区划入俄安全利益范畴，并且力图满足俄罗斯作为全球层次大国的安全需要。普京时代虽然暂时放弃了叶利钦时期全球大国地位的构想，但坚决维护俄罗斯的大国地位，致力于收缩力量以更好地保障俄罗斯的现实安全利益，积攒实力以最终实现俄罗斯的全面复兴。可以说，两个阶段安全战略的制定都体现了俄罗斯的大国传统，其终极目标都是重现俄罗斯昔日的辉煌，区别只是在对自身力量、实现方法和前进路径的认识和把握上存有差异。需要进一步说明的是，即使在 1991 年至 1994 年这段全面退让的阶段，俄罗斯的安全战略也并没有放弃自身的大国地位，只是当时俄领导人将与西方的全面合作作为实现大国地位的现实途径，其根本目的还是要扩展和维护俄罗斯的大国安全利益。

2. 地缘政治现实

拥有 1700 多万平方公里领土的俄罗斯横跨欧亚大陆，其版图之大令人印象深刻。这种地理上的辽阔决定了俄罗斯作为大国的基础和底气，其丰富的资源和广阔的战略纵深一直都是其赖以仰仗的大国优势。可以说，俄罗斯的地理特点实际上孕育了其大国思维和传统。但是，这种地理上的跨度又给俄罗斯带来了安全上的问题与麻烦。俄罗斯在三个方向上均面临着安全压力与威胁：在西方，俄罗斯面对的是欧盟和北约的步步紧逼；在东方，俄罗斯面临一直对其进行遏阻的美日联盟；在南方，伊斯兰世界动荡不安，极端主义势力不断威胁俄边境地区安全，而西方力量也在这里积极渗透扩展。俄罗斯这种地缘政治的现实是其制定安全战略最为根本的依据之一。巨大的版图使得俄罗斯的安全区域极其庞大、安全局势复杂多变。俄罗斯的安全战略必须要综合三个方向的安全态势进行考量，同时还必须对自身力量进行远较其他国家更为复杂的配置。

在现实的安全战略演变中可以看出地缘政治因素对俄罗斯的巨大影响力。从 1994 年俄罗斯国家安全战略正式形成开始，对独联体的重视就呈直线上升之势。叶利钦时期将独联体视为自身的"后花园"和战略安全地带，普京继任总统后更是将独联体定位为俄核心安全利益带，力图打造出一个以俄罗斯为核心和领导的后苏联空间的坚固联盟。俄罗斯对于独联体地区的重视实质体现的是对地缘政治的重视，表明俄罗斯以地缘政治视角来看待自身的安全问题，努力建立周边安全防护带，防范地理特点造成的安全薄弱。此外，俄罗斯安全战略中对于核武器的强调也从另一侧面体现出其对于自身地缘政治现实处境的不安。从叶利钦开始，面对西方在东西逼迫、在南部挤压的态势，俄罗斯对于国家安全的担忧日益增长，但缺乏灵活应对的现实能力，因此，俄罗斯日益强调将具有毁灭性质的核武器作为国家安全现实保障的做法也就成为可以理解的应对之策了。从叶利钦到普京，俄罗斯国家军事战略不断提升核武器在维护国家安全中的作用，并同时逐步放宽核武器的使用界限。这种情况体现了俄罗斯在现实地缘政治压力下应对常规能力不足的窘迫状态。总而言之，俄罗斯的地缘政治现实是其制定国家安全战略的基本依据之一，无论是以全球大国自居在全球范围内全面扩展和维护自身的安全利益，还是适当收缩以着力保障最为根本和重要的国家安全利益，都是建立在对俄罗斯横跨欧亚的地理版图和对东、南、西三个方向安全现实的评估与考量之上，其个中的差别只是源于这种评估与考量本身的差异，而非对这一地缘政治因素的忽视。

3. 国家实力

任何国家的安全战略均建立在自身实力基础之上，离开实力，战略也就成了无源之水、无土之木。国家实力决定了安全目标的设定、手段的应用等众多重要战略环节。不过国家实力虽然是客观现实的，但对其的评估和认识还是会与客观实际存在着偏差。一般来说，对自身实力评估越接近实际的国家，其安全战略就会更务实可行，反之则会导致战略目标的过大或过小、手段与目标的不匹配。俄罗斯制定安全战略的首要依据也是自身的国家实力，只不过在不同时期对于国家实力的评估和认识与客观实际的契合度存在差距。总体而言，叶利钦时期对于俄国家实力的评估过高，对自身国际地位认识不清，导致俄安全战略目标过大却又缺乏实现的手段，普京时期对于国家实力和地位的评估则更为符合实际，这也是俄罗斯安全战略趋向务实的重要原因。

叶利钦时期俄罗斯长期处于经济衰退之中，国力大幅下降。1992～1998年俄罗斯国内生产总值变化幅度依次为 −18.5%、−12%、−15%、−4%、−5%、−0.4%、−4.6%，累计下降达40%，降幅超过俄历史上国内生产总值大幅度下降的第一次世界大战时期（下降25%）、国内战争时期（下降23%）、卫国战争时期（下降25%）和1929～1933年的大萧条时期（下降30%）。[①] 根据世界银行1999年的统计结果，俄罗斯当年的GDP仅为美国的1/20，而1982年苏联的GDP是美国的46%。[②] 俄罗斯的经济规模不仅远远落后于日、德、英等西方发达国家，还落后于中国、印度等发展中国家，令俄处于三流大国的尴尬地位。但是，此时的俄罗斯还是继承了苏联时代庞大的武装部队特别是全球最大的核武器库，尽管人员和武器装备均出现了老化和流失，但总体而言仍是全球范围内唯一堪与美国相抗衡的军事强国。由于冷战时代，美苏竞争最为激烈的一直是军备领域，苏联一直将武装力量的强弱视为国家实力最为重要的组成部分，而这种思想也是俄罗斯一直持有的传统观念，在叶利钦时期仍在发挥作用。这也就是当时俄罗斯领导人尽管已认识到俄经济实力已经相当衰

① 郑羽：《俄罗斯国家经济安全战略与1998年金融危机》，《俄罗斯中亚东欧研究》1999年第6期，第47～54页。

② Andrew C. Kuchins, "Explain Mr. Putin: Russia's New Nuclear Diplomacy," *Arms Control Today*, October 2002.

弱却仍将自身视为世界大国的重要原因。正是依据自身世界军事强国的地位，俄罗斯错误地将其国际地位定位于全球性世界大国，力图依靠军事力量来弥补经济实力的不足，支撑原有的安全架构和安全目标。这最终导致叶利钦时期俄安全战略与其国家综合实力的脱节，令俄对西方的安全进逼动辄以武力对抗相威胁却又缺乏足够的经济支撑，陷入了被动应对的局面。

普京时期，俄罗斯对于自身实力的认识更为接近现实。普京认识到在全球化时代以经济为核心的综合国力的竞争已经取代军事竞争的核心地位，俄罗斯衰败的经济状况使其彻底失去了与美国并驾齐驱的全球性世界大国的地位，处于沦为第三世界国家的危险边缘，根本不具备与以美国为首的西方世界强硬对抗的实力基础。因此，普京开始谋划战略收缩，努力改善与西方的关系。"9·11"事件发生后，普京抓住契机调整了国家的安全战略，有选择地主动将自身的安全区域回撤到以独联体为基础的俄邻近地区，放弃在一些俄已无力维系的地区的次要安全利益，与西方减少摩擦建立合作关系。而自2004年美俄关系不断恶化后，俄罗斯根据自身实力进行了适度的强硬反击，不过始终避免全面恶化同美国的关系，因为这将超出俄罗斯的实力基础，对其安全利益造成损害。此后随着俄罗斯经济、军事等实力的全面恢复，俄罗斯的安全关切点也在增多，安全利益外延在扩展，态度也趋向强硬。但是，2008年的经济危机打断了俄复兴的进程，造成俄罗斯经济增速大幅下降，2014年俄出兵克里米亚后西方的制裁进一步打击了俄经济实力。这种实力的变化也导致俄罗斯面对西方压力，虽然态度强硬但始终积极寻求对话谈判，避免走入冷战的旋涡。俄罗斯对自身实力显然还是有较为清楚的认识，知道自身的强项与弱项，在发挥军事力量正面效果的同时，尽力避免与西方全面对撞。

（三）俄罗斯在外高加索地区的安全战略

外高加索地区是俄罗斯南翼的安全利益带，也是俄罗斯传统安全关注的区域之一。从地缘战略上看，这一地区对于保护俄罗斯南翼边境地区的安全具有重要的作用，同时也是俄对里海、中东地区力量辐射的重要桥头堡。20多年来，俄对于外高地区的重视度呈日渐上升的态势，外高地区成为俄安全区域中不可或缺的一环。随着俄罗斯自身整体安全战略的形成和日趋完善，俄对外高加索地区的地缘战略价值和作用有了更为明晰和深刻的认识，由此逐步建立起自身在外高地区的安全战略。

俄在外高地区的安全战略是俄国家总体安全战略中有机的组成部分，受制和服务于总体安全战略。可参照国家安全战略将俄罗斯的外高加索安全战略大致划分为如下三个阶段。

1. 漠视阶段（1991~1992）

这一阶段俄罗斯在整体国家层面奉行的是对西方"一边倒"的外交政策，抛弃了传统的地缘安全战略，对西方全面妥协退让，近乎无原则地从原有的安全利益空间撤退自身的力量。俄将包括外高地区在内的独联体国家视为"包袱"，认为与西方关系的根本性变化使得俄罗斯完全不必再遵循传统的战略思维保持对这些地缘战略要地的控制权。而当时俄罗斯国内混乱的政治经济局面客观上又使得领导层所关心的重心在于寻求西方帮助，以尽快按照西方模式建立起富强民主的新俄罗斯，经济贫瘠的外高加索地区自然成为俄领导层关注的盲区。

这种情况下，俄罗斯对于自身在外高地区的安全利益、安全目标都缺乏深入的研究与评估，未能建立起适应形势变化的针对外高地区的战略。面对格鲁吉亚的反俄态度、阿塞拜疆和亚美尼亚间的纳卡冲突，俄罗斯的反应都是被动的和缺乏统一筹划的。应该说，这一时期俄罗斯对于包括阿布哈兹、纳卡等问题的介入均不是在其总体安全战略的指引下进行的，而是孤立的不连贯的反应。这种情况最为有力的证明是俄罗斯介入外高地区的力量并非由俄中央政府统一安排指挥，而是不同分支机构按照自身利益与偏好的介入。例如，支持阿布哈兹与格鲁吉亚政府军作战的主要力量并非俄罗斯中央政府，而是来自俄联邦南部境内的北高加索联邦，这些地区是出于同阿布哈兹在民族上的亲缘关系而介入格阿战争。并且，由于当时北高加索联邦试图从俄罗斯独立出来，建立包括阿布哈兹地区在内的高加索民族国家，其武力介入阿布哈兹冲突不仅与俄罗斯整体安全战略无关，还在相当程度上与之相违背。因此，在刚独立的初期，俄罗斯由于国家的混乱与领导的幼稚对于外高加索这一传统的安全利益区持漠视、忽视态度，对于外高地区与俄国家安全的联系缺乏认识，造成对该地区安全战略的缺失。

2. 联盟整合阶段（1993~2003）

从1993年俄罗斯外交转向开始，叶利钦政府对于包括外高在内的独联体的态度就发生了明显变化。莫斯科的外交议程日益由保持和重建俄在后苏联地区的影响力和霸权地位的议题所支配。俄罗斯领导人开始不断强调独联体的特殊性和俄罗斯在此的独特支配性地位。叶利钦总统和科济列夫外长曾尝试获得国际社会对于俄罗斯作为独联体主要负责者地位的承认。例如，科济列夫在1993 年 3 月呼吁联合国和欧安组织给予俄罗斯作为独联体国家安全和稳定的担保者的特殊权利，宣称对后苏联空间具有独有的权利和责任。俄还强调说，苏联地区"实际上是后帝国地区，在这里俄罗斯不得不用各种合适的手段保护自己的利益，包括军事和经济手段"①。而俄罗斯国内各个不同的利益集团在国家的战略安全利益问题上也基本形成了共识，认为近邻国家是其顶级优先项，俄罗斯不应撤回自己的境内，而是应保持苏联时期在高加索和中亚的边界。②

　　叶利钦为俄罗斯制定的最终目标是与近邻地区也就是独联体地区组成一个联邦，或者是一个联盟。③ 这意味着俄罗斯试图把独联体地区打造成自己的势力范围以及大国地位的重要战略支撑带。外高加索国家作为独联体重要的组成部分，自然成为这一战略构想不可或缺的一环。为了在外高地区建立俄罗斯所主导的稳固的地区体系，俄罗斯也努力尝试与格鲁吉亚、亚美尼亚和阿塞拜疆建立良好的战略合作关系，以将三国导入俄罗斯的战略利益轨道。俄罗斯希望未来深度整合的独联体体系包括外高三国，这样就可以有效地保障俄罗斯南翼的安全与稳定，遏制美国、土耳其、伊朗等外部势力的介入。为此，俄罗斯从 1993 年后对发展与外高三国的关系转为持积极态度，显示出建立深入关系的浓厚兴趣。然而，阿布哈兹、南奥塞梯和纳卡问题的存在使得外高三国与俄罗斯的关系错综复杂，俄罗斯很难同时与三国保持良好平衡的关系。更为不利的是，为了掌控外高三国，特别是格鲁吉亚和阿塞拜疆，

---

① Craig Whitney, "Russia carries on like in the bad old days, then says it was all a ruse", *New York Times*, 15th December, 1992.

② 参见 Hannes Adomeit, "Russian national security interests", in *Security dilemmas in Russia and Eurasia*, pp. 37, 44. "Starie granitsi i novie bazi", *Segodnya*, 16 September 1993; For a systematic evaluation of Russia's foreign policy, see Margot Light, "Post-Soviet Russian Foreign Policy: The First Decade", in Archie Brown, ed. *Contemporary Russian Politics: A Reader* (Oxford: Oxford University Press, 2001), pp. 419-428.

③ 参见 "Pravo I dolg razvedchika. Vistuplenie B. N. Yeltsina na vstreche s rukovodstvom I sotrudnikami sluzhbi vneshniy razvedki Rossii", *Rossiyskaya Gazeta*, 29 April, 1994.

俄罗斯将阿布哈兹等地区问题作为施压的战略工具而不是致力于真正解决问题，这引起格鲁吉亚和阿塞拜疆的强烈不满。客观而言，俄罗斯选择这种方式也是国家实力不足的无奈之举。缺乏对于外高地区所需的经济资源的供给能力，俄罗斯只能选择利用已有的领土问题向三国施压以实现将三国整合入其地区联盟体系的战略设计。但是这种干预工具的运用并没有使俄罗斯实现其战略目标，尽管亚美尼亚出于对俄罗斯的安全依赖而坚定地支持俄罗斯整合独联体的战略，并成为其独联体内最为牢靠的盟友，但其他两国则为了抗衡俄罗斯的压力而积极向西方寻求支持，与俄罗斯的关系起伏不定，反对将独联体建成类似北约的牢固联盟。

普京上台后俄罗斯提升了对于外高地区的重视度，这主要源于里海能源的开发前景所引发的西方力量的积极介入。西方为了打破俄罗斯对欧洲能源供应的垄断地位而积极寻找新的能源供给源，里海区域潜在的巨大能源蕴藏量正符合这一需要。在近期外高加索地区是里海能源绕过俄罗斯输向欧洲的唯一现实可行通道，西方因而积极介入。这种情况令普京时期俄罗斯在外高地区的安全利益又增加了新的内容，即控制外高以保证其独联体区域能源垄断者的地位，这对于以能源外交著称的普京政府具有极为重大的战略意义。此外，普京也更为重视独联体的地缘战略地位，对于整合独联体比叶利钦更为积极。这也使得普京当政时期在外高加索基本延续了叶利钦时代的安全战略，力图拉拢和控制外高三国使其成为独联体内牢固的坚定的组成者。

普京时期俄罗斯国家实力得到大幅的恢复与发展，政治、经济、军事实力都有相当的增长，重新跻身于世界大国之列。实力的恢复使得俄罗斯对于此前利用地区争端控制外高加索国家的策略发生一定的改变，俄罗斯有了更多的经济、军事资源可以运用，并且希望能够摆脱传统策略带来的格鲁吉亚和阿塞拜疆对俄的不信任和反感，实现与三国关系的全面发展。这种变化在纳卡问题上最为明显，俄罗斯由原来支持纳卡问题冷冻转化为积极协助阿塞拜疆和亚美尼亚两国最终解决这一问题，从而在相当程度上促使阿塞拜疆转变了对俄态度。然而，俄罗斯希望将外高三国全面纳入自身战略体系的构想并没有实现，这主要还是因为格鲁吉亚始终坚持脱离俄罗斯投奔西方的政策，而阿塞拜疆仍然未放弃在俄美间平衡的政策也是原因之一。

3. 区别整合阶段（2003 年至今）

2003 年底格鲁吉亚"玫瑰革命"爆发，萨卡什维利政府上台。格鲁吉亚全面倒向西方，确立了"欧洲优先"的原则，逐步脱离俄罗斯所主导的独联体一体化进程。这令俄罗斯计划中的全面整合外高加索三国的战略目标已经难以实现。尽管萨卡什维利政府上台之初也表示会重视与俄罗斯的关系，但其本质上所坚持的全面倒向西方、融入欧洲的国家战略与俄罗斯的安全利益是背道而驰的。其后"颜色革命"又在乌克兰发生，进一步导致俄原有整合独联体的计划难以为继。普京政府意识到继续坚持谋求全面整合独联体的战略不切实际，类似格鲁吉亚这种离心国家的存在令任何提升独联体效率和一体化程度的努力都会以失败告终。强行保持独联体的形式完整性只会使俄罗斯付出更多的代价，换来的却仅是一个松散的缺乏统一性的组织。因此，从 2004 年起，俄罗斯开始调整政策，在独联体内选择与其亲近的国家建立独联体内的核心组织，并向这些国家提供更多的援助与支持，与此同时疏离和打压其他独联体国家。俄罗斯投入更多的精力发展"独联体集体安全条约组织""中亚合作组织""俄白联盟""欧亚经济联盟"等组织，抛开独联体整体转而寻求与某些成员在经济、军事、政治上的紧密联合，并以此向其他独联体国家进行施压。

秉承这种战略的调整，在外高加索地区俄罗斯也开始进行取舍。阿塞拜疆由于本身重要的地缘战略价值和始终避免与俄直接冲撞的政策令俄罗斯将其视为可争取的对象。而格鲁吉亚全面亲西方的立场以及对俄的现实疏离政策令俄罗斯始终难以信任萨卡什维利政府，认为对其的拉拢将不会奏效，对格的态度日趋强硬。由此，在格鲁吉亚发生"颜色革命"后，俄罗斯在外高地区的安全战略逐步演变为：在保持与亚美尼亚联盟的基础上重点拉拢阿塞拜疆，孤立和打压格鲁吉亚，遏制西方力量在外高地区的扩展。这一战略最为清晰地体现在 2008 年 8 月爆发的俄格战争上。俄罗斯对格鲁吉亚进行了严厉的军事打击，并承认阿布哈兹与南奥塞梯的独立。与此同时，俄罗斯积极拉拢阿塞拜疆，而对纳卡地区请俄同样承认其独立地位的要求则无动于衷。这显示出俄已经无意以怀柔政策拉拢格鲁吉亚，而是集中力量拉拢阿塞拜疆，在外高地区实行亲疏分明的分化战略。

二　外高加索三国的安全战略

格鲁吉亚、阿塞拜疆和亚美尼亚三国在独立之后也逐步摸索建立自身的国家安全战略。与俄罗斯不同，三国都属于新独立的小国，缺乏俄罗斯这样的安全战略的传承，在安全问题上有诸多不同于大国的思维与考量。由于长期处于被统治的地位，三国对于国家的独立有着迫切的渴望和珍视。独立后三国又都面临着国家领土主权遭受内外威胁的现实压力，保证国家的生存与完整成为三国安全战略中最为核心和首要的任务。加之这三个国家实力均十分弱小，并处于俄罗斯、土耳其、伊朗三个大国的夹缝中，因此其安全利益都相对有限，基本局限于自身国土范围之内。这些现实情况令外高三国形成了与作为大国的俄罗斯明显不同的安全战略。

（一）格鲁吉亚的安全战略

自独立之后，格鲁吉亚国家安全就始终处于脆弱的状态。阿布哈兹和南奥塞梯[①]两个地区的分离主义运动和事实上的独立地位一直令格鲁吉亚的领土完整性受到严重的威胁。尽管从理论上讲，这种安全威胁来自国内，应属于国内安全的范畴，但由于这两个地区在历史上与格鲁吉亚形成的错综复杂关系和俄罗斯幕后的积极干涉，令这两个问题具有了强烈的外部威胁的性质。因而，格鲁吉亚建国后一直将解决阿布哈兹和南奥塞梯问题以实现国家领土的完整统一作为最大的安全目标，而将幕后对这两个分离主义地区给予积极支持的俄罗斯视为国家安全威胁的最大外部来源。格鲁吉亚对俄罗斯的防范和敌视还与其历史上多次受到俄的侵略并在苏联时期遭受民族清洗有重大关系，对于俄罗斯可能重新控制格鲁吉亚的前景充满担心和抵触。这些因素综合在一起就使得格鲁吉亚逐步形成了以俄罗斯为主要防范对象的安全战略。格鲁吉亚安全战略大致经历如下四个时期的调整与演变。

1. 对外安全独立和对内武力统一的阶段（1991~1992）

格鲁吉亚是外高加索三国中对俄罗斯态度最为激烈和负面的国家，这里牵涉诸多的历史因素。早在苏联末期，格鲁吉亚从苏联分离的态度就是异常坚决

---

① 有关阿布哈兹和南奥塞梯问题的基本情况见附录1、附录2。

的。1991 年 3 月，苏联中央政府就是否保留联盟国家议题在全苏境内进行全民公决，格鲁吉亚不但予以抵制还自行就本国前途问题进行了全民公投，结果绝大多数人赞成恢复格鲁吉亚历史上曾有的独立地位。这种对于俄罗斯的历史反感情绪为此后格鲁吉亚与俄罗斯关系的持续矛盾埋下了种子。

独立之初的格鲁吉亚面临的最大安全威胁来自国内阿布哈兹和南奥塞梯两个具有分离主义倾向的地区。不过，当时真正提出独立建国要求的是阿布哈兹，南奥塞梯则为争取更大的自治权而努力。而在外部，格鲁吉亚并没有明显的安全压力。俄罗斯本身处于转型的混乱时期，对于外高地区缺乏战略上的关注和要求，邻国阿塞拜疆和亚美尼亚则由于纳卡问题彼此处于交战状态，两国都力图维持与格鲁吉亚的良好关系。格鲁吉亚第一任总统加姆萨胡尔季阿是一名强烈的民族主义者，积极致力于解决阿布哈兹和南奥塞梯问题。面对这种外部没有威胁的有利局势，加姆萨胡尔季阿选择了对外闭关锁国、对内以武力手段解决分离主义地区的强硬政策。但是，需要注意的是，加姆萨胡尔季阿对于泛高加索民族的联合很感兴趣，其主要武力使用对象是对于当时独立倾向不明显的南奥塞梯，而对于积极寻求独立的阿布哈兹却是谨慎使用武力，甚至不惜以建立平等联盟的让步来换取对方留在格境内。

1992 年，谢瓦尔德纳泽取代被推翻的加姆萨胡尔季阿担任格鲁吉亚总统后，对于格鲁吉亚的安全战略进行了调整。谢瓦尔德纳泽远比加姆萨胡尔季阿更为务实，他深知俄罗斯在阿布哈兹和南奥塞梯问题上能够发挥的影响力，因此改变前任时期与俄隔绝的态势，正式与俄罗斯建交，并希望发展两国的友好关系。但是谢瓦尔德纳泽一方面在处理国内分离主义问题时仍坚持武力解决的强硬政策，另一方面又希望彻底消除俄罗斯在格鲁吉亚的势力、影响以保证格自身的彻底独立，因而拒绝了加入独联体和俄罗斯在格鲁吉亚驻军的要求。这种对外追求安全上的完全独立、对内武力解决的安全战略没有带来格鲁吉亚预想的结果，反而导致俄罗斯选择利用阿布哈兹问题来迫使格改变在安全领域与俄不合作的态度。

2. 借力打力的安全战略（1993~2003）

1993 年，格鲁吉亚由于在对阿布哈兹战争中的巨大失利面临国家崩溃的危机，被迫放弃了安全上完全独立的设想，以加入独联体和允许俄罗斯在格鲁吉亚驻军为代价换取了俄罗斯的干预，挽救了谢瓦尔德纳泽政府，维持了格鲁吉亚领土形式上的完整。

由于俄罗斯在阿布哈兹问题上的介入，格鲁吉亚原本所认定的国内安全问题具有了外部安全的性质。俄罗斯成为对格国家安全最具有危险性的外部威胁。因此，格鲁吉亚此时面临的安全威胁主要是国内的分离主义地区和外部的俄罗斯，而这两个威胁又在很大程度上联系在一起。俄罗斯对阿布哈兹和南奥塞梯发挥着至关重要的影响，没有俄罗斯的支持格鲁吉亚不可能真正解决这两个地区的问题。这就令格鲁吉亚在防备制衡俄罗斯的同时又不得不借助俄罗斯。

谢瓦尔德纳泽政府对外交政策做出的调整是"实行全方位的东西方平衡外交：把与俄罗斯的关系放在首要位置，重视发展与美国、西方国家的关系，保持同独联体国家和周边国家的良好关系；积极参与国际组织和国际合作，努力发展与欧洲安全合作组织、北约、欧洲联盟的关系，赞成建立全欧安全体系，谋求与欧洲实现一体化"[①]。这种战略从实质上说就是借助西方的力量制约俄罗斯和借助俄罗斯的力量解决格国内分离地区问题，通俗而言就是借力打力。不过，这种安全战略的主要着眼点还是解决阿布哈兹和南奥塞梯问题，而借助西方的力量对俄罗斯进行制衡也是希望迫使俄转变立场支持格鲁吉亚解决国内统一问题，并非以反对和抗衡俄罗斯为直接目标。

谢瓦尔德纳泽时期基本奉行了这一安全战略，只是在不同阶段根据俄罗斯对阿布哈兹和南奥问题的态度进行一定的调整。特别是在 1996 年后，格鲁吉亚认为自身对俄的战略让步未能换取俄方在阿布哈兹问题上的实质转变，从而强化了对西方特别是美国力量的借助以图迫使俄罗斯调整政策。不过总体而言，一直到 2003 年"颜色革命"爆发之前，谢瓦尔德纳泽领导下的格鲁吉亚的安全战略都是相对务实的，对于俄罗斯的能力和俄对格鲁吉亚国家安全的影响有较为清醒的认识，虽然力图借助西方力量制约俄罗斯，但始终将俄罗斯作为解决格鲁吉亚国内安全问题的关键，并未全面倒向西方。

---

① 赵常庆：《十年巨变：中亚和外高加索卷》，中共党史出版社，2004，第 307 页。

3. 全面倒向西方的安全战略（2003~2013）

2003 年 11 月"玫瑰革命"的爆发及其后萨卡什维利政府的上台令格鲁吉亚安全战略发生了根本性变化。在谢瓦尔德纳泽后期，格鲁吉亚虽然也做出申请加入北约、退出独联体集体安全条约组织、纵容车臣武装分子等针对俄罗斯的对抗行为，但并没有将完全倒向西方作为自己的安全保障，这些行为的目的在更大程度上是着眼于借助西方力量迫使俄罗斯放弃对阿布哈兹和南奥塞梯分离主义地区的支持，属于策略层面，是对西方力量的工具性借用，很难认定为格鲁吉亚在根本战略上选择放弃俄罗斯倒向西方。

"颜色革命"后萨卡什维利政府的上台则从根本上改变了格鲁吉亚的战略立场。萨卡什维利代表的是格鲁吉亚年轻一代中亲西方的力量，将融入西方作为格鲁吉亚的既定国策。尽管萨卡什维利上台之初也曾表示要改善与俄罗斯的关系，但其融入西方的政策已定，这就势必要求彻底摆脱俄罗斯的影响与制约，从而不可避免地与俄罗斯在外高的根本战略利益相碰撞。特别是格鲁吉亚更为积极地申请加入北约，并以强硬态度力图迫使俄罗斯军事力量退出格鲁吉亚领土，引发俄严重不安与反弹。此时的格鲁吉亚已经将自身的安全完全寄托在西方世界的保护之上，奉行全面依靠西方的安全战略。萨卡什维利是这一战略形成的关键性主导人物，从其上台后的一系列讲话中可以看出其脱离俄罗斯倒向西方的强烈意图。例如，萨卡什维利在联合国大会上发言，指责俄在格恢复领土完整的努力中起着破坏性作用，激烈批评俄对格政策："这些地区已被我们的北方邻居俄罗斯吞并，俄支持它们并入其版图，蓄意违反国际法大量发放俄罗斯护照，争议地区居民生活在俄土匪占领之下。"[1] 2008 年 4 月 1 日，萨卡什维利参加北约布加勒斯特峰会前发表全民讲话，再次申明格鲁吉亚实现与北约一体化的方针，称格鲁吉亚将继续以坚定的步伐走向北约和欧洲。[2]

2008 年 8 月俄格战争的爆发是格鲁吉亚全面倒向西方安全战略的极致体现。这场战争基本上是因萨卡什维利政府将自身安全完全依附于西方所致。萨卡什维利盲目地相信西方将会全面支持格鲁吉亚的行动，并且认为俄罗斯对于

---

[1] 《格鲁吉亚不顾俄罗斯反对执意加入北约》，中国新闻网，http://news.sina.com.cn/w/2006-09-25/141110104507s.shtml。

[2] 黄登学：《俄格冲突的根源探析》，《东北亚论坛》2009 年第 1 期，第 43~49 页。

西方支持格鲁吉亚行动的预期将会阻止其干涉格鲁吉亚对阿布哈兹的武力打击。这是格鲁吉亚安全战略极端依赖西方、忽视俄罗斯的结果，战争的发生也令格融入西方安全体系以彻底摆脱俄罗斯控制的战略走入了死胡同。俄格战争后，格鲁吉亚的安全战略陷入了僵滞状态。表面上看格鲁吉亚仍然坚持依靠西方强硬反对俄罗斯的安全政策，但事实上这只是局势所迫的无奈结果。战争让格鲁吉亚短期内难以加入北约，也证明了面对强硬的俄罗斯西方的安全承诺并不可靠，但战争也令俄罗斯对萨卡什维利政府持极端敌视态度，并且承认了阿布哈兹和南奥塞梯的独立，这就使格鲁吉亚同样难以转变政策与俄罗斯修好。因而，自战争结束至 2013 年，格鲁吉亚只能被动地延续着之前的安全战略，虽然这种战略已经被证明是失败和无效的。

格鲁吉亚的安全战略总体而论具有下述几个特点。

其一，安全战略的内向性。格鲁吉亚是新建立的国家，国小且弱。如何保障新获得的独立地位和自身领土的完整是其首要关注的问题，而在国境之外扩展国家利益超出了格鲁吉亚现实的能力和意愿。特别是国内阿布哈兹和南奥塞梯地区的分离主义趋势令格鲁吉亚的国家安全和领土完整受到极为现实的严重威胁，格安全关注的焦点几乎全部集中于这两个问题。这种情况造成格鲁吉亚的安全战略具有极其明显的内向性特征，战略目标指向维护自身的主权与领土完整，从国家层次而言是防御性和自保性的，不具有对外的侵略性。

其二，稳定性不足。格鲁吉亚的安全战略在目标上、策略上都明显具有相当的投机色彩，缺乏稳定性。格鲁吉亚在 1993 年谢瓦尔德纳泽总统任内就因为阿布哈兹战争的失利转而选择借助俄罗斯解决国内安全问题，但当俄罗斯没有完全满足格鲁吉亚的需求时，谢瓦尔德纳泽立即调整战略，借助拉近与西方的关系向俄罗斯施压。而其后的萨卡什维利政府在上台之初也曾尝试与俄改善关系，但同样在目的没能完全达到的情况下快速调整战略，更为彻底地倒向西方。安全战略是需要调整和变化的，但格鲁吉亚领导层显然缺乏必要的耐心，造成安全战略的调整幅度过大过快，令战略缺少了本该具有的稳定性。

其三，缺乏现实性。这主要是萨卡什维利上台之后格鲁吉亚安全战略出现的特点。格鲁吉亚严重低估了俄罗斯维护其在外高地区安全利益的决心和实力。俄罗斯在安全问题上一贯较为强硬，敢于运用自身的实力，这种极为鲜明的特点却被格鲁吉亚忽视。与此同时，格鲁吉亚又过高地估计了自身对于西方的价值，盲目地认为西方将会对于全面倒向自己的格鲁吉亚持完全支持的态度。并且，尤为重要的是，格鲁吉亚的安全战略显然忽略了自身地缘战略条件的天然限制。格鲁吉亚地处半封闭的外高加索区域，在地理上紧邻俄罗斯，是俄罗斯传统的势力范围，与西方国家相隔遥远，利益关联度也相对较低。在这样的地缘战略特点下，作为小国的格鲁吉亚选择将自身安全完全寄托于西方世界而漠视、敌视俄罗斯这一近邻大国的安全战略显然是缺乏现实性的，也是极为不明智的。

4. 继续倒向西方的同时适度缓和对俄关系（2013年至今）

2013年10月总统大选，"格鲁吉亚梦想"党推举的候选人格奥尔基·马尔格韦拉什维利获胜，萨卡什维利退出格鲁吉亚政治舞台，格对外政策发生了一定的调整。新政府意识到此前格鲁吉亚安全战略存在的严重问题，有意识地缓和对俄关系，在坚决反对阿布哈兹和南奥塞梯独立、重申继续奉行与欧洲一体化的对外政策、积极申请加入北约的同时，表示愿意与俄罗斯保持联系和接触。2014年格鲁吉亚派代表团参加索契冬奥会就是其对俄释放的缓和信号。特别是2014年乌克兰危机爆发后，在西方对俄大举制裁的情况下，格新政府采取了较为实用主义的外交理念，对俄兼并克里米亚提出抗议的同时，并没有参与制裁俄罗斯，也没有实质性卷入俄乌争端，尽管当时格国内反对党等力量曾提出加入西方制裁阵营。

但是，格鲁吉亚实质上并没有改变倒向西方的战略，对俄缓和更多只是策略性的，目的在于从俄获得经济收益的同时避免对俄过分刺激，为自身与西方一体化创造更好的条件。实际上，新政府上台后格鲁吉亚一直在向西靠近，力求加速进入欧盟和北约，并且取得了重要进展。2014年，格鲁吉亚正式加入欧盟联系国协定，进入欧盟自由贸易区，朝着入盟目标迈进了一大步。与此同时，格鲁吉亚在加入北约的问题上也获得了一定进展。北约于2015年8月在格鲁吉亚成立了联合训练评估中心，同时强化了双方的军事合作，自2015年起每年都在格境内举行代号为"高贵伙伴"（Noble Parter）的军事演习，旨在强化格鲁吉亚军队与美、北约军队的协同能力。但是，许多北约国家，特别是与俄存有重要共同利益的西欧国家，担心吸纳格鲁吉亚将造成北约与俄罗斯陷入更为严重的博弈之中，对格入约并不积极。因此，在格加入北约问题上，北约一直持模棱两可的态度，格鲁吉亚希望获得的"北约成员国行动计划"资格迟迟未能实现。

总体而言，格鲁吉亚在萨卡什维利下台后的战略调整，修正了之前存在的一些战略冒进和不成熟的问题，但其全面倒向西方的指导思想没有改变，就这一核心而言，其安全战略其实是对之前战略的延续，只不过在手法上更为成熟，在处理对俄关系上相对更为务实。

（二）亚美尼亚的安全战略

亚美尼亚的安全战略在外高三国中是最为清晰和连贯的，没有发生过根本性变化。其战略基本就是与俄结盟、兼顾西方。亚美尼亚的安全威胁来自两个方向：一个是土耳其，另一个是阿塞拜疆。土耳其属于历史积怨，由于对历史上大屠杀的记忆，亚美尼亚始终担心土耳其会对其进行侵略，尽管现实中双方并不存在领土主权纠纷。与阿塞拜疆则是现实利益冲突，双方处于敌对僵持状态主要是源于领土争端——纳卡问题①，武力冲突的可能是现实存在的。

以怎样的战略应对严峻的安全形势是亚美尼亚外交的首要关注，但是亚美尼亚本身的特点又限制了其安全战略的选择。亚美尼亚在外高地区是一个比较独特的存在。亚美尼亚完全是一个内陆国家，夹在格鲁吉亚、阿塞拜疆、伊朗、土耳其之间，但亚美尼亚和这些国家又有着明显的差别。从民族上看，亚美尼亚民族是高加索地区孤立的民族，与周围其他民族均缺乏亲缘关系，而格鲁吉亚主体民族属于高加索民族，阿塞拜疆主体民族是与土耳其有密切联系的突厥族。从宗教上看，亚美尼亚信奉基督教，是地区内唯一的基督教国家，而格鲁吉亚主要信奉东正教，阿塞拜疆则为伊斯兰教传统。面对阿塞拜疆和土耳其这两个实力远远高于自身国家组成的封锁联盟，亚美尼亚承受的安全压力之大是不言而喻的。仅凭自身的力量亚美尼亚绝无可能与两国相抗衡，亚美尼亚脆弱的经济体系也缺乏独立存在的能力。打破安全危机的唯一可行之路就是借助外部力量制衡土耳其和阿塞拜疆。而环顾亚美尼亚周边，有这样能力和意愿的力量实际上也只有俄罗斯。由于历史上亚美尼亚与俄罗斯长期友好的密切关

---

① 有关纳卡问题的基本情况见附录 3。

系和独立后格鲁吉亚、阿塞拜疆对俄罗斯的排斥与疏离，俄罗斯也有意愿借助亚美尼亚保持自己在外高加索的战略存在。这样，亚美尼亚从一开始就选择了全面倒向俄罗斯并与俄结盟的安全战略。

亚美尼亚从独立之初就在俄罗斯所关心的地区安全问题上对俄予以配合，这与格阿两国的态度截然相反。1992 年 5 月，亚美尼亚作为六个创始国之一加入了《集体安全条约》，也是其中唯一的外高加索国家。创立《集体安全条约》是俄罗斯强化自身在独联体军事领域控制权的行动，亚美尼亚的积极加入表明了其加强与俄战略合作的态度。亚美尼亚还积极地引入俄罗斯军事力量，借助俄的力量来震慑土耳其和阿塞拜疆。1995 年 3 月，亚美尼亚与俄罗斯签署了《关于亚美尼亚共和国境内俄罗斯军事基地的条约》。该条约允许俄罗斯继续保留在久姆里的军事基地，并且规定俄在亚的军事基地不仅要维护俄联邦的利益，还应防卫亚美尼亚边界（这里指的是亚美尼亚与独联体外地区的边界），保障其国家安全。[1] 此后，亚美尼亚与俄罗斯在安全领域的合作关系不断加深。两国定期在亚美尼亚进行联合军事演习，亚美尼亚逐步被纳入俄罗斯的国防体系之中。1998 年 7 月，亚俄签署了旨在加强亚美尼亚对空防御能力的《关于联合战斗执勤对空防御物资安排的协议》[2]。从 1999 年 4 月起，亚美尼亚防空部队开始同俄罗斯军事力量一起联合执行战斗执勤。2000 年 8 月，双方签署《亚俄间关于为保障相互安全共同计划与使用军事部队的协议》，为在亚美尼亚境内建立俄亚联合军事部队奠定了法律基础。此后，双方建立起联合军事部队，并且每年都在亚美尼亚进行军事演习。2002 年，两国进一步签署《关于共同使用军事基础设施项目和信息交流的国家间协议》[3]。这一系列的军事合作体现出亚美尼亚在安全领域对于俄罗斯的合作和依靠。而实际上 2000 年《集体安全条约》升级为集体安全条约组织以后，亚美尼亚与俄罗斯的军事安全合作更多的是在这一组织的框架下进行，这为双方

---

① Договора между Российской Федерацией и Республикой Армения о российской военной базе на территории Республики Армения, 16 марта 1995г. -Архив МИД Республики Армения.

② Сваранц А. Пантюркизм в геостратегии Турции на Кавказе: Монография. М.: Гуманитарйи, 2002. C271.

③ "Russia to keep base in Armenia," *Jane's Defense Weekly*, 22 March, 2000, p. 11.

进一步加强安全合作关系提供了更为方便、合理的途径，能够适当回避阿塞拜疆、土耳其等国对俄武装亚美尼亚的指责。例如，2004 年 7 月的《关于在集体安全条约组织成员国疆域内进行作战装备部署以及联合使用军事基础设施的协议》实际就为俄亚在亚美尼亚境内的军事合作提供了更为方便的途径和更大的合理性，能够在有效强化两国军事合作的同时减少阿塞拜疆和土耳其的指责。因为这种合作是以集体安全条约组织的安全合作形式出现的，令阿塞拜疆和土耳其均难以指责俄罗斯加强亚美尼亚军事力量是对两国造成威胁。

除了在军事上全面向俄罗斯开放和合作，亚美尼亚还同意俄罗斯资本全面进入本国，控制大量具有战略性质的工矿企业和科研机构。例如，亚美尼亚能源体系中最大的火力发电站——装机容量为 1100 兆瓦的"拉兹旦"和重要研究机构——埃里温自动控制系统科学研究所、埃里温数学计算机科学研究所都已出售给俄罗斯。[①] 亚美尼亚放任俄罗斯掌握本国重要经济命脉的做法和其在军事上同俄罗斯的合作一样，都是出于保障国家安全的考虑。亚美尼亚希望通过与俄罗斯在军事、经济利益上的交融来保证俄对于亚安全利益的维护。

亚美尼亚在与俄结盟的基础上也着力维持和发展同西方的良好关系。亚美尼亚在历史上一直处于东西文明的交汇处，作为世界上第一个接受基督教为国教的国家，其文化上更为接近西方国家。并且亚美尼亚在西方国家有大量移民，特别是在美国的亚美尼亚移民有着强大的政治游说能力。这些因素使得西方对亚美尼亚一直较为同情，在亚美尼亚独立后给予其远比阿塞拜疆更多的援助。来自海外移民的捐助更是成为亚美尼亚国家经济收入的重要来源之一。这种情况使得亚美尼亚对于保持和发展同西方的良好关系也格外重视，将之作为国家安全战略的重要组成部分。亚美尼亚积极发展同西方的安全合作关系，加入了欧洲安全与合作组织、北约"和平伙伴关系计划"，特别是与北约间的合作日益具有实质性内容。2003 年在"和平伙伴关系计划"的框架下，北约在亚美尼亚举行了"合作最佳成就"军事演习。[②] 此后亚美尼亚参与的北约军事

---

① *The Diplomatic Bulletin of the Foreign Ministry of the Republic of Armenia*, 1997, Vol. 1, No. 3, July-August-September, pp. 19–20.

② "Russia to Keep Base in Armenia", *Jane's Defense Weekly*, 22 March, 2000, p. 11.

演习数量逐步增加。2005 年 12 月，亚美尼亚参加了北约组织的特别伙伴行动计划（IPAP）。

2007 年，亚美尼亚通过了《亚美尼亚共和国国家安全战略》，其中提出："与俄罗斯建立战略关系，选择欧洲发展道路，与美国和伊朗开展互利合作，保持独联体与集体安全条约组织成员国地位，发展与北约组织的合作。"① 同年，亚美尼亚还通过了《亚美尼亚共和国军事学说》。根据以上两份文件，亚美尼亚实际上确立了军事—政治安全的五条保障原则：与俄罗斯建立战略伙伴关系，在军事领域展开深入合作；保持集体安全条约组织成员国地位；开展双边军事合作，包括与美国等；与北约组织开展合作；参与包括欧洲安全与合作组织在内的国际安全组织的活动。② 以上两份文件所体现的安全战略都不是新的发明，而是对亚美尼亚独立以来安全战略的总结和明确。虽然亚美尼亚提出要同时发展与俄罗斯和西方等国的安全关系，但两者又是有主次之分的。与俄罗斯的同盟关系是亚美尼亚当前安全保障的基石，与西方关系的发展是以不动摇这一基石为底线的。

亚美尼亚安全战略有三大特点。

一是将与俄罗斯结盟作为安全战略的基石和核心。亚美尼亚确实也提出国家安全战略应注重互补性，即在多种外部力量间保持平衡，要同俄罗斯之外的国家特别是西方国家积极发展合作关系，比如上述提到的同北约的合作关系。但是，亚美尼亚所面临的安全局势决定了俄罗斯才是其国家安全真正可靠保障。亚美尼亚力量过于弱小，依靠本身力量抗衡阿塞拜疆和土耳其从长期来看严重缺乏可行性。西方国家虽然从整体实力上远强于俄罗斯，但在外高地区俄罗斯由于地缘上的紧邻性和历史上的联系，拥有远比西方更为强大的地区影响力和干预手段。亚美尼亚被阿塞拜疆和土耳其封锁边境，能源和经济极其依赖俄罗斯，没有俄的支持，亚美尼亚根本不可能维持国民经济的正常运转。在军事上，亚美尼亚主要也是依靠俄罗斯提供的武器装备和训练支持。俄方对亚美

---

① "Стратегия национальной безопасности Республики Армения" -принятым Указом Президента РА от 7. 02. 2007г. http：//www. mil. am/rus/? page = 49.

② "Военная доктрина Республики Армения" - принятым Указом Президента РА от 25. 12. 2007г. http：//www. mil. am/rus/? page = 104.

尼亚给予优惠和允许欠款的特殊条件，这对缺乏外汇的亚美尼亚而言极端重要。而从安全上看，俄罗斯也在纳卡冲突中给予亚美尼亚以关键性支持，其对保障亚美尼亚国家安全的重要性是得到现实验证的。2008年的俄格战争一方面证明俄罗斯有足够的实力和意愿来左右外高地区安全局势，另一方面也证明西方力量在关键时刻远不如俄罗斯可靠。因此，亚美尼亚安全战略的核心必然是与俄结盟，所谓的互补性是要在这个基础上进行，并非平衡俄罗斯。实际上，亚美尼亚与西方关系的发展也是在俄罗斯默许下进行的，尽量避免引起俄罗斯的不悦。例如，亚美尼亚是在俄罗斯加入北约"和平伙伴关系计划"后才跟进的，俄罗斯是1994年6月加入，亚美尼亚为10月加入，而格鲁吉亚和阿塞拜疆分别是在1994年3月和5月加入。这种时间上的差异已经凸显了亚美尼亚对待俄罗斯的态度与其他两国的不同。

二是自身的矛盾性。亚美尼亚的安全战略本身具有相当强的矛盾性。一方面要保持与俄罗斯的结盟关系，另一方面又大力发展与美国为首的西方的关系，而这两方在外高加索的主要战略利益是相互矛盾和冲突的。如若在两者间维持平衡相对容易做到，例如阿塞拜疆就是如此，但亚美尼亚的战略是要在保持与俄结盟的基础上发展与美国的关系，特别是与北约这一俄罗斯极为敏感的组织的关系，这本身是难以实现的，因为两个目标间存在着内在矛盾性。从目前来看，亚美尼亚基本还是能够维持两个目标的同步发展，但一旦俄罗斯与美国在外高加索的竞争加剧，如何处理这种矛盾性将是对亚美尼亚外交能力的极大考验。

三是务实性。作为力量极为弱小的国家，亚美尼亚对于自身的力量和安全处境有着极为清醒和务实的认识。维护国家的安全是亚美尼亚的首要任务和目标，为了保障安全，在主权等重大问题上做出让步在亚美尼亚看来都是允许的，这与俄罗斯这种大国的安全战略是极为不同的，即使与邻国格鲁吉亚相比也差异明显。亚美尼亚允许俄罗斯军事力量驻扎在境内，并且将自身的军事力量在相当程度上置于俄罗斯的控制指挥之下。而在国民经济领域，亚美尼亚也默许俄罗斯对关系其国家经济命脉的产业工业进行控制与掌握。亚美尼亚十分明白自己与俄罗斯的不对等同盟地位，要换取俄对自身安全的保障就必须付出必要的代价，空谈主权、独立在亚美尼亚看来是不现实的。

（三）阿塞拜疆的安全战略

阿塞拜疆是外高加索三国中最大的一个，实力居于各国之首。阿塞拜疆同样面临着十分严重的国家安全问题，只是和格鲁吉亚相区别的是，这种威胁主要来自外部邻国亚美尼亚，并非内部问题。阿塞拜疆和亚美尼亚围绕纳卡地区的归属在独立之初就爆发过长达数年的战争，其后虽然在俄罗斯的斡旋下达成停火协议，但这也只是冻结问题而非解决问题。纳卡地区仍然处在亚美尼亚的实际控制之下，阿亚两国间的敌对关系也没有获得实质性变化。阿塞拜疆综合国力日益压倒亚美尼亚，但在纳卡冲突上却令人惊讶地处于弱势。对阿塞拜疆而言，国家的大片领土处于亚美尼亚的占领之下，因此独立以来其最为主要的安全问题就是解决纳卡地区的归属问题，以保障国家主权和领土完整。由于俄罗斯在纳卡问题上对亚美尼亚的支持和俄亚联盟关系的日益形成，阿塞拜疆对于俄罗斯也持戒备心态，寻求借助其他外部力量，特别是土耳其和西方力量平衡俄罗斯对阿造成的安全压力。不过，历史上阿塞拜疆和俄罗斯的关系远比格鲁吉亚和俄罗斯的关系融洽。阿塞拜疆在苏联时代属于从联盟关系中获益颇多的加盟共和国，故而苏联末期在有关是否保留联盟的公民投票中阿塞拜疆公民以压倒多数的结果赞同保留苏联。因此，阿塞拜疆并没有如同格鲁吉亚一般敌视俄罗斯，将俄作为威胁自身安全的敌人，而是与俄罗斯建立和保持了正常的双边关系。这样，阿塞拜疆在安全上逐渐形成平衡东西、压制亚美尼亚的安全战略。阿塞拜疆安全战略主要经历了两个时期的演变。

1. 亲土敌俄，武力解决纳卡问题（1991~1993）

这一时期的安全战略概括而言就是在国际上亲近和依靠土耳其，与土耳其建立特殊关系，排斥和敌视俄罗斯，以亚美尼亚为敌人，依靠战争手段解决纳卡问题。

阿塞拜疆独立之初是由人民阵线掌权，在国内推行一种自称以突厥主义、民主化和伊斯兰为核心的政策，对外则实行亲土耳其的政策，主张与土耳其建立特殊的兄弟关系，并拒绝加入独联体，对俄罗斯、伊朗持敌视态度。[①] 在纳卡问题上，阿塞拜疆坚持以战争手段解决纳卡问题，与纳卡地区

---

① 孙壮志：《列国志·阿塞拜疆》，社会科学文献出版社，2005，第61~62页。

政权（实际上是和亚美尼亚）爆发了严重的战争。但是这一时期，阿塞拜疆与美国也处于冷淡和隔膜的状态，这主要因为美国在纳卡问题上更为同情亚美尼亚，美国国会在1992年通过了"907修正案"，对援助阿塞拜疆进行限制。

阿塞拜疆这一时期的安全战略并没有达到预期目标。在纳卡战争中，阿塞拜疆政府军战斗力低下，节节失利，不仅未能夺回对纳卡地区的控制权，反而丢掉了纳卡之外的一些重要地区。俄罗斯对亚美尼亚给予大力的支持，美国也支持和同情亚美尼亚，虽然土耳其支持并援助阿塞拜疆，但在俄美均支持亚美尼亚的形势下未敢直接介入战争，从而使阿塞拜疆在纳卡冲突中处于极为不利的局面，在战场失利的情况下无从借力挽回败局。应该说，阿塞拜疆的安全战略最终走向失败，最大的原因在于其对自身军事力量的高估以及缺乏大国的国际支持。

2. 东西平衡，以经济封锁和围困亚美尼亚推动纳卡问题的解决（1993年至今）

1993年10月阿利耶夫当选阿塞拜疆总统后，开始对之前的安全战略进行调整。阿利耶夫认识到俄罗斯是左右纳卡问题的关键性力量之一，是其实现国家统一无法绕开的力量。阿利耶夫十分明智地认为，对俄持敌对态度只会导致俄强化对亚美尼亚的支持，与俄建立和发展友好的国家关系才有可能令俄转变立场，这与格鲁吉亚的选择有鲜明的区别。不过，阿利耶夫认为，完全依靠俄罗斯也并不符合阿塞拜疆的国家利益。俄罗斯国内存在着复兴苏联在独联体内势力范围的愿望，对于阿塞拜疆丰富的战略资源也十分看重，这对阿塞拜疆具有现实威胁，同时短期内俄罗斯也绝不会放弃对亚美尼亚的支持，因此过于依靠俄罗斯只会使阿塞拜疆缺乏战略回旋余地，最终将损害阿塞拜疆的主权独立地位。

为制衡俄罗斯，阿塞拜疆积极发展与西方的关系。阿塞拜疆奉行全面与西方接近的政策，并采取一系列行动：欢迎西方大国参与地区资源开发和解决运输等经济问题；与西方国家加强军事政治合作；呼吁西方国家介入外高加索事务，与俄罗斯"共同"发挥作用。[1]

---

[1]　孙壮志：《列国志：阿塞拜疆》，社会科学文献出版社，2005，第233页。

而对于纳卡问题，阿利耶夫上台后也曾尝试继续以武力手段解决。但是1993 年 12 月阿塞拜疆发动的冬季军事行动和 1994 年 3 月的进攻都以失败告终。特别是后一次进攻堪称惨败，纳卡地区的亚美尼亚军队不但击溃了阿塞拜疆的进攻，还攻占了纳卡地区之外的阿战略要地，令阿塞拜疆面临战火内烧的危险境地。此后是在俄罗斯的斡旋下，阿塞拜疆被迫暂时搁置领土争议换取了战争的结束。在这两次尝试之后，阿利耶夫认为武力解决纳卡问题的道路在未来相当一段时期内是走不通的，转而希望通过外交、经济等手段来解决这一问题，其具体做法就是利用自身的国力优势对亚美尼亚进行外交和经济上的封锁，逼迫亚在领土问题上让步。阿塞拜疆封锁了与亚美尼亚的边境，而土耳其由于和阿的密切关系及土亚间的矛盾同样封锁了土亚边境。这就使得亚美尼亚的对外贸易只能通过格鲁吉亚进行，并且失去了阿塞拜疆和土耳其这两个临近的巨大市场，国民经济因此蒙受重大损失。

阿利耶夫主导下形成的这一安全战略是比较务实的，对于保障国家的安全与稳定发挥了良好的作用。阿塞拜疆与西方和俄罗斯同时保持了较为良好的双边关系，扩展了自身战略回旋余地，提升了阿塞拜疆的国际地位。虽然纳卡问题并没得到解决，但是由于俄阿关系的发展，俄罗斯对于纳卡地区的独立地位坚决不予承认，并且对于最终解决纳卡问题的态度日益松动，这为阿塞拜疆日后解决该问题留下了机会与希望。

2003 年小阿利耶夫继任总统后，基本延续了其父老阿利耶夫时期的安全战略，但是在一些层面上做了少许调整。里海油气资源的开发和西方的积极介入，令阿塞拜疆对俄罗斯的地缘战略价值大幅增长，俄罗斯更为重视与阿塞拜疆的双边关系，对纳卡问题的态度由保持现状转为积极斡旋解决问题。此外，小阿利耶夫由于国内民主问题与西方关系出现了麻烦，俄罗斯则在这一关键问题上给予其明确支持。这些因素促使阿塞拜疆日益拉近与俄罗斯的关系，与西方的关系则出现一定程度的疏远。但是，这种位移还是处于阿塞拜疆平衡战略的框架之内，没有出现倒向一边的失衡状态。在纳卡问题上，小阿利耶夫也是继续秉承其父时期的政策，以经济封锁等非武力的手段向亚美尼亚持续施压。不过由于阿塞拜疆石油收入的大幅增加，小阿利耶夫上台后阿塞拜疆军费持续快速增长，从 2003 年的 2.15 亿美元迅猛达到 2008 年的 20 亿美元，远高于同期亚美尼亚的 1.04 亿美元（2003 年）和 3.82 亿美元（2008 年）。[①] 这体现出阿塞拜疆政府在自身经济实力快速增长后为可能重新用武力解决纳卡问题做出准备。

2008 年俄格战争的爆发使阿塞拜疆认识到解决纳卡问题绝对不可能绕开莫斯科，借助西方力量迫使莫斯科转变立场并不现实。同时，俄在南奥塞梯的军事介入也令阿明白，单方面武力解决纳卡问题在当前完全不具备可行性。因此，俄格战争之后，阿塞拜疆的安全战略虽然总体上基本延续了老阿利耶夫以来的战略，但有所调整，阿更为向俄罗斯靠近。

阿塞拜疆的安全战略总体而论具有两个特点。

一是务实灵活。阿塞拜疆的安全战略在初期人民阵线执政时受到伊斯兰主义和泛突厥思想的影响确实偏离了实际条件，全面依赖土耳其，盲目地敌视俄罗斯和伊朗。但是 1993 年之后阿塞拜疆基本就摆脱了这些思想的影响，根据国家利益和实际情况制定符合自身现实的安全战略。尽管俄罗斯积极支持阿塞拜疆的对手亚美尼亚，但鉴于力量的悬殊和地缘战略上的接近，阿塞拜疆仍然坚持发展与俄的良好关系。而对于纳卡问题，在使用战争手段碰壁后，阿塞拜疆相当务实地认识到自己军事作战能力上的不足和国民经济上的优势，及时转变战略手段，放下军事手段转而以政治外交手段来解决问题。这种战略的调整是建立在对于自身实力特点和地区局势准确理解把握之上的，虽然对于阿塞拜疆而言，这些调整确实是颇为痛苦和无奈的，但就维护国家安全利益而言，其更为现实可行。同时，阿塞拜疆的安全战略一直在根据局势的变化积极调整以更好地应对现实状况。无论是"9·11"事件、伊拉克战争、俄格战争还是乌克兰危机，阿塞拜疆都针对相应变化的地区和国际局势对战略进行修正，根据自身利益在东西方间不断寻找最佳的平衡点。

二是稳定性强。阿塞拜疆的安全战略从老阿利耶夫确立成型后一直沿用至今，没有发生根本性的改变。尽管其间根据现实情况的变化也灵活地进行了一定的调整与改进，但平衡战略这一大的框架和精髓依旧得到保留与继承。这与

---

① Petter Stelenheim, Catalina Perdomo and Elisabeth Sköns. Military Spending and Armaments, 2007, pp. 185 - 190, The SIPRI Military Expenditure Database the SIPRI Military expenditure network, http：// milexata. sipri. org/

格鲁吉亚安全战略的多变形成了鲜明对比。战略是比较长期的规划，保持相应的稳定性有助于国家安全政策的稳健与持续。过于频繁地对安全战略进行大幅调整容易引起国家的激进行为，同时令外界难以适从，也表明国家政治本身缺乏必要的稳定性。

三　俄罗斯与外高加索三国安全战略的比较

以上分别就俄罗斯和外高三国的安全战略进行了梳理分析。从国家类型上看，俄罗斯是大国，外高三国是小国，这种差异对双方的安全目标、安全手段等诸多方面都具有明显的影响。作为大国的俄罗斯，其领土主权的独立性和完整性基本没有受到现实性的威胁，所维护的安全利益更多的是超出领土范围之外的利益，利益构成更为复杂、范围更广、层次更多，可供运用的资源也更为丰富；作为小国的高加索三国，其安全利益由于自身力量弱小基本只能局限在本国境内，又都面临着对国家领土主权完整性构成的严重的现实威胁，安全目标较为单一，可以运用的资源也较少。

（一）安全战略上的共通性

1. 将安全基本界定为军事和政治安全

俄罗斯对于安全的认识并没有完全突破传统安全观的范畴。虽然对于经济、文化、环境等非传统安全日益关注，但总体而言俄仍然把安全主要界定为国家的军事、政治安全。普京上台后对于能源安全关注的主要着眼点也是通过能源外交来保障俄罗斯军事、政治安全。俄罗斯密切防范美国及其盟国向独联体等俄罗斯势力范围的扩展，将北约的东扩视为对俄最为严重的安全威胁。外高三国作为刚刚建立的小国，首先面对的是生存问题，其所关注的最为核心的安全就是国家的安全，特别是主权独立和领土的完整性。至于经济、环境等新安全观所关注的领域对这些国家而言仍相当遥远。俄罗斯和外高国家在这一点上并没有根本性的区别，存在的差别只是程度的差异。

2. 以硬实力作为国家安全的根本保障

俄罗斯的安全传统中一贯重视实力特别是军事实力的作用，这是其自沙皇时代一直具有的特点。为了保障自己的安全，俄罗斯近年来一直在积极发展军事实力和经济实力。虽然俄罗斯也认识到软实力会对国家的安全产生重要作用，但其对于软实力的重视程度远低于美国和西欧国家。当然这也和俄罗斯在文化、宗教等领域均无力和美国领导的西方文明相抗衡有着密切关系。从根本上而言，俄罗斯安全思维中根深蒂固的现实主义传统始终令其坚信，国家安全最终依靠的仍然是硬实力，特别是军事实力。外高三国本身所面临的都是实际存在的现实军事政治威胁，而作为落后的小国，三国也根本不具备有效的软实力，因此都在寻求硬实力的增强来保障自身的国家安全。只不过，与俄罗斯主要依靠自身增强实力相比，外高加索三国更多的是寻求借助外力来增强自己的实力。

（二）安全战略上的差异性

1. 安全利益的范围不同

国家的安全利益与实力是密切联系的，依照现实主义的观点就是权力界定利益。作为大国的俄罗斯，其国家安全利益涵盖的范围非常广阔，不仅涉及本土的安全，大量境外地区也被纳入安全利益之内。例如独联体地区虽不是俄罗斯疆域，但保持对该地区的主导权则被俄认定为自身至关重要的安全利益。作为小国的外高加索三国的安全利益基本是限定在本国领土主权范围之内，这主要因为这些国家实力过于弱小，无力将自身安全利益的外延向外扩展。

2. 安全手段的不同

维护国家的安全需要相应的手段。手段的选择和运用固然取决于具体的安全利益和安全目标，但是国家本身具有的客观资源从根本上为手段的选取范围划出了界限。俄罗斯可供选择的资源是小国无法比拟的，无论是军事、经济、能源还是宗教等，俄罗斯与外高国家相比都具有绝对的优势。俄在维护其在外高的安全利益时能够综合运用军事、经济等多种手段。外高三国可供使用的资源都极为有限，特别是面对俄罗斯这样的大国时，可以选用的安全手段更是相形见绌。

3. 依靠的力量不同

大国的安全战略一般着重强调安全主要依靠自身实力的发展与增强。在大国看来，自身的安全不能寄托于别的国家的善意与援助，只有自身的实力才是国家安全的可靠保障。俄罗斯着力加强自身的军事力量和经济力量，依靠自身力量实现设定的安全目标。俄罗斯也会借助外部力量弥补自身实力的不足，比如与法德合作反对美国发动伊拉克战争。但这些外部力量始终都是俄安全力量的补充，俄并不会将国家安全依赖于此。小国面临的情况与大国在这一方面存有极大的不同。在面对外部安全威胁特别是来自大国的威胁时，小国要如同大国一样依靠自身力量维护国家安全基本上是不可能实现的。外高三国是这种情况的典型。

第三章　俄罗斯与外高加索三国
安全关系的演变与特点

　　1991年12月独联体的建立和苏联的解体正式宣告了俄罗斯与外高加索三国国家间关系的建立，彼此间不再是苏联时代中央与地方的关系。格鲁吉亚、亚美尼亚和阿塞拜疆三个外高国家的独立令俄罗斯失去了苏联时代在外高加索的立足点，边境后撤至高加索山脉。

　　高加索山脉全长1200公里，自西北向东南延伸，成为俄罗斯与外高加索间明显的分割线。这一山脉的山体宽度约200公里，在地理上将俄罗斯南下的通道隔断。历史上，为消除高加索山脉对自身南下扩张的阻碍，沙俄与土耳其和伊朗围绕外高地区展开了长期的争夺，最终将该地区并入俄帝国版图，为俄罗斯的南下战略建立了关键的跳板。俄罗斯控制了外高地区，也就拥有了对土耳其和伊朗发动战争的便利条件，摆脱了北高加索山脉对其扩张的阻碍。俄在外高的存在此后一直成为土耳其和伊朗的梦魇，而事实上俄罗斯也确实多次经此南下对这两国发动战争。十月革命后，外高三国都曾短暂的独立过，但很快又重新并入苏联之中，成为其加盟共和国。在苏联与西方抗衡的数十年中，外高地区是苏联南翼的重要战略地带，既是苏联威慑土耳其的重要阵地，又是南下进入中东的最便捷通道。因此，外高三国虽然面积都不大，但由于位于地势险要的高加索山脉以南，控制该地区不仅能为苏联提供额外的缓冲区，更为其向中东扩张及威慑土耳其、伊朗等国提供了最佳的桥头堡。

苏联解体后，格鲁吉亚、亚美尼亚和阿塞拜疆脱离俄罗斯而独立，令俄失去了历史上这一其极为重视的地缘战略地带。在外高三国独立的初期，叶利钦及俄罗斯统治精英对此缺乏深刻的认识。俄精英阶层沉浸在摆脱苏联社会主义意识形态、建立资本主义自由民主制度的"幸福憧憬"之中，完全西化的思想充斥整个社会。苏联时代的与西方对抗竞争的观念被彻底打破，西方国家成为俄罗斯自我认定的伙伴与朋友，整个领导层都在试图通过毫无保留的妥协与让步来换取西方对俄的认同与接纳，以谋求融入西方世界、建立繁荣富强自由的俄罗斯。这种情势令传统的地缘政治思想在俄罗斯精英中失去市场，外高加索这一重要地缘战略地区的失去也未令当时的俄领导层感到惋惜，相反，甩掉包袱的思想占据了上风。俄罗斯此时的注意力在于欧美，对外高地区几乎未有兴趣，故此对亚美尼亚与阿塞拜疆间严重的纳卡冲突的反应更多的是被动应付，而非在连贯政策计划指导下的主动行动，这反映出当时俄未能从国家整体安全利益层次考虑与外高三国的关系。此后，随着俄罗斯与西方关系的转冷，叶利钦政府开始奉行更为现实主义的外交政策，关注自身日益恶化的安全形势，并对快速从后苏联空间撤出的政策进行反省。俄联邦内北高加索地区局势的不稳日益令俄中央感到不安，鉴于南北高加索在地理、民族、历史、文化上的密切关联性，外高地区持续的不稳极有可能引发北高地区的大规模动荡，并进一步引爆当时存在的联邦解体的危机。这种担心使得俄罗斯开始关注外高地区，在自身利益的驱动下主动介入该地区国家间的冲突，维持地区的稳定，并尝试部分重建与外高三国在苏联时期的安全、经济等联系，恢复俄在这一地区的传统影响力。普京执政后更为重视独联体地区，对外高地区的关注度也在上升。从内部而言，俄罗斯日益恢复的大国力量是这种关注的核心驱动力；从外部而言，欧美对于外高地区兴趣的上升与积极进入是造成俄罗斯增加对外高关注的重要外部动因。俄罗斯愈加将外高加索视为与自身安全利益密切相关的重要战略区域以及与西方国家竞争的舞台，利用外高加索存在的各种争端拉拢或打压外高三国，以期促使三国接受俄罗斯的地区领导地位、奉行与俄积极合作的政策，弱化西方的影响力。

格鲁吉亚、阿塞拜疆和亚美尼亚虽然都是从苏联独立出来的共和国，但由于与沙皇俄国的历史恩怨及在苏联时期与中央政府错综复杂的关系，造成三国对苏联时期的不同记忆以及对作为苏联继承人的俄罗斯在态度与情感上的差异。这种差异也直接导致三国在独立后对俄采取了不同的态度与政策。

格鲁吉亚具有相当强的独立性及反抗精神，曾经激烈地抵抗过沙皇俄国的入侵，在苏联时期又遭受过斯大林的大清洗，独立渴望极其强烈，对俄罗斯充满了敌意与怨恨。这令其在独立初期积极奉行疏俄排俄的政策，力图彻底消除俄罗斯对它的历史影响。但是，格鲁吉亚独立后对俄罗斯的态度并非由历史情绪所主导，而主要是受阿布哈兹和南奥塞梯两个分离主义地区问题的影响。谢瓦尔德纳泽担任总统后，一度在对俄强硬政策碰壁后调整了与俄关系，由制衡俄罗斯转为"搭车"，以迎合俄罗斯在地区的利益需求来换取俄对格解决分离主义地区政策的支持。在未能获得预期结果后，格鲁吉亚转而投向西方，谋取西方支持以统一国家，因而与俄罗斯矛盾不断。"玫瑰革命"后，萨卡什维利总统上台初期也曾为了解决国内分离问题积极缓和与俄的关系，但在未达到目的后政策急剧转变，完全寄希望于美欧，不顾实际任由格俄两国关系恶化，最终引发2008年8月的俄格战争。

阿塞拜疆民族性较为柔和，反抗性相对较弱，在并入沙皇俄国和苏联的过程中及其后的统一时期并没有与中央爆发严重的冲突。并且阿塞拜疆在苏联时期实现了较高的工业化，社会获得了明显的发展，是苏联时期的受益者，并不支持苏联解体，这令其对作为苏联继承国的俄罗斯态度明显不同于格鲁吉亚的敌视，而是更为中性。阿塞拜疆获得独立后与俄罗斯基本保持了较为良好的国家间关系，在俄尊重其主权独立的基础上并不排斥与俄加深彼此间的关系。阿塞拜疆没有如格鲁吉亚那样对俄罗斯始终持有根深蒂固的厌恶与排斥，与俄关系的波动主要是基于俄在纳卡冲突问题上的政策变化。并且，阿塞拜疆在处理与俄罗斯的关系时更为谨慎，采取平衡策略，在争取西方支持的同时始终努力与俄罗斯保持相对良好的关系，避免过于刺激俄罗斯。近年来由于在国内民主等问题上阿塞拜疆对西方国家的干涉颇为不满，以及俄罗斯对解决纳卡问题表现出更为积极的兴趣，令俄阿两国关系迅速拉近。

亚美尼亚在历史上属于半自愿并入沙皇俄国，以寻求俄罗斯对其进行保护免遭土耳其的迫害。因此在整个沙俄及苏联时期，亚美尼亚都是俄罗斯的重要盟友及伙伴，与俄有着良好的合作关系。在独立后，亚美尼亚继续选择倒向俄罗斯，积极深化与俄的关系，充当俄罗斯地区盟友的角色，以期获得俄罗斯在国家存在、领土争端及防范土耳其方面的全面支持。在外高加索三国中，亚美尼亚与俄罗斯的关系最为稳定，始终坚持将保持牢固的对俄关系作为保障自身利益的根本。俄亚两国建立起牢靠的安全关系，亚美尼亚被各方认为是俄罗斯在整个独联体内最为坚定的同盟者。

一 俄罗斯与格鲁吉亚：敌对关系的加深与固化

俄罗斯与格鲁吉亚从苏联解体至今，双边关系总体呈现出一种震荡下行的趋势，虽然在某些时期也曾经出现过缓和，但并没有扭转关系进一步恶化的大方向。双方的矛盾日益积累，最终走到了 2008 年势如水火的敌对状态。为了更好地分析俄格关系的变化与发展，将其分为不同的阶段详细介绍是有必要的。

（一）疏离与隔阂阶段（1991~1992）

格鲁吉亚早在苏联解体之前就已经宣布独立。1990 年 10 月，格鲁吉亚举行的第一次多党制选举中，反对派"自由格鲁吉亚圆桌会议"联盟获得最高苏维埃过半席位，取代格鲁吉亚共产党成为执政党。而其领导人、街头政治人物加姆萨胡尔季阿当选为最高苏维埃主席，掌握了格鲁吉亚共和国的最高统治权。当年 11 月 4 日，格鲁吉亚共和国未经苏联中央同意自行宣布独立。此后，在苏联解体的大潮中，格鲁吉亚于 1991 年 4 月正式退出苏联，实行总统制，加姆萨胡尔季阿当选为格鲁吉亚首任总统。

独立之初的格鲁吉亚处于民族和国家的重塑阶段，民族主义盛行而政治精英又相对不成熟。加姆萨胡尔季阿总统本人即是十分激进的民族主义者，在他的领导下，格鲁吉亚国内的民族运动日益呈现狭隘和排外的态势。少数民族不仅在宪法上享有的受保护的自治权受到质疑，其生存权都面临威胁。格鲁吉亚的国家地位是用民族的形态体现的，导致少数民族被描述为"我们土地上的客人"。当时，讨论少数民族的出生率高于格鲁吉亚族的出生率是很流行的事。格鲁吉亚媒体和某些精英要求政府鼓励格鲁吉亚族到少数民族区域重新安置，以改变国家的民族平衡，甚至有重要报纸建议非格鲁吉亚族家庭不得生两胎以上。这种态势的发展引发了阿布哈兹自治共和国和南奥塞梯自治州的强烈不满，令本已存在的民族矛盾迅速激化。

在对外领域，加姆萨胡尔季阿担任总统后就明确宣布拒绝加入独联体。虽然格鲁吉亚参加了1991年底阿拉木图独联体成立的首脑会晤，但也只是以观察员身份。并且，加姆萨胡尔季阿将俄罗斯视为积极支持阿布哈兹分裂活动的幕后推手，对俄抱有强烈的抵触情绪。

这个时期的俄罗斯也没有兴趣和精力对格鲁吉亚进行关注。独立之初的俄罗斯面临严峻的政治经济形势，企业倒闭、失业率大幅升高、物价暴涨、通货膨胀率疯狂攀升，而与此同时旧的国家权力体制已不复存在，新的维持国家正常运转的政治机制仍未建立。传统的信仰、精神价值被否定，广大民众感到无比困惑和迷茫，出现了信仰危机。而此时俄罗斯社会精英则希望通过按照西方的思想和制度全方位的改造来获取西方的接受与认可，以期在大量西方援助的推动下，借助西方先进政治经济制度的力量令俄罗斯彻底转型，建立所谓民主富强自由的新俄罗斯。此时的俄罗斯不再担心传统的地缘战略安全问题，北约和美国已不是其"假想敌"和对手，而被俄视为伙伴和朋友。

融入西方民主世界，获得西方国家的支持以完成国内的社会转型成为俄罗斯国家战略的中心任务。对于独联体地区其他国家，俄罗斯认为这些国家长期依赖俄罗斯，实际上阻碍了俄的发展，"对于俄罗斯而言，它们不仅在经济上是负担，而且在文化、精神和政治上都属于异类疆域"①。俄抱着"甩包袱"的心态，不愿介入这些国家的相关事务，防止卷入纠纷以背上不必要的负担。

对于格鲁吉亚，当时的俄罗斯也明显持这一立场。由于对地缘政治的淡漠以及当时国内混乱的局势，俄罗斯在1991~1992年对格鲁吉亚基本持一种忽视的态度，缺乏明确的安全战略。在这段时期内，俄罗斯与格鲁吉亚之间缺乏联系，互动很少。虽然格鲁吉亚对俄罗斯怀有敌视的态度，但并没有采取明显的反俄行动，而俄罗斯由于严峻的国内形势和对西方不切实际的幻想，对于格鲁吉亚局势基本予以忽略，俄格两国处于相互疏离和隔阂的状态，缺乏基本的安全互动。

---

① E. B. Runmer, "Russia and Central Asia After the Soviet Collapse", in J. C. Snyder, ed, *After Empire*, Washington, 1995, p. 49.

（二）矛盾激化与暂时缓和（1992～1995）

加姆萨胡尔季阿在格鲁吉亚的统治并不成功，对内采用近似独裁的方式垄断权力，实行集权统治，镇压反对意见；对外则自我隔绝，不仅强烈排斥俄罗斯，对于与其他国家发展关系也缺乏兴趣，令格鲁吉亚基本处于自我封闭的状态。格鲁吉亚反对加姆萨胡尔季阿的运动日益高涨，反对派与加姆萨胡尔季阿的支持者爆发了激战，结果以反对派武装获得胜利而告终。1992年1月6日，加姆萨胡尔季阿仓皇出逃，先跑到亚美尼亚，后来又逃至俄罗斯联邦的车臣共和国，躲在杜达耶夫的保护伞下，留下一个到处是饥饿和血泪、恐怖与战乱的格鲁吉亚。①

1992年3月，前苏联外交部部长谢瓦尔德纳泽应邀回到格鲁吉亚，就任国务委员会主席，并于同年10月当选议会主席，成为格鲁吉亚最高领导人。然而，由于格鲁吉亚国内阿布哈兹和南奥塞梯局势相继恶化，格鲁吉亚与介入其中的俄罗斯的矛盾也在加深。

加姆萨胡尔季阿当政时期，格鲁吉亚与阿布哈兹和南奥塞梯之间虽然在国家统一问题上存在着种种矛盾，但矛盾并没有上升到武装冲突的程度。格鲁吉亚对南奥塞梯虽进行了严厉的经济封锁，切断了该地区的电力和天然气供应，并于1991年1月派遣5000名格鲁吉亚国民卫队士兵进入茨欣瓦利，但并没有发动实际的武装进攻。并且，南奥塞梯对于分离的要求远不及阿布哈兹地区强烈，因此格鲁吉亚与南奥塞梯虽然处于紧张状态，但矛盾仍然是可控的。阿布哈兹当时尽管分离主义情绪确实十分严重，加姆萨胡尔季阿对之的态度却与对南奥塞梯大为不同，堪称温和迁就，政策的弹性也较大。1991年8月，加姆萨胡尔季阿和阿布哈兹领导人阿尔津巴达成了对阿布哈兹更为有利的权力分享协议。根据该协议，占阿布哈兹人口45.7%的格鲁吉亚人口拥有总共65个议席中的26席，占人口总数仅18%的阿布哈兹人则占28席。1991年夏，加姆萨胡尔季阿甚至公开宣布格鲁吉亚有两个内在民族——格鲁吉亚人和阿布哈兹人，建议由两个平等主体组成格阿联盟。格鲁吉亚和阿布哈兹的关系一时间出

---

① 于洪君：《格鲁吉亚在兄弟阋墙的浩劫中痛苦挣扎》，《东欧中亚研究》1996年第2期，第35～42页。

现了改善的希望，然而加姆萨胡尔季阿被推翻下台，加之其后格鲁吉亚政策的突变令这一切成为泡影。

　　加姆萨胡尔季阿下台后，格鲁吉亚的国家权力实质掌握在基托瓦尼（Kitovani）和约谢利阿尼（Ioseliani）手中，他们分别是国家卫队的指挥官和准军事组织"格鲁吉亚骑士"（Mkhedrioni）的领导者。这两支军事组织是驱逐加姆萨胡尔季阿的主要力量。虽然1992年3月前苏联外长谢瓦尔德纳泽被邀请回格鲁吉亚领导国家，但在相当一段时期内，谢瓦尔德纳泽无法完全掌控格鲁吉亚国内的军事力量。这也在很大程度上解释了为何在以老练、圆滑著称的政治人物谢瓦尔德纳泽上台后不久，格鲁吉亚就颇为令人惊讶地对阿布哈兹和南奥塞梯采取了军事行动。

　　1992年5月，格鲁吉亚和阿布哈兹的关系再次紧张。当年6月，阿布哈兹卫队攻击了由格鲁吉亚族人领导的阿内政部，要求格内务部部长罗明纳兹（Lominadze）辞职。作为回击，格鲁吉亚方面则要求阿布哈兹议会解散以重新选举产生新的阿布哈兹最高苏维埃。为了给阿布哈兹施加压力以令其屈服，第比利斯在1992年7月1日一度切断了阿布哈兹首府苏呼米的电源和电话服务，双方再次走到战争的边缘。格阿关系的紧张令被推翻的前总统加姆萨胡尔季阿看到了反攻的希望。7月，在他的煽动下，其支持者在格鲁吉亚西部、明格列里亚和阿布哈兹的加里地区加强了反抗格政府的行动，绑架包括副总理和内务部部长在内的政府官员作为人质，并炸毁大桥等重要设施，毁坏格俄间的铁路交通。格鲁吉亚要求进入阿布哈兹解救人质，阿布哈兹为缓和同中央政府的关系同意了这一要求。8月12日，阿布哈兹内务部部长宣布格阿士兵将联合行动解救人质。根据格鲁吉亚的官方声明，基托瓦尼指挥的格战斗部队进入阿布哈兹的目的和任务仅限于解救被俘人质。然而，当格国家卫队8月13日进入加里地区解救出格政府的人质后并没有遵守自己的承诺，而是继续从加里地区的村庄进入阿布哈兹首府苏呼米地区，并在经过激烈的战斗后夺取了该城。此时格阿间的联盟条约正处于讨论之中，但战争的爆发令这一条约的签署彻底丧失了可行性。阿布哈兹政府撤退到北部的古道塔（Gudauta），格鲁吉亚部队则从海上登陆并继而控制了靠近俄罗斯的加格拉（Gagra）等阿布哈兹城市。

格鲁吉亚违背自身承诺侵入阿布哈兹是一个巨大错误，这导致暴力冲突的升级，令双方关系进入难以调和的阶段。这场战争的爆发很大原因是谢瓦尔德纳泽对于军队控制的不稳。基托瓦尼的行动据称并未获得谢瓦尔德纳泽的授权，军权仍掌握在基托瓦尼手中，他保持着对国民卫队的控制。此外还有约谢利阿尼，他的"格鲁吉亚骑士"实际上成为另一支国家武装。

随着阿布哈兹局势的恶化，俄罗斯也逐步卷入格阿冲突之中。在冲突爆发之前，俄罗斯的立场基本是中立的，确切地说是更为同情格鲁吉亚。1992 年，俄外长科济列夫明确提出："俄罗斯需要一个统一稳定和民主的格鲁吉亚，一个为北高加索提供安全的保障。俄相信确保阿布哈兹、南奥塞梯和阿扎尔是格鲁吉亚一部分的合法权利符合格鲁吉亚和高加索稳定的利益。"① 并且，俄遵守了 1992 年 5 月在塔什干签署的条约②，该条约规定俄罗斯将为其他成员国提供必要的军事武器以保证国家安全。据此，俄在 1993 年格阿冲突爆发前已经向格移交了大量的军事装备，令格鲁吉亚拥有了对阿布哈兹的明显军事优势。1992 年秋天，阿布哈兹从俄罗斯获得了 8 辆坦克和 30 部装甲车，而同期仅仅俄罗斯一个师就向格鲁吉亚提供了 108 辆坦克。③ 1992 年 3 月谢瓦尔德纳泽上台后，格鲁吉亚仍继续从俄罗斯外高加索军区获得武器，尽管此时俄格两国并没有就俄在格军事存在的问题达成协议。

格阿冲突进入军事阶段后，俄罗斯对格鲁吉亚的外交基调仍然是支持格领土完整并尽力调解和缓和冲突。1992 年冲突爆发后，俄外交部就给格政府去信，表示支持格"反对恐怖主义的战斗"。在俄罗斯的调解下，1992 年 9 月 3 日格阿双方签署了停火协议，尽管这个协议很快就遭到破坏。该协议事实上并不符合当时阿布哈兹一方的利益与要求，因为其中包含了授权格鲁吉亚军队在

---

① See Liz Fuller, Russian strategy in the Caucasus since the demise of the USSR, op. cit., p. 12

② 1992 年 5 月 15 日，独联体国家首脑在乌兹别克斯坦首都塔什干会晤时签署了《集体安全条约》。在条约上签字的有俄罗斯、哈萨克斯坦、乌兹别克斯坦、塔吉克斯坦、亚美尼亚和吉尔吉斯斯坦。1993 年，格鲁吉亚、阿塞拜疆和白俄罗斯加入此条约。条约于 1994 年正式生效，有效期 5 年。条约的宗旨是建立独联体国家集体防御空间和提高联合防御能力，防止并调解独联体国家内部及独联体地区性的争端。

③ See Anatoliy Stakhovskiy, "Na Abkhazskom fronte bez peremen", *Krasnaya Zvezda*, 24 November 1992.

阿布哈兹存在的文件，却没有提到建立格阿双方处于平等地位的联邦问题。如果不是迫于俄罗斯施加的强大压力，阿布哈兹并不情愿在军事行动占据优势的情况下签署这样的协议。在9月3日的会议中，叶利钦清楚地表示，俄罗斯希望格鲁吉亚保持独立完整的国家地位，认为外高加索地区存在的分离主义运动将对俄在北高加索的领土完整构成挑战。当10月6日格阿冲突再次爆发时，俄黑海舰队从加里地区帮助疏散了数千名格鲁吉亚人。然而，格鲁吉亚对于俄罗斯的这种立场缺乏足够的了解，反而对俄极为不满，认为俄罗斯在冲突中偏袒阿布哈兹一方。谢瓦尔德纳泽在冲突发生后迅速向北约秘书长寻求援助并声称9月3日的停火协议是一个圈套，这实质上隐含着对担任调解方的俄罗斯的不满与指责。需要指出的是，俄罗斯国内某些力量确实在积极支持阿布哈兹，其中包括军方力量和俄罗斯北高加索联邦区。特别是俄北高加索联邦区直接派出了大量志愿者赴阿布哈兹参加对格战争，这是阿布哈兹能够取得对格军事作战胜利的关键因素之一。不过，就整个国家层面而言，在冲突爆发前及其初期俄罗斯保持了中立的态势。在1992年8月，俄司法部还明确禁止"高加索山地民族联盟"派出军队到阿布哈兹作战，并且在8月18日发出声明，禁止对于格鲁吉亚内政的干涉。[1] 虽然这些禁令在当时并不是十分有效，但确实体现了俄罗斯官方的立场与态度。

然而，俄罗斯国家整体的对外战略从1992年开始转型，这在其后导致了俄对待格鲁吉亚态度的变化。独立初期全面倒向西方的大西洋主义很快就失去了对俄外交政策的主导权，重视传统利益地区的欧亚主义逐步占据上风。俄罗斯外交政策朝欧亚主义的转变在官方政策指导方针和宣布的声明中越来越得到体现。叶利钦开始强调俄罗斯"需要公正地处理与西方的外交关系"[2]。从1992年下半年开始，俄罗斯的外交战略重心已经转移到保持和重建莫斯科在原苏联地区的影响力和恢复俄罗斯传统地区霸权地位，回归传统地缘政治的思维。俄罗斯重新对格鲁吉亚的地缘战略位置产生了兴趣，力图维持在该地区的

---

① See Sergei Ovsienko, "Prezident KGNK zaderzhan, a ne arestovan", *Rossiyskie Vesti*, 26 September, 1992.

② Robert Legvold, "Introduction", in Russian foreign policy in the 21st century and the shadow of the past, op. cit. p. 4.

军事存在，这一方面是为了重建俄罗斯的地区主导地位，另一方面是为了稳定俄罗斯与格鲁吉亚接壤的北高加索地区的局势。由此，格鲁吉亚对于俄罗斯而言，在国内、国际两个安全层次都具有了重要的战略价值。俄罗斯对于格鲁吉亚的安全战略由模糊走向清晰，即将格鲁吉亚纳入独联体体系之中，通过在格的军事存在确保俄罗斯在此的利益空间，维护俄北高地区的安全稳定，排斥其他外部势力对该地区的介入。

谢瓦尔德纳泽上台后，虽然一度表示要积极发展与俄罗斯的关系，但始终拒绝加入独联体，并且拒绝在俄罗斯继续维持在格鲁吉亚的军事存在这一关键问题上做出让步。与此同时，谢瓦尔德纳泽积极寻求西方的支持，希望在俄罗斯与西方间奉行平衡的外交政策，这更加引起俄罗斯的不满。从 1993 年开始，俄罗斯调整了对格阿冲突的立场，将阿布哈兹冲突看作对格鲁吉亚施压的工具，以此迫使格鲁吉亚接受俄罗斯的条件。俄罗斯由基本中立甚至同情格鲁吉亚转而指责格方，并开始向阿布哈兹提供越来越多的军事援助，甚至还发生过俄军直接打击格鲁吉亚的事件，例如，1993 年，俄罗斯战机多次轰炸格鲁吉亚控制的阿布哈兹地区，其理由是报复格鲁吉亚对俄罗斯在阿布哈兹军事阵地的轰炸。

格鲁吉亚在格阿战争中遭遇严重失败，而与此同时前总统加姆萨胡尔季阿的残余势力加紧活动，在 10 月上旬占领了波季港并封锁了通向首都第比利斯的铁路和食品供应。格鲁吉亚经济近乎瘫痪，社会不满急剧膨胀，整个国家面临崩溃的边缘。在内忧外患的情况下，谢瓦尔德纳泽被迫转变立场，向俄罗斯求援。1993 年 10 月 8 日，格鲁吉亚议会通过决议支持格加入独联体，随后俄罗斯就出动部队镇压了加姆萨胡尔季阿支持者在明格列里亚市的骚乱，并保护通往第比利斯的铁路干线。1994 年 2 月 3 日，叶利钦和谢瓦尔德纳泽签署了《友谊、合作和友邻关系条约》，条约允许俄罗斯在格鲁吉亚建立三个军事基地，为期 25 年。

在取得满意的结果后，俄罗斯明确宣布支持格鲁吉亚的领土完整，积极调停格阿冲突。在俄罗斯的调解之下，1994 年 4 月 4 日，格阿双方在联合国及欧安组织参与的情况下，签署了格-阿冲突政治解决措施的莫斯科宣言，结束了长达 1 年多的残酷战争。

谢瓦尔德纳泽在军事解决国内分离主义地区的尝试行动碰壁后，彻底意识到将俄罗斯从格鲁吉亚安全体系中排除是完全不现实的事情，转而奉行对俄"搭车"的政策，以顺从俄罗斯的地区安全利益需求来获取俄罗斯对格鲁吉亚安全需求的支持与满足。1994~1995 年，格鲁吉亚政府尝试通过支持俄在地区内的各种倡议来建立和发展与俄罗斯的良好安全关系。除了上述提到的加入独联体及同意俄罗斯保留在格鲁吉亚的军事基地外，格鲁吉亚还加入了集体安全条约组织以及在第一次车臣战争中给予俄罗斯积极的配合和支持。格鲁吉亚对俄政策的调整缓解了俄罗斯之前对其的不满及担心，使得双方一度激化的矛盾获得缓和。

（三）矛盾的日益积累（1996~2003）

谢瓦尔德纳泽在加入独联体、俄军事基地等问题上做出的一系列让步换得了俄罗斯对于格鲁吉亚独立地位的支持，帮助格从国家崩溃的边缘回归正常。然而，格鲁吉亚不仅希望通过这些让步解决当时国家面临的迫在眉睫的危机，还希望能够借助"搭车"俄罗斯来换取俄对格国内统一的支持。然而，格鲁吉亚安全危机解除后，却未能在解决阿布哈兹问题上获得预期中俄方的全力支持，这令格鲁吉亚政府日益对俄不满，开始再次调整对外关系，加快了融入西方世界的步伐，在保持与俄罗斯正常关系的情况下，尽力摆脱俄罗斯的控制与干预。

1996 年，格鲁吉亚议会通过了边界保卫法，要求俄罗斯边防军必须在1997~1998 年撤出格鲁吉亚。[①] 这项法律引起俄罗斯政治圈对格鲁吉亚的强烈不满。此前为了解决国内危机，谢瓦尔德纳泽总统在 1994 年与叶利钦总统的会谈中已经同意了俄罗斯边防军在格南部边界驻守，仅仅 1 年多的时间格方就通过这样一个与其承诺完全相背离的法案，令俄政界对于格鲁吉亚早已有之的怀疑态度更为深化。1997 年，古阿姆联盟在北约 50 周年峰会期间成立，尽管该联盟的力量被严重夸大，但这个集团的诞生是独联体内对俄罗斯的不满上升的结果，所有的签字国都意图平衡俄罗斯。虽然该组织声称其宗旨是促进成员国范围内的社会经济发展，解决地区安全问题，协调成员国在国际

---

① 陈宪良：《俄罗斯与格鲁吉亚关系的变化及走势》，《俄罗斯中亚东欧研究》2008 年第 5 期，第 47~54 页。

组织中的活动，处理同国际犯罪和贩毒活动有关的各种问题，但俄罗斯对此并不认同。俄对该集团的建立十分愤怒，因为她将古阿姆视作美国和北约操纵创建的准同盟组织，其根本目的就是平衡和限制俄罗斯在独联体内的影响。

1998年下半年，格鲁吉亚要求俄罗斯撤出驻扎在阿布哈兹的维和部队并希望由北约的维和部队取而代之；1999年2月，格鲁吉亚拒绝签署《关于延长集体安全条约有效期的初步议定书》；1999年11月，格鲁吉亚、阿塞拜疆和土耳其三国签署了修建意在绕开俄罗斯的巴库—第比利斯—杰伊汉输油管线协议。① 这一系列行动都表明了格鲁吉亚疏远俄罗斯亲近西方的态度，增加了俄罗斯对于格鲁吉亚的怀疑与担心，造成两国关系的冷淡与低落。而更为严重的是，2002年格鲁吉亚申请加入北约。北约的扩大从20世纪90年代中后期开始已经成为俄罗斯极为戒备和担心的安全威胁，格鲁吉亚此举对于俄罗斯而言是极为严重的刺激和挑衅，强烈冲击了两国的安全关系。1994年，叶利钦一改之前对于北约东扩的默许态度，强硬地表示北约东扩就是在冒冷战的风险，体现了俄对于北约东扩态度的明显转变。北约将俄排除在外的东扩进程强化了俄对北约的不信任，令其坚信西方试图利用俄的虚弱剥夺其大国地位。并且北约的新成员往往将北约作为其抗衡俄罗斯的力量来源和安全保护伞，这更加剧了俄罗斯的不信任和奉行现实主义政治理念。相对于北约对前苏东集团国家的扩张，俄更为担心和反对的是北约将会吸纳前苏联加盟共和国。对此，1995年，俄外长科济列夫在联邦委员会表示，俄罗斯将尽力与某些独联体国家加入北约的趋势做斗争。② 格鲁吉亚申请加入北约的行为自然被俄方视为强烈的敌对信号，致使两国矛盾进一步加剧。

除以上问题外，导致俄格安全关系进一步恶化的另外一个非常重要的原因是格鲁吉亚在第二次车臣战争中拒绝与俄罗斯进行合作。1999年第二次车臣战争爆发后，为了确保俄格边境格鲁吉亚一侧的安全，俄方要求格准许俄从驻

---

① 陈宪良：《俄罗斯与格鲁吉亚关系的变化及走势》，《俄罗斯中亚东欧研究》2008年第5期，第47~54页。

② 参见 Yelena Tregubova, "Andrei Kozyrev: Russia Has No Imperial Ambitions, But…", *Segodnya*, 7th July, 1995, 刊载于 *Current Digest of the Post-Soviet Press*, Vol. 47, 2 August, 1995, p. 23。

格鲁吉亚的军事基地执行飞行任务，但遭到格方拒绝。① 随着战事的进展，俄方向格方提出请求，希望使用从格鲁吉亚靠近车臣的领土对车臣发动军事进攻，并要求格方允许俄罗斯派遣特种部队进入格鲁吉亚境内的潘基西峡谷。该峡谷是格鲁吉亚境内车臣族人聚居的地方，而在战争爆发后又有 7000 人左右的车臣人在此避难。同时，也有大量车臣战斗分子以此为避难所躲避俄方的打击。俄罗斯对于格鲁吉亚在潘基西峡谷问题上的不配合十分不满，2001 年，俄公开指控格鲁吉亚在峡谷地区接受车臣恐怖分子和潜在的战斗分子，对此格鲁吉亚当然予以完全否认，俄格关系出现新的危机。格方宣称自身在峡谷地区严格执法确实有现实困难，并非故意纵容车臣武装分子在此地活动。俄方提出在峡谷地区双方联合展开军事行动以打击恐怖分子。格方虽然拒绝了这个建议，但还是在 2002 年 8 月在峡谷地区进行了反恐行动，旨在扣押犯罪分子，恢复峡谷秩序。② 然而，俄方对此并不满意，实际上俄罗斯一直对格鲁吉亚打击潘基西峡谷恐怖分子的诚意和能力表示怀疑。2001 年 10 月和 11 月，在没有获得格鲁吉亚同意的情况下，俄罗斯战机两次轰炸潘基西峡谷，严重恶化了双边关系。2002 年 8 月 23 日，俄罗斯战机再次轰炸了靠近车臣部分的格鲁吉亚领土，引起格强烈抗议。③ 危机在 2002 年 9 月达到高潮，普京总统指出，俄罗斯对于潘基西峡谷有先发制人的武力使用权，并要求联合国承认俄罗斯的自卫权。④ 莫斯科对第比利斯发出最后通牒，同时开始计划绕过格鲁吉亚直接以武力打击潘基西峡谷。谢瓦尔德纳泽深知格鲁吉亚无力对抗俄罗斯，虽然西方国家同情和支持格鲁吉亚，但这种支持是很有限度的，根本不足以支撑格鲁吉亚对抗庞大的俄罗斯，危机的失控只会令格遭受俄严重的打击，并引发国内

① 参见 Jaba Devdariani, "Georgia Reacts to Russian Pressure", *Perspective*, Vol. 13, No. 1, September-October 2002, at http: //www. bu. edu/iscip/vol13/devdariani. html

② 参见 Jaba Devdariani, "Georgian Security Operation in Pankisi Gorge", *Eurasia Insight*, 3rd September, 2002.

③ 参见 Liz Fuller, "Unknown Fighters Again Violate Georgian Air Space", RFE/RL Newsline, August 23rd, Tracey German, 'The Pankisi Gorge: Georgia's Achilles' Heel in Its Relations with Russia?', *Central Asian Survey*, Vol. 23 No. 1 pp. 27−39.

④ 参见 Jaba Devdariani, "Georgian Security Operation in Pankisi Gorge", *Eurasia Insight*, 3rd September, 2002.

分离主义问题的恶化。在认清这种形势后，格鲁吉亚被迫转变立场，竭力缓和与俄的矛盾。2002 年 10 月 6 日，格总统谢瓦尔德纳泽与普京总统会晤，就配合俄罗斯打击车臣非法武装问题达成了相关的协议，收回此前格鲁吉亚做出的将在 2005 年申请加入北约的表态，并且在俄罗斯驻格鲁吉亚军事基地问题上软化立场，不再坚持外国驻军必须在 2002 年底前全部撤出格境内的主张，并表示在俄撤出后也不会允许其他国家军队在格驻扎，俄罗斯则同意不再继续轰炸格鲁吉亚潘基西峡谷。①

至此，因潘基西峡谷引发的两国间的危机告一段落，俄格关系得到一定缓和。一直到 2003 年谢瓦尔德纳泽下台，俄格关系保持了基本的平稳，没有再出现大的危机。但是双方深层次的矛盾并没有获得解决。俄罗斯出于地缘政治战略的考虑，仍然力图将格鲁吉亚纳入自身的势力范围之内，防范西方对该地区的渗透，在本身外交资源不足的情况下，仍将阿布哈兹问题和南奥塞梯问题作为控制和敲打格鲁吉亚的主要手段。而格鲁吉亚则力图借助西方力量摆脱俄罗斯的控制，实现国家的真正统一。俄格间国家安全利益的这种根本性矛盾造成了这一阶段双方危机的爆发，虽然格方通过让步缓和了矛盾的进一步激化，但是俄方对格方的怀疑与格方对俄方的怨恨都因危机而得到了强化，双方的矛盾实际仍然在不断累积之中。

（四）矛盾的爆发及固化（2003 年至今）

2003 年 11 月，格鲁吉亚爆发"玫瑰革命"。总统谢瓦尔德纳泽辞职，反对派获得政权。在 2004 年 1 月举行的总统大选中，格鲁吉亚民族运动党领导人萨卡什维利当选总统。萨卡什维利是在美国等西方国家的大力支持下上台的，因为在谢瓦尔德纳泽总统执政后期俄格双方关系交恶以及与美国关系正处于缓和阶段，俄罗斯对此过程不但没有阻拦，甚至予以了相当的支持。俄罗斯希望格政局的变化有助于改变俄格关系的糟糕局面，初期的情况也似乎如俄所愿，然而随着时间的推移，俄格关系却日益朝着俄罗斯不愿看到的方向演变。

---

① 郑羽：《既非盟友也非敌人——苏联解体后的俄美关系》，世界知识出版社，2006，第 696~697 页。

"玫瑰革命"后，俄格关系在 2004 年上半年出现过短暂的缓和。萨卡什维利当时对俄罗斯的重要性有着比较清醒的认识。尽管萨卡什维利政府确实想摆脱俄罗斯对于格鲁吉亚的控制，但也承认格鲁吉亚政治和经济利益的实现都离不开与俄罗斯的良好关系，特别是格鲁吉亚希望通过改善俄格关系来转变俄罗斯对阿布哈兹和南奥塞梯问题的立场，促进这两个难题的解决。2004 年 1 月，时任格代总统的布尔贾纳泽就表示希望格鲁吉亚与俄关系正常化的意愿能够带来格阿冲突的调整。2004 年 2 月，萨卡什维利访俄期间，展示出对发展与俄罗斯关系的重视与善意。格鲁吉亚不仅向俄公司提供了在能源和运输领域的新机会，还建议俄格双方对俄格边境的某些部分进行联合控制。萨卡什维利在评价此次访问时说，"访问取得了相当的成果，两国就现存的大部分分歧达成了相互的谅解"。并认为："格鲁吉亚的一切问题都离不开俄的支持，这是格外交方针的主导思想。"①

俄罗斯方面对于萨卡什维利政府的"善意"也给予了一定的回应，特别是在阿扎尔危机中对格鲁吉亚给予支持。"玫瑰革命"后，格鲁吉亚的阿扎尔共和国拒绝承认新政权，与萨卡什维利为首的中央政府处于紧张状态。2004 年 4 月 30 日至 5 月 2 日，格鲁吉亚军队在距阿扎尔 30 公里的波季地区举行军事演习，阿扎尔方面则以防止格军队采取军事行动为由在 5 月 2 日炸毁了 3 座公路桥，令格中央与阿扎尔的紧张关系再度升级。2004 年 5 月 6 日，格鲁吉亚武装部队进入阿扎尔，俄罗斯外长伊万诺夫立即插手干预，促使阿扎尔领导人阿巴希泽放弃政权流亡俄罗斯。俄格关系在这一时期确实出现了短暂的缓和，然而因为俄驻格鲁吉亚军事基地问题，双方关系很快就从缓和走向对抗。

萨卡什维利上台后格鲁吉亚就开始对俄罗斯在境内的驻军问题不断提出质疑，要求俄罗斯尽快撤离在格驻军。2004 年 1 月，萨卡什维利在接受美国《时代》（*Time Magazine*）杂志的采访中表示，俄罗斯在格鲁吉亚的军事基地更多的是用来支撑俄帝国主义的自信，而非真正的安全需要。② "2005 年 3 月 10 日，格鲁吉亚议会通过了《关于俄罗斯驻格鲁吉亚军事基地的决议》，宣布

---

① В. Кешелава: Российско-грузинскиеотношения: Абхаз. ракурс: (Попубл. газ. "Свобод. Грузия" – 1999–2003гг.), Тбилиси: Мецниереба, 2004. c. 125.

② See Paul Quinn-Judge, "10 Questions for Mikheil Saakashvili", *Time*, January 19, 2004, p. 19.

俄罗斯军事基地'不具有任何法律地位',要求俄方在 5 月 15 日前就军事基地的撤离提出'具体的、令格满意的'时间表。"① 更为令俄罗斯愤怒的是在俄方帮助促使阿巴希泽流亡后仅一天,格政府就再次向俄罗斯提出撤离其在巴统(Batumi)和阿哈尔卡拉基(Akhalkalaki)军事基地的要求。俄罗斯本希望格鲁吉亚将其在阿扎尔危机期间的支持视作俄准备帮助解决格安全问题的信号,期待格方的政治回报。虽然 2005 年 5 月 30 日俄罗斯最终签署协议同意按照格方规定的时间表撤军,但俄领导人对于萨卡什维利政府充满了不信任与愤怒。俄罗斯以资金紧张为由,一再拖延撤离驻格基地。直到 2006 年 3 月,在各方的压力下俄罗斯才与格鲁吉亚达成协议,规定最后两个俄军基地将在 2008 年撤离,设在第比利斯的俄军驻外高加索集群司令部也将关闭。② 其后,萨卡什维利为扫清格鲁吉亚加入北约的障碍及解决国内分离主义问题,试图进一步将俄罗斯从阿布哈兹和南奥塞梯地区赶出,要求俄撤出在这两地的维和部队,此举遭到普京总统的断然拒绝。

由于对俄罗斯不满,格方实际纵容车臣恐怖分子从格鲁吉亚领土攻击俄罗斯,对此俄罗斯在整个 2005 年不断予以指责。俄外交部第一副部长洛希宁(Valery Loshinin)和国防部部长谢尔盖·伊万诺夫指责恐怖主义分子盘踞在潘基西峡谷,并威胁俄罗斯的稳定。③此外,格鲁吉亚不断在南奥塞梯、阿布哈兹地区挑起事端,并日益积极寻求西方的帮助,以求逼迫俄罗斯维和部队退出这两个地区。俄罗斯与格鲁吉亚在安全利益上的矛盾冲突令彼此间极端不信任,导致双方关系在 2006 年后全面恶化。

2006 年,俄罗斯与格鲁吉亚因为莫兹多克—第比利斯(Mozdok-Tbilisi)天然气管道爆炸、俄罗斯禁止进口格鲁吉亚的葡萄酒和水产品、间谍事件、俄罗斯抬高对格天然气价格以及格政府军进口科多里峡谷等一系列事件而冲突不断。特别是 2006 年 9 月的间谍事件严重激化了双方矛盾。格鲁吉亚以从事间

---

① 陈宪良:《俄罗斯与格鲁吉亚关系的变化及走势》,《俄罗斯中亚东欧研究》2008 年第 5 期,第 47~54 页。

② 毕洪业、陈国庆:《后冷战时期俄美在格鲁吉亚的地缘政治较量》,《俄罗斯研究》2006 年第 4 期,第 39~44 页。

③ See Vladimir Socor, "Georgia under growing Russian pressure ahead of Bush-Putin Summit", *Eurasia Daily Monitor*, Vol. 2, Issue 32, 14 February, 2005.

谍活动为由逮捕并起诉 5 名俄罗斯驻格军官。普京指责扣押俄军人是挑衅行为，称格鲁吉亚逮捕并起诉俄军人的做法就像"一种国家恐怖主义行为，包括掳走人质的做法……尽管俄罗斯始终如一履行所有我们签署的协约，从格鲁吉亚撤军，我们的军官依然被人掳走，然后投入监狱"①。俄罗斯为此采取了一系列报复措施，包括驱逐格鲁吉亚人、对格鲁吉亚采取经济制裁措施。尽管被扣押的俄军人最终全部获释，但俄罗斯从 10 月 3 日起中断了与格鲁吉亚的陆、海、空交通运输及邮政联系，并遣返格非法移民。进入 2007 年，俄格关系并没有改观，反而因为 8 月格鲁吉亚两次指控俄罗斯飞机侵入格领空并对格领土发射导弹而更为恶化。格鲁吉亚的指责遭到俄罗斯的断然否认，并将其斥为故意破坏对俄关系的阴谋。同年 11 月，又发生了双方互相驱逐外交官、召回大使的事件。

这些接二连三出现的恶性事件摧毁了俄格间的安全互信，双方安全关系出现恶性互动的局面，从而进一步制造出更多的矛盾。虽然俄格双方在 2008 年初均一度表现出控制矛盾、缓和关系的意愿，但由于双方在安全利益上的根本性分歧，特别是在阿布哈兹、南奥塞梯和对北约态度问题上的分歧，使得俄罗斯与格鲁吉亚的关系在 2008 年 1 月至 4 月经历极其短暂的缓和后再度严重恶化，并最终引发 2008 年 8 月的俄格战争。

在 2008 年之前的几年中，格鲁吉亚和南奥塞梯在南奥地区的交火事件及各种武力破坏活动已经十分密集，到 2008 年时情况尤为糟糕。2008 年 6 月和 7 月，南奥塞梯首府遭到格鲁吉亚武装力量的榴弹发射器和机关枪的攻击。作为回应，南奥当局也全力进行应战，从 7 月开始向北奥塞梯疏散妇女、儿童和老人，显示出坚决不妥协的姿态。南奥武装力量对格鲁吉亚控制下的南奥地区不断进行攻击，双发在 8 月 5 日爆发了严重冲突，导致 6 名奥塞梯人和 5 名格鲁吉亚人死亡。当其后的停火尝试失败后，萨卡什维利在 8 月 7 日宣布格鲁吉亚村庄正遭受南奥武装的炮轰，发誓要用武力恢复格鲁吉亚对南奥塞梯的控制和国家的宪法秩序。② 8 月 7 日晚至 8 日凌晨，格鲁吉亚军队大规模进入南奥地区并炮轰茨

---

① 《普京称扣押俄军人是"国家恐怖主义行为"》，http：//news. sina. com. cn/o/2006 - 10 - 03/071410159598s. shtml。

② "Georgia decided to restore constitutional order"，*Civil Georgia*，8 August，2008.

欣瓦利市，引发与南奥武装力量及俄罗斯维和部队的激烈交火，导致 15 名维和士兵被杀。① 战争由此演变成格鲁吉亚和俄罗斯维和部队的直接对抗。

俄罗斯对格鲁吉亚发动武力攻击的反应异常迅速和严厉。2008 年 8 月 8 日当天就向南奥地区派出第 58 集团军以增援维和部队，并对格境内的军事设施进行了猛烈轰炸。俄罗斯黑海舰队也抵达了格鲁吉亚水域，并开始封锁格鲁吉亚在阿布哈兹的海岸，迫使格鲁吉亚舰船撤至附近其他港口。俄罗斯空军甚至对第比利斯郊区及其国际机场进行轰炸。8 月 10 日，格鲁吉亚在遭到俄方猛烈打击下被迫撤出南奥塞梯，并宣布单方面停火以期与俄和谈。俄罗斯最初拒绝了格鲁吉亚的和谈要求，直到 8 月 12 日在法国的斡旋下，俄罗斯总统梅德韦杰夫在克里姆林宫宣布，俄罗斯决定结束"迫使格鲁吉亚当局实现和平"的军事行动，称俄罗斯的目的已经达到，"维和部队和公民的安全重新得到保障"，"侵略者已被惩罚并遭受重创"，"侵略者的武装力量已被瓦解"。② 俄格随后接受并签署了法国总统萨科齐提出的解决南奥塞梯冲突的六项原则协议。然而，8 月 26 日，俄罗斯表示承认阿布哈兹和南奥塞梯的独立地位，令该协议等同作废，导致俄格关系进一步恶化。之前格鲁吉亚已经于 8 月 18 日宣布正式退出独联体。而在俄承认阿布哈兹和南奥塞梯独立后，格鲁吉亚 9 月 2 日正式通知俄罗斯驻格大使馆，断绝与俄罗斯的外交关系，并宣布格鲁吉亚退出 1992 年同俄签署的有关解决南奥塞梯冲突的协议，要求俄军停止以维和部队名义继续留在格境内。③ 俄格关系至此彻底破裂，双方处于完全敌对的关系之中。

俄罗斯领导人对萨卡什维利完全失去信任，对在其任期内改善两国关系也并不抱有希望。2010 年 6 月，梅德韦杰夫在美国访问时说："格鲁吉亚新领导人上台后，我们将有一切机会修复关系。"④ 俄罗斯显然将两国关系改善的希望寄托于格鲁吉亚下任领导人身上。尽管两国在 2010 年先后恢复通航和开通

① See Mikhael Barabanov, "The August war between Russia and Georgia", *Moscow Defense Brief*, Vol. 3, No. 13, 2008.

② 《俄决定结束"迫使格鲁吉亚当局实现和平"军事行动》，http://news.cctv.com/world/20080812/107721.shtml。

③ 《格鲁吉亚宣布与俄罗斯正式断交》，http://news.sina.com.cn/w/2008-09-03/001016219592.shtml。

④ 《俄总统：萨卡什维利下台后俄格关系能够改善》，http://www.chinanews.com/gj/gj-oz/news/2010/06-24/2361554.shtml。

卡兹别吉—上拉尔斯口岸，又于 2011 年 11 月签署俄罗斯入世协议，但双方在阿布哈兹和南奥塞梯问题上的根本矛盾仍在继续恶化中。2011 年 10 月 6 日，俄罗斯总统梅德韦杰夫签署两项联邦法令，批准了俄罗斯在阿布哈兹及南奥塞梯境内建立联合军事基地的协议，并会见阿布哈兹总统亚历山大·安克瓦布，表示将继续给予其"全面的支持"。①

2013 年格鲁吉亚新总统上台后，格鲁吉亚调整了对俄政策，双方关系有所缓和。但正如此前所论述的，格鲁吉亚并没有改变全面倒向西方的战略，俄对格与西方关系也是防范忌惮，双方关系没有实质性突破，外交关系仍未实现正常化。而造成这一状况的关键因素还是在阿布哈兹和南奥塞梯问题上双方立场的截然对立。2015 年，俄罗斯与南奥塞梯领导人签署了近乎全面合并的条约，订明当地军事及经济将并入俄国，并让南奥塞梯人民尽快取得俄罗斯国籍。这引起格鲁吉亚国内的激烈反应，不仅政府领导人斥责条约破坏其主权和领土完整，称这是俄罗斯全面吞并格鲁吉亚的前奏，格民众对俄罗斯的敌意也因此更为增加。2019 年 6 月，在格鲁吉亚举行的东正教议会论坛上，俄罗斯参会代表、国家杜马议员谢尔盖·加夫里洛夫在发言时，无意坐在了格鲁吉亚议长伊拉克利·科巴希泽的座位上，此举引发格鲁吉亚人的极度愤怒，尽管加夫里洛夫解释说，自己是应主持人的要求才这样做的，但这事仍在格鲁吉亚引起轩然大波，事发当晚首都第比利斯就爆发大规模反俄示威活动，最终迫使邀请俄方参会的议长科巴希泽辞职。从此事件可以看出格鲁吉亚民众对俄罗斯的强烈敌意。

由于俄罗斯与格鲁吉亚在阿布哈兹和南奥塞梯这两个地区冲突问题上的严重尖锐对立，以及双方的深度不信任，两国进入了一种"冷和平"的敌对状态，即没有战争的严重对立与双边关系破裂的状态。在这种状态下，即使双方政府有意缓和关系，两国现有矛盾也将长期存在并呈现僵硬固化的态势，加之格鲁吉亚民众对俄罗斯不断增加的抵触心态，在短期内很难看到双方关系全面改善的希望。

---

① 《俄总统批准在阿布哈兹、南奥塞梯部署军事基地》，http://www.chinanews.com/gj/2011/10-07/3369833.shtml。

二 俄罗斯与亚美尼亚：同盟关系的确立与发展

自从苏联解体后俄罗斯与亚美尼亚双边友好关系不断发展，结成了战略同盟。俄亚关系堪称独联体内双边友好关系的典范。亚美尼亚成为俄罗斯在外高加索乃至整个独联体内最为忠实的盟友和伙伴，这与格鲁吉亚恰恰形成了极为鲜明的对比。

俄罗斯和亚美尼亚形成这种同盟关系的根本原因是双方的战略需求。俄罗斯需要保持在外高加索的军事存在，维持自身的地缘战略利益。亚美尼亚虽然并不与俄接壤，但是具有十分重要的地理位置，俄罗斯在此的存在将有效阻止土耳其等外部势力从南部向外高加索的渗透，并能够牵制格鲁吉亚和阿塞拜疆。尤其是在格阿两国独立后都采取了疏远俄罗斯的政策，亚美尼亚成为俄罗斯在外高保持军事存在的关键，对俄维持在外高的利益及震慑周边国家均具有极其重要的作用及意义。亚美尼亚独立之初就因纳卡问题而陷入了与阿塞拜疆的战争之中，双方关系长期敌对。阿塞拜疆联合土耳其对亚美尼亚进行全方位的孤立，令亚美尼亚国家生存面临极大的困难。在这样的状态下，亚美尼亚只有选择或放弃纳卡换取与阿塞拜疆和土耳其关系的正常化，或者全面依靠俄罗斯以维持国家的生存与发展。由于复杂的民族、文化及国内政治问题，放弃纳卡对于亚美尼亚根本是一个不可能的选项，因此依靠俄罗斯、获取俄罗斯的支持就成了亚美尼亚唯一可行的选择。正是这种战略上的彼此需要促成了俄亚同盟关系的形成与发展。

（一）友好关系的形成与发展（1991～1997）

亚美尼亚在历史上与俄罗斯的关系就较为特殊。亚美尼亚并入沙俄帝国并非完全是在沙俄武力逼迫下的被迫行为，很大程度上亚美尼亚对于并入是积极主动的。造成这种主动的主要动因在于亚美尼亚寻求沙皇的庇护以免于土耳其帝国的统治与奴役。虽然亚美尼亚民族放弃独立而选择并入沙俄也充满了被逼与无奈，但这种逼迫的来源在亚美尼亚看来并非沙俄而是其历史的敌人土耳其。而沙俄则被亚美尼亚视为把自己从土耳其统治下解救出来的解放者，因此亚美尼亚近百年来始终将俄罗斯视为自己安全的保护伞。当苏联面临解体危机时，亚美尼亚并不希望看到苏联解体，是苏联几个希望继续保持联盟存在的加盟共和国。亚美尼亚的这种态度使得其独立过程是种半自愿的、被动的进程，并非如同格鲁吉亚一般积极地隔断与俄罗斯的联系以求迅速独立。这就令亚美尼亚与俄罗斯之间的关系没有因双方的独立进程产生敌对性矛盾，而是较为平滑地过渡到新的独立国家间关系。

亚美尼亚独立后的地理位置是十分不利的，其处于格鲁吉亚、阿塞拜疆、土耳其和伊朗的环绕中，是一个没有出海口的封闭空间。而由于纳卡问题，亚美尼亚又受到了阿塞拜疆和土耳其关闭边境口岸的制裁，严重限制了亚美尼亚的经贸往来，导致亚国内经济增长乏力，并威胁到国家的生存。因此，在独立之初亚美尼亚就希望能够快速和俄罗斯建立起友好关系，继续获得俄罗斯的支持和帮助，特别是希望俄罗斯在纳卡问题上给予亚美尼亚更大的支持。而俄罗斯在刚独立时对于亚美尼亚没有太多的兴趣，对在此地的地缘战略利益缺乏清晰的认识，因而对于迅速推进双方的关系俄罗斯没有主动的作为。不过，由于历史上亚美尼亚民族与俄罗斯民族长期的友好关系，俄方在纳卡冲突问题上是较为同情亚美尼亚的，双方也并不存在现实的矛盾，对于亚美尼亚积极寻求与俄罗斯建立友好关系，俄也抱着欢迎与接受的态度。

1991年12月29日，俄罗斯与亚美尼亚签署《友好合作与相互安全条约》。这个条约并没有太多实质性内容，虽然其中规定了双方应建立在彼此安全利益受到外部威胁的情况下进行互助的机制，但由于过于空泛和缺乏可操作性，这种互助实际上只是一种政治态度的体现，而不具有任何结盟的性质。不过，这个条约的签订却帮助梳理了两国关系的走向，为两国关系的发展提供了法律和政治上的基础。在当时苏联解体一片混乱的情况下，该条约的达成为推动俄亚双边关系迅速走上良性运行的轨道起到了重要的作用，表明俄亚双方开始建立起友好的正常国家间关系。

而从1992年开始，俄罗斯对亚美尼亚的兴趣日渐增长。这种增长主要源于之前提到的1992年俄罗斯外交转型的发生。地缘政治利益重新成为俄罗斯外交的核心考虑之一，俄开始试图稳定和恢复在独联体内的主导权和地缘战略利益。而在外高加索，俄罗斯也由之前的疏离和被动介入转成积极介入以寻求影响力的提高。鉴于格鲁吉亚和阿塞拜疆在当时明显的疏远和排斥俄罗斯的态度，俄对亚美尼亚更为重视和关注。而亚美尼亚也积极地顺应俄罗斯的战略需求。1992 年 5 月，亚美尼亚响应俄罗斯的倡议，成为首批加入《集体安全条约》的 6 个独联体国家之一，而阿塞拜疆和格鲁吉亚是在 1993 年的下半年才加入该条约。对于俄罗斯最为关心的在亚美尼亚境内的军事基地和驻军问题，亚方也积极配合，双方在 1992 年 8 月就该问题达成了俄亚《关于驻扎在亚美尼亚共和国境内的俄联邦武装力量法律地位的条约》，满足了俄罗斯在亚长期驻军的要求。虽然因为地区的复杂局势及俄罗斯国内的政治因素使得条约未能获得批准生效，但两国政府实质上执行了条约所达成的协议。

1992 年冬至 1994 年 5 月，纳卡冲突进入全面战争的状态。亚美尼亚陷入与阿塞拜疆的残酷战争之中。由于阿塞拜疆在加入独联体和集体安全条约组织上的不合作态度，俄罗斯对待冲突的立场开始倾向亚美尼亚。例如，土耳其一度威胁要加入阿塞拜疆一方对抗亚美尼亚，为了阻止土耳其的干涉，1992 年底俄罗斯发表声明，表示如果土耳其干涉纳卡冲突将有可能招致俄罗斯对其使用核武器。[1]由于亚美尼亚一方在战争中始终占据上风，俄罗斯这种阻止外部力量干涉的态度实际上是有利于亚美尼亚的，这显示出其倾向亚美尼亚的立场。1994 年 5 月，在俄罗斯的斡旋下亚美尼亚和阿塞拜疆实现了停火。亚美尼亚获得了较为满意的"战果"，不仅完全控制了纳卡地区，还夺取了纳卡周边阿塞拜疆的 7 个地区。以这种结果停火是符合亚美尼亚利益的，因此对于俄罗斯的调停，亚美尼亚是持赞赏态度的。

纳卡战争令亚美尼亚更为清楚地认识到俄罗斯的支持对其维护国家主权独立的重要性。更为重要的是，纳卡战争造成的严酷地缘战略态势也使得亚美尼亚必须在安全关系上进一步加深与俄罗斯的合作，力争俄为其提供保护伞。1995 年 3 月 16 日，俄总统叶利钦和亚总统捷尔·彼得罗相在莫斯科签署了关于俄在亚美尼亚军事基地法律地位的条约，同意俄军在亚美尼亚再驻扎 25 年。[2] 条约规定，俄罗斯在亚美尼亚军事基地不仅要维护俄联邦国家利益，还应保障亚美尼亚的安全。条约特别规定了，俄罗斯部队将执行亚美尼亚与伊朗

---

① Dmitri Trenin, "Russia's Nuclear Policy in the 21st Century Environment," Paris: Institut français des relations internationles, 2005, p.15.

② 孙壮志：《谈俄罗斯与外高加索三国的关系》，《东欧中亚研究》1997 年第 6 期，第 71~77 页。

和土耳其边界的边防任务。俄罗斯在亚美尼亚久姆里的军事基地成为其在外高加索最大的军事基地，在格鲁吉亚和阿塞拜疆不断要求俄从其国土撤出军事力量的局面下，在亚美尼亚的这种稳定军事存在对于俄罗斯保持其在外高加索的地缘战略利益具有格外重要的意义。而亚美尼亚通过此条约也获得了俄罗斯对其国家安全的保障，尤其是对于其南部边境安全的保障。因而这个条约对双方而言都是积极有利的，促进了俄亚友好关系向战略伙伴关系的进一步演变。

（二）战略伙伴关系的建立与巩固（1997～2000）

1997 年 8 月，俄罗斯和亚美尼亚签订了《俄罗斯联邦与亚美尼亚共和国友好合作互助条约》。条约有效期为 25 年，并且可以在签约方无异议的情况下自动延长 10 年。该条约涉及两国关系中的众多领域，确认了两国在政治、军事、经济、科学、文化、宗教等领域存在着共同的战略利益、在对待区域问题上双方也有一致的立场。条约为两国在这些领域的合作创造了有利的条件，促进了双边关系的全面发展，但是这个条约最为关键的地方还是其对俄亚两国安全合作关系的构建与加深。条约中特别强调了双方军事战略的一致性，确认了双方应共同消除外部威胁以保障相互安全，并明确了相互提供军事援助和实施集体自卫权的相应机制。条约成为"亚俄关系发展的基础，标志着两国已确立了战略伙伴关系"①。

俄罗斯与亚美尼亚由友好关系发展成为战略伙伴关系的关键是俄罗斯外交政策的变化。从 1993 年开始，俄罗斯国内已经就其外交政策达成基本一致，即俄罗斯外交政策应该建立在对国家的地缘政治利益计算之上。此后，俄罗斯外交政策日益强调自身的大国地位和在独联体的优先性。创建有效的集体安全体系、加强独联体外部边境、为独联体成员国提供军事安全保障以及整合独联体成为俄罗斯的重要战略目标。这些也恰恰表现出当时俄罗斯对自身安全局势有了更为系统和全面的认识，开始回归其历史传统。在这种政策的指导下，俄对西方以及其邻国，尤其是土耳其，对独联体的渗透与扩张变得更为敏感和紧张，反对任何图谋拉拢独联体国家制衡俄罗斯的意图。例如，1997 年 3 月 CIS峰会，叶利钦总统重申俄罗斯的关注，表示"我们没有兴趣看到在后苏联空

---

①　《亚美尼亚总统科恰良专访》，〔俄〕《独立报》2000 年 5 月 30 日。

间有其他任何国家的统治，特别是在军事-政治领域，或者看到任何国家在这里扮演反对俄罗斯的缓冲带的角色"。① 而在外高加索，俄罗斯对格鲁吉亚和阿塞拜疆对自己的疏远甚至是敌对态度十分担心，特别是两国都强烈要求俄罗斯军事力量从其国内撤出。而与此同时，欧盟等西方国家由于里海油气资源，日益积极地介入此地。此外，土耳其也表现出借助阿塞拜疆向该地区扩展影响力的意愿与举动。这令俄罗斯必须考虑如何保持在外高加索的影响力，遏制外部势力的不断渗入，为自身颇为不稳的北高加索地区建立一个安全缓冲带。在这样的局面下，积极主动寻求与俄发展关系的亚美尼亚成为俄最佳选择。而亚美尼亚面对纳卡战争后的恶劣地缘政治形势，为了保证自身的安全与国家的发展极力拉近与俄罗斯的关系，愿意全面满足俄罗斯的各种战略要求，这就自然促成了双方由友好关系升级为战略伙伴。

战略伙伴关系确立后，俄罗斯与亚美尼亚的安全合作获得进一步发展，双边战略关系更为紧密。1998 年 7 月，俄罗斯与亚美尼亚签署《关于联合战斗执勤中对空防御物资的安全的协议》，该协议主要目的是帮助亚美尼亚提升其对空防御能力，将亚美尼亚纳入独联体联合防空体系。从 1999 年 4 月开始，俄罗斯开始同亚美尼亚防空部队一起执行联合战斗执勤任务，并且由俄罗斯防空部队中央指挥站对双方的协调行动下达命令。2000 年 8 月，双方签署了《关于共同规划使用联合部队保障共同安全协议》。这个协议对于两国的安全合作关系具有极为重要的意义，因为协议为在亚美尼亚领土上建立由俄罗斯和亚美尼亚武装力量共同组成的俄亚联合军事部队奠定了法律基础，促成了此后联合军事部队的建立，俄罗斯和亚美尼亚间建立了极为牢固的连接纽带。双方军事合作水平由此在整个独联体内达到最高程度，为此后两国同盟关系的建立打下最为重要的基础。

俄罗斯与亚美尼亚的安全合作不仅在双边层次展开，也在多边领域下进行，这主要指的是双方在《集体安全条约》内的安全合作。1992 年 5 月，俄罗斯、哈萨克斯坦、亚美尼亚等国签署了《集体安全条约》，条约的宗旨是建

---

① Roy Allison, "Introduction", in Allison, Roy and Christoph Bluth, *Security Dilemmas in Russia and Eurasia*, Royal Institute of International Affairs, Russia and Eurasia Programme, 1998, p. 2.

立独联体国家集体防御空间和提高联合防御能力，防止并调解独联体国家内部及独联体地区性武力争端。该条约成为推动独联体内多边军事与军事技术合作的重要的一体化手段。亚美尼亚是条约的最坚定支持者之一，与俄罗斯在该组织内部具有良好的互动与合作。双方也利用这个平台加深了安全关系的合作。例如，2000年6月该组织成员国签署了《关于集体安全条约成员国军事技术合作基本原则的协议》，规定俄罗斯按照优惠于其他第三国的条件向成员国提供军工产品。依据这一协议，此后亚美尼亚以优惠价格从俄罗斯获得了所需的众多军事物资。而这种多边机制下安全合作的另外好处则是可以在一定程度上为俄罗斯推卸阿塞拜疆对于俄亚直接军事合作关系的指责提供了理由。

（三）同盟关系的确立与发展（2000年至今）

2000年9月6日，俄罗斯总统普京和亚美尼亚总统科恰良在克里姆林宫签署了《面向21世纪的俄罗斯联邦和亚美尼亚共和国联盟关系宣言》。虽然宣言本身并没有太多具体的实际内容，更多是表述双方建立更为紧密同盟关系的愿望，但是其具有的政治意义和法律意义十分重大。这一宣言以法律文件的形式确定了两国同盟关系，为此后的俄罗斯与亚美尼亚双边关系确定了基调。正如在宣言签署后的记者招待会上普京总统所说："这一宣言把俄罗斯和亚美尼亚两国关系的现状固定下来。宣言能顺利签署表明了俄亚两国领导人和人民都希望两国的关系变得更加牢固。"[1]

条约签署后，俄罗斯和亚美尼亚的政治和军事关系迅速升温，同盟关系深入发展。政治上，双方从总统到各级官员间的互访不断，其密集程度在整个独联体内是首屈一指的。这种稳定频繁的交往使得双方在各个政治层次上均拥有畅通的沟通渠道，为双方政治上的合作和互信创造了良好的条件和氛围。在军事上，两国的合作范围更广，程度更深。俄罗斯开始有计划地将亚美尼亚军工系统纳入俄国防体系，而亚美尼亚为了更好地获得俄罗斯的安全保障也愿意在此方面与俄结为一体。2000年12月，俄罗斯同意恢复亚美尼亚军工企业向俄国防系统提供配套部件。2001年10月，双方签订了《关于

---

[1]　《俄与亚美尼亚签署联盟关系宣言》，http://www.china.com.cn/chinese/2000/Sep/6297.htm，2000年9月26日。

深化军事与军事技术全面合作的条约》。2003 年 1 月，签署了《俄亚政府间关于军事技术合作的协议》。双方签订的这些条约和协议表面上是协调两国的军事技术政策与标准、发展军事工业的合作、规划军工发展目标等，但由于彼此国防实力的巨大差异，其结果实际上是将亚美尼亚军工系统纳入俄罗斯军工体系之中，实现两国军工"一体化"。这种"一体化"对于双方都是有利的：对俄罗斯而言，借助"一体化"不仅可以获得苏联军工系统在亚美尼亚分支机构的支持，还可以实现对亚美尼亚安全的深入掌控；而对亚美尼亚来说，"一体化"可以将自身安全与俄罗斯的安全更为紧密地捆绑在一起，增加俄对其安全保障的可信度。从后续实际操作来看，双方的这种军工"一体化"获得了实质性进展，特别是俄罗斯借用亚美尼亚需要投资、无力偿还对俄债务等时机从亚美尼亚获得了大量军工企业的转让。虽然其中存在着俄罗斯的施压利诱，但总体而言，亚美尼亚获得了更为可靠的安全保障，对此并无太多不满。

这一时期俄罗斯与亚美尼亚的安全合作更为借助集体安全条约组织这一框架。借助该组织内的合作制度，双方加固了军事同盟关系。2002 年 5 月，为了应对国际、地区的安全局势新变化，提高联盟的合作水平与层次，更好地保卫成员国的安全，《集体安全条约》正式改为集体安全条约组织。这一改变为俄罗斯和亚美尼亚的安全合作提供了更好的平台。2003 年，集体安全条约组织初步建立起军事指挥机构，在莫斯科设立了参谋长委员会及附属机构。2004 年，集体安全条约组织联合参谋部正式运转。此后，俄罗斯、亚美尼亚等成员国在该组织的框架下进行了一系列大规模联合军事演习。通过这些演习，俄罗斯与亚美尼亚军方完成了从指挥到作战的协同演练，深化了双方的军事合作关系，为可能发生的战争做出充足的准备。更为重要的是，由于集体安全条约组织的主旨之一就是保证各国的安全，因此演习对亚美尼亚的国家安全又具有政治保障的意义。例如 2008 年，该组织在亚美尼亚举行了代号为"国界-2008"的大规模军事演习，来自俄罗斯等国的近 4000 名军事人员与专家参加了演习。此次演习的目的明确定为，当亚美尼亚主权和领土遭到侵略的情况下，制定并实施保卫亚美尼亚的防御行动。

俄罗斯和亚美尼亚还在集体安全条约组织下建立起联合防空体系。这一体系是该组织计划在独联体内建立的三个防空体系之一，这三个体系分别是俄罗斯—白俄罗斯地区联合防空体系、中亚地区联合防空体系和外高加索联合防空体系。由于格鲁吉亚和阿塞拜疆都没有参与这一体系，该体系实际上成为俄罗斯和亚美尼亚在外高加索的联合防空体系。而且，三个防空体系中运转最为良好的也恰恰是俄亚体系，这主要是因为亚美尼亚给予俄罗斯主动全面的配合。俄罗斯在亚美尼亚装备了 S-300 这一当时俄军最为先进的防空导弹系统，并帮助亚美尼亚防空体系进行升级以及培训相关人员。这一体系的存在有效地弥补了俄罗斯在外高加索地区的空中安全空档，为其南部空域安全提供了有效保障。对于亚美尼亚来说，是为其提供了防御来自阿塞拜疆和土耳其的空中打击的重要安全屏障。

借助集体安全条约组织的合作机制，亚美尼亚继续得以从俄罗斯获得大量的军事装备和人员技术援助。2003 年，集体安全条约组织扩大了 2000 年签署的《关于军事技术合作基本原则的协议》的适用范围，并特别规定将联合培训成员国的军事指挥人员。2007 年，在杜尚别峰会上成员国签署了《关于俄罗斯按照内部价格向集体安全条约组织成员国提供武器军事技术装备的最终决议》。根据此决议，俄罗斯将以优惠的国内价格向条约成员国提供军事技术装备，此外，俄罗斯还将为培训其他成员国军事人员提供优惠。[1] 正是借助这些机制，缺乏资金的亚美尼亚以较为低廉的价格从俄罗斯获得了众多保证国家安全所需的军事装备，并且借助与俄罗斯的军工合作实现了军工企业产量和出口的双增长，一定程度上缓解了国家外汇资金严重短缺的问题。

2007 年，在格鲁吉亚的不断施压下，俄罗斯完全撤出了驻格鲁吉亚的两个军事基地，并将部分人员和物资运至驻亚美尼亚久姆里的第 102 军事基地。至此，在整个外高加索地区，亚美尼亚成为俄罗斯保持军事存在的最后阵地，其对于俄罗斯地缘战略的重要性得到了提升。2008 年俄格战争后，外高加索地区的安全形势发生明显变化，阿塞拜疆调整了对俄关系，这对于俄亚关系确

---

① 《俄加强与集安组织成员国军事合作，优惠价供武器》，http://news.sina.com.cn/w/2005-11-14/14417436024s.shtml。

实有一定冲击。但是，作为俄罗斯在外高地区最为忠实的传统盟友，亚美尼亚对于俄罗斯维持自身在外高地区的影响力、抵御西方势力向外高的扩张以及保护俄南翼战略空间的安全都具有极为重要的价值与意义。并且，由于自身所面临的难以改变的安全环境以及与俄罗斯的传统友谊，亚美尼亚对俄政策不会发生大的变化，亲俄的稳定性强，而阿塞拜疆和格鲁吉亚对俄都难以具有这样的稳定性。因此，俄罗斯与亚美尼亚同盟关系并没有发生改变，在未来可以预见的时期内，双方仍将积极继续维持这种关系。

当然，需要指出的是，俄亚关系发展进程中也存在各种矛盾，因为同盟关系并非建立在双方完全平等的基础上。两国实力相差悬殊，同时，亚美尼亚对于俄罗斯的需求远大于俄罗斯对于亚美尼亚的需求，因此在双方安全关系中，亚美尼亚处于明显弱势地位。俄罗斯做出许多决策时并没有顾及与亚美尼亚的同盟关系，仅是根据自身战略利益进行决断。例如，在2008年俄格战争后俄罗斯承认了阿布哈兹和南奥塞梯地区的独立，却拒绝承认纳卡地区的独立地位。尽管亚美尼亚多次恳请俄罗斯予以承认，但鉴于这种承认将会恶化与阿塞拜疆的关系，俄罗斯拒绝了亚美尼亚的请求。此外，俄罗斯也利用亚美尼亚的安全困境控制了亚国内众多重要的经济、战略资源。反观亚美尼亚，也并不是彻底地倒向俄罗斯，而是同时积极发展与美国等西方国家的关系。亚美尼亚希望在保持与俄同盟关系的同时，获得西方的资金技术支持，推动国内经济的发展，同时也适度提升自身在与俄关系中的地位。但是，由于俄亚双方安全利益需求所具有的高度契合度，这些矛盾都没有真正成为双方接近的阻碍，两国逐步从友好国家发展为目前的同盟关系。

三 俄罗斯与阿塞拜疆：平衡关系的形成与摇摆

自苏联解体以来俄罗斯与阿塞拜疆的关系基本处于稳定的良性状态。俄阿关系有过起伏波折，却始终没有失控，尤其没有演化成如同俄格一般的敌对关系。阿塞拜疆在处理对俄关系时更为务实和理智，虽然其积极与西方发展关系，但行为十分谨慎，适当满足俄罗斯的利益需求并避免触及俄根本利益。鉴于阿塞拜疆在外高加索三国中的突出地位，俄罗斯也格外重视发展对阿关系，在维持与亚美尼亚同盟关系的同时极力拉拢阿塞拜疆。双方这种立场令彼此关系保持了相对的稳定，矛盾始终处于可控的状态。不过，由于俄罗斯与亚美尼亚长期的盟友关系，阿塞拜疆始终对俄存在担心和疑虑，积极发展与西方的关系，以抵消俄罗斯在地区的影响力，而俄也在试图借助阿塞拜疆制衡西方在外高地区影响力的扩大，这就使得俄阿形成了独特的平衡关系。

（一）冷淡与冲突阶段（1991~1993）

阿塞拜疆国土面积为 8.66 万平方公里，是外高加索三国中最大的国家。同时，阿塞拜疆还濒临油气资源丰富的里海，拥有 713 公里的海岸线。[①] 1991年，阿塞拜疆共和国正式独立并与俄罗斯建立起国家间关系。独立初期，俄罗斯与阿塞拜疆关系的发展十分不理想，两国传统历史联系明显削弱，处于冷淡和冲突的状态中。造成这种状态的根源，一方面源于阿塞拜疆认为俄罗斯在纳卡问题上偏袒亚美尼亚，另一方面则源于阿国内民族主义政治势力的发展。

早在苏联解体前夕，由于对苏共中央在处理纳卡问题上的不满，阿塞拜疆已经对中央政府产生了很大的怨言。1990 年的巴库事件更是激发了阿塞拜疆人反对苏联中央政府的民族主义情绪。当时为了阻止纳卡问题引发的阿塞拜疆人对居住在巴库的亚美尼亚族人的报复，苏联派出 29000 名士兵进入巴库进行镇压，导致 400 多名平民丧生。更为糟糕的是，此次行动的根本目的据信是阻止阿塞拜疆人民阵线从共产党手中夺权，而非保护亚美尼亚族民众。[②]阿塞拜疆独立后，阿对于俄罗斯在纳卡问题上的角色仍然充满怀疑与不满，指责俄实质上对亚美尼亚予以偏袒。然而，对于俄罗斯而言，阿塞拜疆的这些指责令其颇为不解和惊讶。实际上，俄罗斯在独立初期对于整个外高地区都是缺乏兴趣和介入意愿的。如前所述，在纳卡问题上俄方在初期的参与只是一种被动的反应，缺乏统一的战略政策的指导，更谈不上主动支持阿塞拜疆和亚美尼亚任何一方。诚然，当时俄罗斯继承下来的苏联遗留在这两个国家中的军事力量参与了纳卡冲突，但是这种参与缺乏统一性，并且彼此间是矛盾的。阿塞拜疆在指责俄罗斯驻亚美尼亚部队参与对阿作战时显然自动忽视了俄驻阿部队对阿塞拜

---

① 孙壮志主编《列国志·阿塞拜疆》，社会科学文献出版社，2005，第 1 页。

② See Michael Dobbs，" Soviets say troops used to avert coup in Baku：Nationalists said to plan seizure of Power"，*Washington Post*，27 January 1990，p. 3.

疆在纳卡问题上的支持。这种问题的出现实际上源于当时俄罗斯中央控制力的虚弱，造成其力量分支往往自行其是。并且，需要明确的是，从国家层面而言，当时的俄罗斯对阿塞拜疆的支持实际还大于对亚美尼亚的支持。

1992 年，亚美尼亚军队在纳卡地区的霍贾里（Khojaly）对阿塞拜疆族平民的屠杀在巴库引发民众对政府的不满，导致穆塔利博夫总统辞职下台。同年6月，民族主义政党人民阵线上台执政，其主席阿布法兹·埃利奇别伊担任总统。穆塔利博夫是原阿塞拜疆共产党第一书记，在其担任阿总统时期，政府内还有大量对俄罗斯怀有深厚感情的政治精英，这使得当时阿塞拜疆与俄罗斯虽然关系较为冷淡，但并没有发生明显冲突。而人民阵线具有强烈的民族主义色彩，推行以突厥主义、民主化和伊斯兰化为核心的政策，奉行亲土耳其反俄罗斯的政策，这就导致埃利奇别伊上台后俄阿产生明显冲突。

1992 年 6 月至 1993 年 6 月，阿塞拜疆对俄奉行不合作甚至反俄的政策。埃利奇别伊总统公开疏离与莫斯科的关系，积极寻求土耳其对阿塞拜疆和外高加索地区事务的介入。他拒绝加入独联体，并且强烈要求俄罗斯从阿塞拜疆撤出军事力量。俄罗斯对于土耳其势力在外高地区的扩展和土耳其可能的介入充满警惕，对于阿塞拜疆这种政策极为不满。由于阿政府的压力及其在国内持续煽动对俄罗斯驻阿军人的敌视情绪而不断引起袭击俄军人事件的发生，俄罗斯还是在 1992 年底将驻阿塞拜疆的军事力量基本上完全撤出。不过，俄罗斯并不愿意任由阿塞拜疆反俄政策发展，此时的纳卡问题成为俄罗斯对阿塞拜疆施压的合适工具。俄罗斯开始暗地积极支持已经加入独联体和集体安全条约的亚美尼亚。对俄的这些行为，阿塞拜疆方面也是十分清楚的。1993 年阿塞拜疆外交部部长指控俄罗斯驻亚美尼亚的第 7 军帮助亚族武装进攻阿塞拜疆。而埃利奇别伊总统在阿塞拜疆议会中也宣布正是由于阿拒绝了俄罗斯提出的在阿境内继续存在的要求而导致俄罗斯第 7 军参与进攻阿塞拜疆军队。[①] 正是在这些敌对政策和行动刺激下，俄罗斯与阿塞拜疆的矛盾不断上升，趋于激化。

（二）平衡关系的建立与摇摆（1993~2008）

1993 年 6 月，埃利奇别伊总统在军队政变中下台并逃亡出国，人民阵线

---

① Aydin Mekhtiev, "Baku ibvinaet rossiyskix desantnikov", *Nezavisimaya Gazeta*, 26 February 1993.

政府解散。同年10月，曾担任过苏共中央政治局委员、苏联部长会议第一副主席的前阿塞拜疆领导人盖达尔·阿利耶夫以绝对优势当选为共和国总统。埃利奇别伊领导的人民阵线垮台的主因是其对内实行高压统治却无力解决经济发展等实际问题，对外过于亲土仇俄造成阿在外交和纳卡问题上的被动与严重挫败。阿利耶夫上台后吸取了埃利奇别伊的教训，调整亲土仇俄的对外政策，寻求更为平衡的对俄关系，即平衡处理阿对外关系中对俄关系和对其他大国关系，东西方兼顾，力图在保持独立性和维护自身利益的基础上与俄罗斯建立正常的友好合作关系。

1993年9月，刚刚代替埃利奇别伊上台代行总统职务的阿利耶夫就以阿塞拜疆国家元首身份对俄罗斯进行了访问。在同俄总统叶利钦和总理切尔诺梅尔金等人的会晤中，阿利耶夫强调阿俄关系冷淡不符合阿塞拜疆的国家和民族利益。[①] 这次访问成为阿利耶夫总统对俄发出的调整双边关系的积极信号，表明了阿塞拜疆改善与俄关系的态度。

1993年9月，阿塞拜疆正式加入独联体，并与俄罗斯、白俄罗斯、亚美尼亚等8国一起签署了《独联体经济联盟条约》。该条约旨在加强成员国间的经济联系，规定建立共同经济空间、相互给予最惠国待遇、建立统一信贷政策等。阿塞拜疆加入独联体和该条约表明其愿意接受俄罗斯在后苏联空间的特殊领导地位。鉴于此时俄罗斯日益重视掌控独联体地区和确立自身在该地区内的独特大国地位，阿塞拜疆在这一关键问题上的政策改变极大地缓和了此前俄罗斯对阿塞拜疆的强烈不满与担心，促进了双边关系的快速改善，两国高层互访不断。1997年7月，阿利耶夫总统再次访俄，并签署《俄阿友好合作与互助安全条约》，明确规定双方承认不支持分离主义运动，禁止和消除在一方建立旨在反对另一方独立和领土完整的集团和组织。[②] 同时，阿塞拜疆还在俄罗斯所关心的军事合作方面做出让步，原则上同意与俄罗斯共同使用位于阿境内的加巴林雷达站。该雷达站对于俄罗斯维持独联体空间统一防空体系，保证俄自身南部领空的安全和监视土耳其、伊朗的军事行动均有

---

① 孙壮志主编《列国志·阿塞拜疆》，社会科学文献出版社，2005，第224页。
② 毕洪业：《转型以来俄罗斯与外高加索国家关系的演变》，《俄罗斯研究》2003年第4期，第23~27页。

重要作用和意义。

阿塞拜疆与俄罗斯的关系由于阿利耶夫政策的调整得到明显改善。但是，阿塞拜疆改善与俄罗斯关系的目的在于借助俄的影响解决纳卡问题，尤其是改变俄罗斯对于亚美尼亚在纳卡争端中的支持立场。然而俄罗斯当时对阿塞拜疆并不十分信任，不愿放弃纳卡问题这一控制阿塞拜疆的手段，因此始终没有如阿塞拜疆所愿对其与亚美尼亚政策进行大幅调整。阿塞拜疆也由此对俄存有疑虑及不信任，在调整改善与俄罗斯关系的同时又大力发展与以美国为首的西方国家的关系，借助西方力量平衡俄罗斯的影响，希望借此向俄施压以促进其调整立场。

俄阿关系从 20 世纪 90 年代中期开始明显出现降温。阿塞拜疆积极申请加入北约和平伙伴计划和欧洲 - 大西洋伙伴关系委员会，并引入西方公司开发里海石油，力图与西方建立起紧密的政治、军事、经济联系。1997 年，阿利耶夫访美，双方发表联合声明，表示将通过政治、经济和安全方面的合作来加强两国 "伙伴关系"，并签署了 80 亿美元的合同。[①] 在西方支持下，1999 年，阿塞拜疆联合乌克兰等国建立以抗衡俄罗斯为目的的古阿姆集团。这是阿塞拜疆借助外力平衡俄罗斯的最为明显的举动，体现其在 1996 年后日益希望借助外部力量迫使俄罗斯改变对纳卡问题的政策倾向。

从 2002 年开始，俄罗斯与阿塞拜疆关系有了新变化。如果说之前阿塞拜疆在平衡俄罗斯和西方关系时更为倾向西方一方，那么从 2002 年开始，阿塞拜疆的站位显然开始逐步向中间靠近。2002 年，阿利耶夫总统数次访问俄罗斯，与普京总统就两国关系中的一些重大问题达成了协议：双方正式签署了关于加巴拉雷达站的协议，阿塞拜疆同意将该雷达站以年租金 750 万美元的价格租给俄罗斯，为期 10 年；签署了划分里海海底交界地段协议，规定两国依照中心线原则划分里海海底交界地段和海底资源。阿塞拜疆在这两个协议中均满足了俄罗斯的要求，特别是在里海划界问题上，阿塞拜疆基本完全改变了此前要求划分领海的主张，转而全面接受俄罗斯的只对海底资源进行划界而对水域共同管理的主张。阿塞拜疆对俄罗斯态度

---

① 孙壮志主编《列国志·阿塞拜疆》，社会科学文献出版社，2005，第 234 页。

的变化主要是源于两个原因：一个是对美国和欧盟在帮助解决纳卡问题上表现出的无力感到失望；另一个则是俄罗斯和西方对阿塞拜疆国内民主问题表明的不同态度。美国和欧盟虽然希望帮助解决纳卡问题，但由于美欧和亚美尼亚也保持良好的关系以及缺乏真正动用大量资源向亚美尼亚施压的动力，美欧并不能满足阿塞拜疆的战略需求。而在阿塞拜疆国内，阿利耶夫着力培养其子小阿利耶夫接班担任总统，对各种反对力量进行打压，令西方对阿塞拜疆国内民主化进程较为不满，颇多攻击。俄罗斯在这方面则积极给予阿塞拜疆支持，每当西方批评阿侵犯人权及向独裁主义后退时，俄就快速地给予声援。这种内外因素使得阿塞拜疆在平衡东西方关系时逐渐改变了此前较为倾向西方的立场。

从俄罗斯方面来说，阿塞拜疆拥有的油气资源及其地理位置在俄战略版图中具有的意义在上升。能源出口对俄罗斯日益重要，其与欧盟关系和外汇储备的稳定性在很大程度上都建立在欧洲对俄能源依赖之上。而阿塞拜疆不仅拥有丰富的里海油气资源，还具有中亚油气资源西输通道的重要战略位置。由于西方不断策划通过阿塞拜疆绕过俄罗斯将里海油气资源输向欧洲的管线，俄罗斯颇为紧张，需要改善与阿塞拜疆的关系以防止俄能源垄断地位的下滑。同时，阿塞拜疆也是外高加索地区最大的国家，综合国力和发展潜力也最强。俄罗斯若想真正将外高地区纳入自身势力范围必须赢得阿塞拜疆的支持。因此，俄罗斯在纳卡问题上表现出积极解决的态度，立场日益中立，愿意促进阿亚两国的谈判与对话。俄罗斯的这种变化与阿塞拜疆对俄政策的调整共同促成了两国关系在 2002 年后的快速发展。

需要指出的是，这一时期，阿塞拜疆的立场虽然逐步在倾向俄罗斯，但是这种倾向是在总体平衡政策的大框架下进行的，其与西方的关系在原有基础上也取得新的深化与发展。2001 年 "9·11" 事件发生后，阿塞拜疆迅速表示支持美国军事打击阿富汗，向美国开放领空，并允许美军飞机在巴库机场加油。作为回报，美国在 2002 年 1 月决定中止旨在限制对阿塞拜疆财政援助的 "907 修正案"。此后在伊拉克战争中，阿塞拜疆再次坚决地站在英美一方，不仅开放领空，还提供其位于巴库附近的飞机场作为联军物资运输的中转站。2003 年，阿塞拜疆被列入驻欧美军指挥部负责区，并且美国从 2003 年开始与阿塞拜疆进行双边联合军事演习。① 而在能源领域，阿塞拜疆与欧美的合作也在增强，标志性事件是 2005 年绕过俄罗斯向欧洲输油的 BTC 管线最终建成。该管道主要投资者除阿塞拜疆国有石油公司（Socar）外，主要是来自西方的埃克森美孚、雪佛龙、康菲石油、挪威国家石油海德罗公司、意大利埃尼集团及法国道达尔菲纳-埃尔夫公司。管线的建成标志着阿塞拜疆与西方能源领域相互依赖的加深，也是在该领域防止被俄罗斯控制的重要努力。除了加深与欧美在安全领域的合作，阿塞拜疆与土耳其也继续保持着格外密切的安全合作，例如土耳其积极为阿塞拜疆培养军事人员，而阿方军事人员则以能在土耳其的军事院校深造为荣。并且，土耳其继续在纳卡问题上全力支持阿塞拜疆，对亚美尼亚进行边境封锁，这令土阿一直保持着战略伙伴关系。

（三）平衡的调整与延续（2008 年至今）

2008 年俄格战争对包括俄阿关系在内的整个外高加索地区的国际关系都产生了强烈冲击和影响。阿塞拜疆与俄罗斯的关系快速发展，两国距离明显拉近。俄阿关系改变的原因当然不只是俄格战争本身，更深层次上是缘于地区形势和两国战略的调整，但是，这场战争的影响在其中占有巨大的比重，加速了改变的进程。阿塞拜疆对平衡战略进行了调整，从之前的中间位置开始倾向俄罗斯，并且这种幅度还颇大，令许多专家认为阿塞拜疆已经开始在对俄"搭车"。而俄罗斯也积极致力于发展与阿塞拜疆的关系，不断在纳卡等问题上释放出对阿塞拜疆的善意，在亚美尼亚和阿塞拜疆之间日趋中立。

俄格战争展示出俄罗斯维护其在高加索地区利益的决心与实力，也凸显了美国等西方国家在维护外高小国安全利益时的犹豫与无力。阿塞拜疆从格鲁吉亚的身上看到了自身依靠美国平衡俄罗斯以迫使俄在纳卡问题上让步的想法是行不通的。阿塞拜疆认为，俄格战争已经明白无误地证明俄罗斯绝不会在西方压力下在外高地区做出让步，地区的实际主导者仍然是俄罗斯。阿塞拜疆选择深化与俄罗斯的关系，在能源安全等众多俄罗斯关注的问题上满足俄罗斯的战略利益，在东西方力量间表现出更为倾向俄罗斯的态势。

① 刘侣萍、崔启明：《北约日益重视外高加索地区的战略地位》，《俄罗斯中亚东欧研究》2008年第 1 期，第 70~75 页。

2008 年 8 月俄格战争爆发后，阿塞拜疆虽然与格鲁吉亚具有密切的合作关系，却没有公开支持格鲁吉亚，只是表示不赞同俄罗斯对阿布哈兹和南奥塞梯独立的承认。阿塞拜疆这种姿态与亚美尼亚这样的俄罗斯盟国的表态并无实质区别，表明其不愿破坏与俄罗斯关系的慎重态度。2008 年 9 月，美国副总统切尼对阿塞拜疆进行访问时，向阿提出美国打算推动铺设绕过俄罗斯的"纳布科"项目①，而阿塞拜疆总统小阿利耶夫则明确表示阿虽然珍视与华盛顿的关系，但不打算与俄罗斯发生矛盾，因此不会加速实施该项目。② 2009 年 10 月，阿塞拜疆与俄罗斯签署协议，同意在长期合同的基础上以市场价格从 2010 年 1 月 1 日起每年向俄出口 5 亿立方米天然气，其后阿塞拜疆又宣布将每年的对俄供气量增加 1 倍，从而达到 10 亿立方米。③ 2010 年梅德韦杰夫总统访阿期间，俄罗斯与阿塞拜疆签署了新的天然气合同，将 2011 年供气量增加到 20 亿立方米，并将继续增长。④ 由于美欧一直希望弱化俄罗斯在对欧能源供给上的垄断地位，因此阿塞拜疆在能源领域与俄罗斯的深度合作显然与美欧的期望是背道而驰的，显示出阿塞拜疆对俄罗斯战略利益的迎合与满足。

俄罗斯对于阿塞拜疆的重要性也日益关注，在外高加索地区致力于积极调整和发展与阿塞拜疆的双边关系。为此，俄罗斯在纳卡问题上逐步改变了无条件对亚美尼亚的支持，趋向中立。例如，俄拒绝邀请纳卡地区参加 2008 年 3 月俄杜马关于分离主义冲突的特别听证会。杜马独联体委员会的官方表态是因为没有俄罗斯人定居在纳卡地区，也没有领土接壤，没有俄罗斯的投资需要保护。⑤ 然而，俄这一举动被外界更多地解读为不愿以破坏与阿塞拜疆的关系为

---

① 纳布科项目拟从哈萨克斯坦和土库曼斯坦出发，经里海，穿过阿塞拜疆、格鲁吉亚向欧洲供气，原计划 2010 年动工，2013 年正式运营。欧盟一直在推动该项目，希望借此将里海天然气绕行俄罗斯输送。但金融危机令欧盟大国自顾不暇，这些国家被迫重新评估自己的能源战略，并将重点放在解决内部问题上。

② 《阿塞拜疆不愿"绕开"俄罗斯 切尼拒出席欢迎晚宴》，人民网，http：//world. people. com. cn/GB/1029/42356/7876704. html，2008-09-09。

③ 《阿塞拜疆将每年对俄输气 10 亿立方》，新浪网，http：//news. sina. com. cn/w/2010-01-05/025119397654. shtml，2010-01-05。

④ 《俄气公司增加阿塞拜疆天然气采购量》，中国政府网，http：//www. hlj. gov. cn/zerx/system/2010/09/07/010097799. shtml，2010-09-07。

⑤ "Nagorno-Karabakh will try to use Kosovo precedent", *Armenian Daily*, 10th November, 2005.

代价来满足亚美尼亚在纳卡问题上的需求。此后，在俄罗斯承认南奥塞梯和阿布哈兹的独立后，亚美尼亚也积极要求俄罗斯对纳卡的独立给予承认，但遭到俄罗斯的明确拒绝。俄罗斯转而以更为中立的态度对纳卡问题进行调解，显示出对于推动冲突解决的积极态度。阿塞拜疆对于俄罗斯在纳卡问题上的态度转变也较为满意。例如，2011 年 4 月 12 日，小阿利耶夫总统在接受俄罗斯新闻电视台的采访时称赞了俄罗斯在解决纳卡冲突中的角色，表示鉴于俄罗斯在最近几年中在纳卡冲突中的积极角色，希望其发挥更大的作用，并称："梅德韦杰夫总统做出了巨大的努力以帮助双方解决该冲突。在他的倡导下已经举行了多次三方会谈，这非常重要并且具有积极的影响。"[①] 普京再次执政后，进一步强化了对阿塞拜疆的战略关注，双方经贸关系不断增强。2014 年乌克兰危机中，阿塞拜疆基本持中立态度。2018 年，阿塞拜疆与俄罗斯等国签署了《里海法律地位公约》，条约明确规定了非区域国家的武装力量不得在里海驻军，满足了俄罗斯的重要地缘战略利益诉求。

俄罗斯和阿塞拜疆两国出于不同目的均积极拉近两国关系，俄阿关系在近几年中获得了长足的进步。在军事、能源、经济等领域两国都展开了密切的交往与合作，建立起战略伙伴关系。不过，俄阿关系的提升也面临重重阻力，俄罗斯与亚美尼亚的同盟关系、阿塞拜疆与西方的亲密关系均将阻碍双边关系的进一步发展，俄阿关系存在着反复的可能。俄在纳卡问题上所奉行的平衡政策对两国关系更是潜在的威胁，一旦阿塞拜疆与亚美尼亚在该地区发生重大武装冲突，平衡就易于导致两边都得罪，造成俄阿国关系的波动。例如，2016 年阿塞拜疆与亚美尼亚在纳卡地区再次爆发严重冲突，俄罗斯两边平衡的态度就令阿感到不满，也提醒阿塞拜疆过于依靠俄解决纳卡领土问题并不现实。也正因为这些难以破解的问题，阿塞拜疆不可能放弃其原有的平衡政策，在发展与俄罗斯关系的同时继续兼顾与西方及土耳其的关系，只是其重心在不同阶段从平衡的中间向两侧有所偏移。

---

① Azerbaijani President Ilham Aliyev gives interview to Rossiya - 24 News TV - PHOTO, http：//www. today. az/news/politics/84235. html.

第四章　影响俄罗斯与外高加索
三国安全关系的因素

俄罗斯与外高加索三国的安全关系各不相同。正如第三章所分析的，俄格、俄亚和俄阿关系正好处于三个截然不同方向上。俄格关系和俄亚关系属于国家间安全关系的两个极端，一方强烈敌对甚至爆发战争，另一方则处于同盟状态，而俄阿关系则大致居于这两种关系之间的位置。格鲁吉亚、亚美尼亚和阿塞拜疆同处外高加索这一狭窄的区域内，当时又都是苏联的加盟共和国，却在独立后的短短20多年中与俄罗斯建立起如此迥异的安全关系，其中的缘由值得思考与探究。

能够对国家间安全关系造成影响的因素是多样的，诸如国内利益集团、政治结构等国家行为体的内部因素和国际格局、领土争端等国际因素都能够对安全关系的演变产生作用。但是，在不同的时期和地区内，这些因素的影响力存在着差异，总有一些因素居于主导地位，而其他因素的作用处于次要地位甚至基本可以被忽略。俄罗斯与外高加索三国间的安全关系同样也是如此，令三组国家间形成状态迥异的安全关系的因素十分多样，诸如外部威胁、民族矛盾、利益集团、政治结构、领导人特点等都在其中发挥了作用。这些因素仍然基本属于现实主义流派安全理论所强调的范畴，是现实主义安全思想的体现。正如第一章对三大流派安全理论的分析和比较中所提到的，现实主义安全理论思想主导着俄罗斯与外高加索国家的安全战略选择，对于其安全政策和行为具有极强的解释力，而自由主义和建构主义安全思想虽然也能在其中得到某些体现但其总体的影响并不明显，起主导作用的仍是现实主义的安全思想。换而言之，对于俄罗斯和外高加索国家而言，其安全政策主要遵循的是现实主义的经验和思想，这就使得双方在安全领域的交往和互动主要受到现实主义安全理论所强调的因素的驱动。综合考察俄罗斯与外高加索三国安全关系的建立与演变过程后，本书选取了对于这三组安全关系的发展演变具有最为明显影响的几组因素，即国际与地区体系结构、历史因素、领导人因素和领土因素。以下就对这些因素在俄罗斯与外高三国安全关系中的作用进行具体的分析。

一 国际与地区体系结构

自从 20 世纪 70 年代末肯尼思·华尔兹的《国际政治理论》一书问世并创立了国际体系结构学说以来，国际层次的系统结构问题成为国际关系学研究国家行为的重要理论视角。当然，华尔兹并非最早对国际政治进行结构功能研究的学者。早在 20 世纪 40 年代末，欧洲学者戴维·米特兰尼（David Mitrany）就提出了著名的多元功能主义理论（pluralist functionalism），强调超越单个国家行为体的多元化、多层次的合作安排，其后的厄恩斯特·哈斯（Ernst B. Haas）等人相继对于体系结构的作用进行了进一步的研究与探讨。但是，真正把体系结构从一系列纷繁复杂的因素中提炼和简化出来使国际政治研究从单元层次分析进入体系层次分析的却是华尔兹。华尔兹对于国际政治的这一重要研究成果帮助人们更清楚地认识到体系理论的作用以及结构模式对国际政治的解释力。[①] 华尔兹对国际政治系统的认识包含两个重要内容：第一，系统由互动的单元和结构这两个部分组成；第二，国际政治理论的任务是探索影响单元行为及其结果的因素，而这些因素分属于两个不同的层次，即系统层次和单元层次，研究系统层次因素如何影响单元行为及其结果，就形成了系统理论。[②] 华尔兹的结构现实主义所强调的精髓就在于国际政治系统的结构对于国家间关系和国家行为的影响与制约，即"国家构成结构，结构造就国家"[③]。

---

① 倪世雄：《当代西方国际关系理论》，复旦大学出版社，2001，第 136~137 页。
② 陈寒溪、肖欢容：《国际政治结构：概念的批判》，《外交评论》2009 年第 4 期，第 63~71 页。
③ Kenneth Booth and Steve Smith, *International Relations Theor Today*, （PA：Penn State University Press，1995），p. 265.

　　华尔兹的结构现实主义所强调的体系结构内含三个组成要素：（1）国际体系是无政府的而非等级的；（2）国际体系是由功能相同的国家行为体互动构成的；（3）国际体系的变化是由体系内力量分布不同引起的。[①] 由于无政府状态和国家行为体的功能在华尔兹的假定中都是不变的，国际结构就成为"国家之间实力的分配"，主要是大国之间实力的分布，这是结构现实主义理论中最为核心的自变量，国家行为则被设定为国际政治理论中最核心的因变量：国际体系结构决定国家的国际行为。[②] 华尔兹的这种结构理论突出了体系结构对于国家行为体行为的决定性作用，为分析国家行为打开了新的途径。虽然华尔兹理论为了突出结构、保证理论的简约性对于国家行为体内部因素予以最大化忽略的做法引起此后对于该理论的诸多批评，但其所倡导的对体系结构功能的重视基本得到了国际关系学界的认同。

　　俄罗斯与外高加索三国安全关系的形成与发展同样是在大的国际结构和地区结构内，受到结构的影响和制约。从现实情况来看，结构的因素对于俄罗斯与外高三国国家安全关系的影响力的强度并不能达到华尔兹新现实主义所强调的结构决定国家行为的程度。也就是说，这三组安全关系的形成演变在单位层面之上的结构因素之外还受到众多国内因素的影响和制约，仅仅结构层次并不能完全解释这些安全关系。但是，结构层面对于俄罗斯与外高三国安全关系的影响作用仍是相当明显，不容忽视，虽然不能单独起到决定性作用却是其中极为重要的因素。

　　本书所要探讨的结构与华尔兹所强调的国际体系结构有一定不同。华尔兹探讨的主要是全球层面的整体国际体系结构以及主要世界大国的力量对比。本书将要探讨的结构不仅是全球层面的国际体系结构，而且包括俄罗斯和外高加索三国所处的地区体系结构——独联体地区结构。单纯的国际体系结构层面对于本书所要研究的俄与外高三国的安全关系的解释力是不足的，这是因为华尔兹国际体系机构本质所强调的是大国力量的分布，小国是处于被忽略状态，正因为此，只从国际体系结构层面分析这种大国和小国关系的案例是有先天缺陷

---

① 倪世雄：《当代西方国际关系理论》，复旦大学出版社，2001，第139页。
② 秦亚青：《现实主义理论的发展及其批判》，《国际政治科学》2005年第2期，第138~166页。

的，需要加入地区系统结构的考察。如果说国际系统结构体现的是全球范围内主要力量的分配与对比，那么地区系统结构体现的则是一定区域范围内主要力量的分配与对比。外高加索三国和俄罗斯原本同属苏联加盟共和国，在独立后处于独联体体系空间之内。在独联体地区系统内，俄与外高国家进行着密切的互动，独联体地区体系结构制约和影响着这些国家的行为。国际体系结构和独联体地区体系结构都对俄罗斯与外高三国的国家行为具有重要的影响力，但两种结构又发生着冲击和碰撞。两个结构下的力量对比并不一致，国际体系中美国实力处于绝对领先的地位，其他强国均难以与其抗衡，令国际结构呈现"一超多强"的实力分布特点；而独联体地区范围内俄罗斯的实力则处于优势地位，这种优势不仅相对于独联体内其他国家，还相对于外部国家在该地区内的实力投射，从而令独联体地区处于俄罗斯主导下的地区体系结构内。这两种结构特点的不同正是彼此冲撞的原因所在。美国与俄罗斯在欧亚地区是竞争对手，彼此的战略利益和战略目标存在着强烈的矛盾，这也就导致两者所分别主导的国际体系结构和地区体系结构间存在着难以避免的竞争与碰撞。两种结构对于外高三国行为都具有较强的影响力，而结构间的矛盾又造成这种影响力的相互矛盾，这就从体系层次造成了同处两层结构作用下的外高三国在发展对俄关系时能够出现迥异的道路选择。

（一）国际结构

在谈国际结构时需要涉及国际格局这一概念。实际上国际格局是中国国际关系学界比较偏爱并具有自身特色的一个概念，从本质上而言国际格局与新现实主义的体系结构基本一致。例如北京大学李义虎教授就认为，尽管国际格局与现实主义所谈的"国际结构"或"体系结构"是同一件事，但以词汇学的角度而言，国际格局是中国式的、受到中国学者偏爱的概念。[1] 清华大学楚树龙教授也认为，中国的"国际格局"概念基本上就是华尔兹等国际上使用的"国际结构"概念，也即是国际上的力量分布。[2] 虽然国际结构的内涵要远比

---

[1] 李义虎：《国际格局研究的现实主义取向和"中国学派"》，《国际政治研究》2004年第2期，第28~36页。

[2] 楚树龙：《国际关系基本理论》，清华大学出版社，2003，第192页。

国际格局的概念更加丰富和复杂，但是新现实主义的国际结构与国际格局在本质上基本是一致的。由于本章所探讨的国际结构主要是在新现实主义的范畴内进行的，因此这两个概念在本章内所指的内容是一致的。

1. 美国主导下的国际结构

苏联解体标志着国际结构的重大变化，二战后持续数十年的美苏对峙的两极格局彻底崩塌，美国成为唯一的超级大国，世界呈现出"一超多强"的格局。虽然国内学界普遍认为"一超多强"的格局只是未来新的世界格局形成期的暂时态势，但从冷战结束至今这种态势并没有发生根本变化。随着近年来中国的快速崛起，未来多强的态势会有所变化，但"一超"领先的局面还会存在相当一段时间。

"一超"指的是美国，"多强"主要指的是欧盟、日本、俄罗斯和中国，近些年随着印度和巴西的快速发展，这两个国家也被部分学者纳入"多强"的范畴。"一超多强"格局最为重要的特点就是美国与世界其他主要力量相比拥有明显的实力优势，成为实际的霸主。而这种体系内主要国家行为体的实力分布态势也就构成了目前的国际结构。

冷战结束以来，美国独自处于国际权力金字塔的顶端，在政治、军事、经济、科技、文化等各个领域都处于世界领先地位，拥有对其他强国的全面而巨大的优势。美国有着最为雄厚的经济基础、领先全球的军事机器和创新高效的科技能力。

在经济方面，美国从二战后就一直保持着霸主的地位，虽然20世纪80年代一度面临被日本赶超的压力，然而冷战结束后，美国借助苏联解体后的所谓和平红利，经济再次持续增长，拉大了与世界主要强国间经济实力的差距。从1991年3月至2001年3月，美国经济持续增长达10年之久，创造了美国经济史上最长的增长纪录，年均增长率约3.2%，大大高于欧元区的2%和日本的1.3%。[①] 在2001年短暂的经济危机后，美国经济继续保持高速增长，2002年至2006年经济增长率达到3.43%，远远高于同期的欧盟和日本。此后虽然2008年全球经济危机发生，但危机的肇始国美国遭受的打击与日本、欧盟相

---

① 李兴：《中国马克思主义与当代》，北京师范大学出版社，2012，第52页

比反而处于较轻的程度。美国在冷战后 20 多年的时间内，与包括西方发达国家在内的世界各国在经济总量上的绝对差距不断拉大（只有中国在 21 世纪以来逐步缩小了这一差距），这为其全球霸主地位提供了强劲支撑。

在军事方面，美国保持着全球最为强大的武装力量，优势日益增长。冷战结束初期，美国的军事优势并不是十分明显，因为虽然苏联不复存在，但俄罗斯还是继承了苏联绝大部分的武装力量，与美国的军事实力差距较小。但是军事力量的维持需要大量经济资源的投入，俄罗斯经济的急剧衰退令其根本无力维持原有的军事规模和武器装备，从而造成军事实力快速衰减，与美国的军事差距越拉越大。而其他强国家由于军事基础相差甚远，跟美国的差距更为悬殊，虽然有些国家（如中国）的军费也在快速增长，但由于美国军费增长量较大，绝对差距反而有所拉大。整个 20 世纪 90 年代，美国的军费都处在 2500 亿美元左右，而同期的俄罗斯年均只有 200 多亿美元，最接近美国水平的日本年均也只有约 500 亿美元。例如 1998 年，美国军费为 2561 亿美元，日本为 513 亿美元，法国为 455 亿美元，德国为 390 亿美元，英国为 326 亿美元，俄罗斯为 181 亿美元，中国为 169 亿美元。美国的军费支出比紧随其后的七个强国的军费开支总和还要高。[1] 1998 年后美国军费持续增长，拉大了与其他强国的军费开支差距。2001 年至 2011 年，美国国防预算分别为 3160 亿美元、3450 亿美元、4370 亿美元、4680 亿美元、4790 亿美元、5350 亿美元、6010 亿美元、6670 亿美元、6670 亿美元、6930 亿美元、7080 亿美元，占 GDP 的比例从 2.9% 增加到 4.7%。[2] 而同期其他诸强国中军费增长总量最大的中国截至 2012 年时国防预算也仅为 6702.74 亿元人民币，约合 1063 亿美元，与美国的差距巨大。[3] 美国的军事预算总量在冷战结束后的 20 年内一直超过了其他多强军费运算的总和。虽然奥巴马执政时期一度尝试减少国防开支，但收效不大，特朗普上台后更是反其道而行之，积极加大军费支出。庞大的国防

---

[1] SIPRI yearbook：world armaments and disarmament，2000 ，p. 236.

[2] Office of the Under Secretary of defense（comptroller）/CFO. Fiscal Year 2011 Budget Request-United States department of Defense. 2010，02：2-3.

[3] 《2012 年中国军费预算 6702.74 亿元人民币 增长 11.2%》，http：//mil. news. sina. com. cn/ 2012-03-04/1226684220. html。

支出令美国得以不断更新和研制新型武器装备，在全球范围内保持持久的武装存在，武力干涉国际和地区事务，维护和扩展美国在海外的国家利益。可以说，美国的强大武装力量是其称霸世界，维持"一超"地位的关键支撑力。

除了经济、军事这两项关键的硬实力之外，美国还在制度、文化等软实力领域拥有强大的优势。美国不仅自身的政治制度在世界上被许多国家视为西方民主制度的成熟典范，而且占有目前的国际制度优势。现行国际制度很大一部分是在美国领导或推动下建立和发展起来的，相当大程度上体现着美国的利益和目标，并且美国作为世界主导国也拥有对制度进行修正的能力，这就使得其在国际制度层面拥有其他强国所难以企及的优势地位。而在文化方面，美国文化具有巨大吸引力，其影响几乎深入全球每个角落。"美国文化的种族开放性和美国民主与人权的价值观的政治感召力使得'全世界千百万人都希望在美国生活，而且的确有人为了去美国而甘愿冒生命危险。'"[1] 美国吸引了世界上最多的留学生，其新闻和娱乐设施为全球提供了大部分的世界资讯和流行文化，而英语也因之成为最具全球活力的语言。[2]

2. 美国全球战略及其对外高地区的影响

冷战时期美国的全球战略是以遏制和对抗苏联为核心内容，苏联解体后国际结构发生重要变化，原有的战略失去存在的基础。纵观冷战后的20多年以来的历史，美国全球战略一直处在调整和变化的过程之中：克林顿时期的参与和扩展战略、小布什时期的以反恐为主导的全球战略和奥巴马时期的国家振兴与全球领导战略。然而不论如何调整，美国全球战略的根本目标是一致的，即维护美国冷战后获得的"一超"独霸的世界领导地位，建立美国领导下的符合其理想、价值观的新的世界体系。美国的这些全球战略主要都包含安全、经济、政治三大领域，只是在不同的阶段彼此的排序和侧重有所不同。克林顿的参与扩展战略的三大支柱为国家安全、经济发展和扩大民主，这一战略突出了经济领域的重要性。小布什上台后曾短暂地回归到传统安全战略，但"9·11"事件的发生使其将反恐这一非传统安全作为美国全球战略的核心。奥巴

---

[1]　戴平辉：《结构性权力下的美国霸权》，《太平洋学报》2004年第1期，第38~47页。

[2]　〔美〕布兰德利·沃麦克：《美国实力的现实与局限》，《吉林大学社会科学学报》2004年第1期，第26~30页。

马上台后逐步进行战略收缩，兼顾政治和经济，力图使美国从反恐困局中脱身重新回归对于传统安全的关注，塑造更具可持续性的全球霸权战略。特朗普则具有极强的冷战思维，执政后反复强调要维持和巩固美国的全球霸权地位，大幅强化对大国地缘战略竞争的关注，对潜在挑战者进行战略遏制和打击。

在美国的全球战略中，俄罗斯和独联体地区一直是美国关心的重点，这和冷战时期美国的战略一直以苏联为终极对手密切相关。两极格局的突然崩塌令包括美国在内的世界各国均措手不及，虽然美国冷战时期一直以拖垮苏联为战略目标，但当唯一匹敌的对手真正消失时美国的战略却有些无所适从。冷战结束的头几年，美国的全球战略处于模糊的状态，缺乏战略对手，对于自身的战略目标也并不明确，但对俄罗斯则在相当程度上延续了冷战时的重视态度，在独联体地区奉行"俄罗斯第一"的政策，帮助推进俄罗斯的转型，力图按照自身的意愿建立一个与西方为友的新俄罗斯。在这段战略模糊期，美国对于独联体的内部事务缺乏插手的主动意愿，而是重视俄罗斯的态度，将独联体视为由俄罗斯承担领导责任的区域。因此在 1994 年之前，美国对于包括外高加索地区缺乏兴趣，也未曾插手该地区的内部事务。

1994 年，克林顿在《美国国家安全战略报告》中正式提出了"参与和扩展战略"。该战略与冷战时代最大的不同在于去除了明确的战略对象国，即不再明确美国的直接战略对手。国家安全、经济发展和扩大民主这三大战略目标均是面向全球的，而非针对某一个集团或国家。这显示出美国开始适应自身"一超"独霸的全球地位，以全球领导者的身份重新确定自身的战略利益和目标。对于俄罗斯，美国的政策也开始转变。美国不再将俄作为冷战时的平等对手来看待，而是将其视为美国领导体系下的普通强国。同时，对于俄罗斯转型进程可能的反复以及对俄重新复兴为超级强国的担心令美国对俄进行多方限制。美国一方面推动北约东扩，一方面放弃"俄罗斯第一"的政策，不再将俄罗斯视为独联体国家的代表，而是谋求自身力量进入独联体地区，与独联体国家建立直接的关系。美国对于独联体地区采取新态度的根本目的在于阻止俄罗斯的"帝国化"，防止其可能对美国全球霸权地位的挑战。独联体国家对于俄罗斯重新崛起为超级大国至关重要，离开对这些地区的控制，俄罗斯就丧失了极为关键的地缘战略依托。因此，美国积极限制俄罗斯在独联体内的行动，给予独联体国家支援，帮助这些国家巩固自身独立和主权，以确保俄罗斯无法单独控制这一重要的地缘政治空间，保证美国能任意地在财政和经济上进入该地区，防止俄罗斯对美国的战略威胁。由此，美国开始关注外高加索地区国家，加大了对格鲁吉亚等国的经济援助，这为作为小国的外高加索三国提供了更大的战略选择空间。而随着里海油气开发前景的进一步明确和总量的乐观估计，外高加索地区的战略地位明显上升，美国进一步提升了该地区在其全球战略中的地位。1996 年，美国约翰·霍普金斯高级国际关系学院成立了全美第一个中亚研究所，该所的研究范围涵盖外高加索地区。1997 年 3 月，美国国家安全事务助理伯杰在官方讲话时将中亚和外高加索地区列为美国特别关注的地区。①同年 4 月，美国国务院发布了《里海地区能源发展报告》，表现出对于里海能源开发的强烈兴趣。为控制里海的能源，美国加大了对外高加索地区的介入力度，积极发展与外高国家的关系，力图减弱俄罗斯对外高国家的影响力，将该地区纳入自身的势力范围。最能体现美国强化对外高介入的行为是美国对拥有大量里海油气资源的阿塞拜疆的拉拢。1997 年，美国与阿塞拜疆结成了"战略和军事伙伴关系"，而在此前美国更为同情和支持阿塞拜疆的对手亚美尼亚，对阿塞拜疆是有所压制的，禁止对阿进行援助的"907 条款"的存在就是证明。而在里海油气开发的广阔前景下，美国迅速转变态度，将对阿塞拜疆的压制变成支持。虽然碍于国内政治力量的反对美国未能撤销"907 条款"，但是通过变通的方式增加了对阿援助，令该条款基本形同虚设。不过美国也没有放弃对外高加索其他国家的争取与影响。在改善同阿塞拜疆关系的同时，美国也在进一步深化与格鲁吉亚和亚美尼亚的关系。美国在外高加索这一俄罗斯传统势力范围的影响力持续增长。

小布什上台之初对克林顿时期的美国全球战略进行调整，突出体现现实主义的色彩。小布什改变了克林顿参与和扩展战略的三大支柱的顺序，强调安全特别是传统安全，改变了克林顿时期对于经济的强调。但是"9·11"事件的发生改变了美国全球战略的调整方向，以反恐为中心的国土安全成为美国全球

---

① Ariel Cohen, U. S. Policy in the Caucasus and Central Asia: Building a New Silk Road to Economic Prosperity, Heritage, Foundation, *Back-Grounder*, No. 1132, July 24, 1997.

战略的首要任务。不过，虽然首要任务有所改变，但美国并没有放弃维护其全球霸权地位的战略目标。美国将反恐与维护、扩展霸权紧密结合起来，根据小布什的安全理论，美国需要绝对的安全，而绝对的安全依靠的是绝对的实力和霸权。维护霸权成为反恐成功的关键条件，而反恐也是为打击对美国霸权的挑战，两者相辅相成。由于反恐战争的主战场是在阿富汗和伊拉克，与之在地理上十分接近的外高加索地区对于美国保障军事物资的运输具有相当的重要性。美国在阿塞拜疆和格鲁吉亚获得了若干军事基地的使用权，双方军事联系加强。例如 2001 年，美国同格鲁吉亚签订无偿向格空军转让 10 架"伊洛克斯"军用直升机的合同，2002 年美国军事顾问进入格鲁吉亚，帮助阿塞拜疆按照北约标准改造空军基地，等等。虽然亚美尼亚未曾给予美国军事基地使用权，但亚美尼亚为美国在阿富汗的军事行动开放领空，提供空中加油等支援。亚美尼亚继续接受美国的大量援助，与美国和北约的军事合作持续深化。并且，由于阿富汗和伊拉克局势的持续恶化，外高加索就成为唯一符合美国战略利益的里海油气输出路径。外高地区的战略重要性又获得了新的提升。2002 年《美国国家安全战略报告》再次强调美国在外高加索—中亚—里海地区的地缘政治利益，明确表示将会坚决维护这些重要利益。上述的情况清楚地表明："阿富汗反恐战争后美国在中亚和外高加索的战略目标又有了新的变化，那就是：以反恐为旗号，保持美军在中亚的长期存在，实现美军在外高加索零的突破，配合北约在东欧地区的部署，对俄罗斯形成从巴伦支海、黑海到里海的弧形包围之势，与此同时，加强对伊朗和中国的军事威慑；加速对本地区条件成熟的国家进行的'民主化改造'，并通过这种方式将更多的中亚和外高加索国家彻底纳入美国主导的世界政治体系之中，从而扩大美国的地缘战略优势，维护美国在该地区的能源利益。"①

　　由于金融危机的发生以及伊拉克、阿富汗局势的持续不稳，奥巴马政府上台后迟迟未能形成其全球战略。直到 2010 年 5 月，奥巴马政府的首份《美国国家安全战略报告》出台，才将其全球战略定义为"国家振兴与全球领导"。

---

　　① 胡尚哲、高永久：《美国的中亚和外高加索战略的演变》，《俄罗斯中亚东欧研究》2006 年第 2 期，第 66~74 页。

在奥巴马的全球战略中，俄罗斯和独联体地区的重要性有所下降，东亚的重要性获得突出强调。美国改变了小布什时期对俄罗斯过于紧逼的态势，与俄就在东欧部署导弹防御系统问题和核武器谈判问题达成新的妥协，美俄关系获得"重启"。对于外高加索地区，美国虽然基本保持了战略上的关注，并继续发展、深化同阿塞拜疆等国的双边关系，但是由于整体战略关注点转向亚太地区，明显降低了与俄罗斯在该地区争夺的调子，立足于在维持现状的基础上与俄进行长期的争夺，展示出不愿过分在该地区刺激俄罗斯的立场。特朗普上台后，美国战略重心更为向印太区域偏移，谋求从叙利亚等区域脱身，集中力量遏阻中国的上升势头，在外高加索地区基本延续了此前的政策，不愿在此区域与俄激烈碰撞造成力量的分散。美国战略的调整对于外高三国特别是格鲁吉亚和阿塞拜疆具有相当重要的影响。美国是这两个国家拒绝俄罗斯整合的最为重要的外部依靠力量，随着美国在地区求稳需要的上升，两国尤其是格鲁吉亚很难再维持之前对俄罗斯的强硬甚至是挑衅的政策，与俄关系也面临着调整的压力，这也是 2013 年后格鲁吉亚改变此前对俄激进态度的重要外部原因。

（二）独联体地区结构

本书所指的独联体地区是指苏联解体后由前加盟共和国形成的地区，其成员包括现在的独联体成员和曾经加入独联体的国家。而将外高加索与俄罗斯的安全关系放入独联体的地区框架内进行研究是因为包括外高三国与俄在内的独联体成员国在历史上曾有长久的政治、经济、文化、社会、民族等各个方面的紧密联系和交融，特别是在沙俄时代和苏联时代长期处于一个国家内的历史经历造就了各国间远超普通邻国间的联系与纠葛。独联体内的国家关系不是一般的国与国之间的关系，这一地区与外部区域存在着明显的差异。俄罗斯和地区内其他成员都没有完全摆脱以往历史的影响，双边关系的处理方式经常会出现与普通国家间交往方式的明显差异。特别是俄罗斯仍将独联体地区看作自身特殊的利益空间，视自己为该地区的天然领导者，这对整个独联体地区国家关系的特殊性具有相当强的塑造作用。而包括外高三国在内的其他成员国，无论是想依靠俄罗斯还是想脱离俄罗斯，在外交政策中都始终将处理与俄关系作为最重要的任务之一。这种内在的特殊联系性使得独联体地区成为对研究俄罗斯与外高关系最为合适的地区空间。

独联体地区内是俄罗斯一国独大的结构。俄罗斯继承了苏联绝大部分的遗产，这其中还包括苏联在国际组织里的原有地位，因此俄被视为苏联主体的继承人，具有世界大国的实力和地位，而其他独联体国家与俄相差悬殊。俄罗斯与其他独联体国家相比实力优势主要体现在以下方面：首先，从领土面积而言，俄罗斯约占独联体整体面积的约77%，而其他十几个国家只占约23%；其次，从经济实力而言，俄罗斯GDP占独联体总额的75%；从军费开支来看，俄的军费支出一直超过独联体其他各国总和；从国际地位而言，俄是联合国安理会常任理事国，是世界公认的大国，国际影响力远超其他独联体国家。① 因此独联体地区形成了俄罗斯一强主导的地区结构，俄罗斯对于独联体地区事务具有极为强大的控制力和影响力。

对于俄罗斯而言，独联体地区有着极为特殊和重要的意义。该地区是俄罗斯传统影响力和国家利益密集的区域，同时又是俄地缘政治上的缓冲区和战略纵深空间。不过，作为俄对外政策重要组成部分的独联体政策在这20多年中也随着俄整体对外政策的调整而不断变化。俄罗斯对独联体的政策大致经历三个阶段：第一阶段从独立至1993年，俄对于独联体缺乏重视，将独联体其他成员视为包袱和负担，因此这一阶段可称为"甩包袱"阶段；第二阶段从1993年至2000年普京担任总统，这一阶段俄逐步确立了对独联体政策的基本原则和战略构想；第三阶段从2000年至今，普京担任总统后俄罗斯对于独联体的整体一体化进程越来越感到失望，转而强化与亲俄成员国的双边关系、孤立和惩罚不合作国家，在独联体内建立以俄为核心的更为紧密的内部集团。

俄罗斯等国建立独联体是为了与当时尚存在的苏联相抗衡，谋求肢解苏联实现各自的独立。因此，独联体最初是以俄为首的意图独立建国的苏联加盟共和国的联盟，只是在苏联解体后，为了保持地区的稳定和政权的巩固、解决联盟解体中存在的遗留问题，这一松散的维系各前加盟共和国关系的组织得以延续下来。但是俄罗斯在独立之初对于独联体地区相当漠视，没有强化这一地区组织的明确计划和政策。正如前文所提到的，俄罗斯独立初期对外政策全面"西化"，将其他前苏联加盟共和国视为累赘和负担。在当时的俄罗斯领导者

---

① 王彦：《独联体地区安全结构分析》，《俄罗斯中亚东欧研究》2001年第3期，第75~82页。

看来，独联体国家对于俄罗斯而言不仅是经济上的沉重负担，也是文化、精神和政治上的异类疆域。① 俄认为苏联时期，俄罗斯就为其他加盟共和国的经济和社会发展付出了巨大的代价，俄不应再承担这种责任，摆脱这些国家俄罗斯将会迎来迅速的发展。俄罗斯停止了计划经济时期对苏联加盟共和国的援助和经济优惠，自行放开市场价格彻底打乱苏联时期的统一经济空间，并且废除卢布区彻底中断与前苏联加盟共和国的金融联系，俄与独联体国家的经济联系处于极低的水平。俄罗斯不愿陷入苏联解体后的地区冲突和矛盾之中，拒绝承担领导独联体、维护地区稳定的责任。在这种政策下，当时的独联体基本处于空转之中，近乎成为各国发表空洞言论的地区论坛。而对于外高地区，俄罗斯缺乏介入的兴趣，没有将之与俄罗斯利益联系在一起进行战略考量，任由外高国家自行处理彼此问题，有限的一些行动也只是被动的反应，在国家整体战略层面对外高是忽视的。

1993 年 4 月 30 日，叶利钦批准了由俄罗斯外交部主持拟定的《俄罗斯联邦外交政策构想》，该文件将关于独联体问题的阐述放在其内容的首要位置，是第一篇完整阐述俄罗斯对独联体政策的官方文件，阐述了当时独联体的基本态势、独联体对俄罗斯的重要性、俄罗斯在独联体的基本政策目标和若干具体问题范畴中的政策。② 这意味着俄罗斯开始修正前一阶段对独联体"甩包袱"的政策。1995 年，俄罗斯颁布《俄罗斯对独联体国家战略方针》，宣布对独联体政策主要目标是建立政治和经济一体化的国家联合体，该联合体应能够促进独联体国家在国际社会中占有应有地位，这表明俄不再将独联体看作自己的"包袱"，而将其视为恢复俄罗斯大国地位的战略依托，标志着俄对独联体政策的形成。③ 俄罗斯对独联体政策的变化主要源于其地缘政治环境的恶化。一方面西方并没有如俄罗斯所愿接纳其为平等一员，反而对其严加防范，通过北约东扩不断紧逼；另一方面独联体内部冲突不断，动荡的局势也对俄国内稳定

① E. B. Rumer. Russia and Central Asia After the Soviet Collapse, in J. C. Snyder, ed, *After Empire.*, Washington, 1995, p. 49.
② 郑羽：《俄罗斯的独联体政策：十年间的演变》，《东欧中亚研究》2001 年第 4 期，第 1~11 页。
③ 柳丰华：《普京时期俄罗斯的独联体政策》，《国际论坛》2008 年第 9 期，第 62~67 页。

产生严重威胁。俄罗斯不得不面对现实，从幻想中走出，重新回到其传统的现实主义外交轨道上，力图恢复俄罗斯世界大国地位，而独联体作为俄最为根本的战略依托自然是其必须重视和大力经营的区域。叶利钦试图将独联体打造成以俄罗斯为首的军事政治联盟，以抗衡北约和西方的影响力，维护俄罗斯传统的势力范围和大国地位。为此俄罗斯积极插手地区内事务，防范地区成员国参加针对俄罗斯的联盟和集团，阻止西方力量在独联体内的渗透。对于外高加索，俄罗斯也一改前一阶段置身事外的立场，加强对亲俄的亚美尼亚的支持，对于疏离俄罗斯的格鲁吉亚和阿塞拜疆，则借助地区冲突进行敲打，全面介入外高地区事务。这一时期由于俄罗斯本身实力与政治目标间的落差以及独联体内乌克兰等国脱俄的政策，令叶利钦整合独联体的目标大部分没有实现，独联体依然是一个缺乏效率和有效机制的地区组织。但是，作为地区核心和霸主，俄罗斯对于独联体的重视和积极插手干预使得俄对地区内事务的影响力和控制力在增强，地区内的重大事务无法绕开俄罗斯而进行。

1999 年以后，独联体国家中出现了明显的疏离甚至是反俄的倾向，例如乌克兰等国在西方的支持下建立了以制衡俄罗斯为目的的古阿姆集团，这些国家在独联体内部对俄的倡议不予配合，使得独联体在一体化方面始终难以取得进展。俄罗斯总统普京认识到在这些疏俄、反俄成员存在的情况下全面同步整合独联体难以实现，单方面的优惠条件也并不足以改变这些国家的态度，因此决意对独联体国家区别对待，加强与亲俄国家的双边合作，通过建立独联体内的核心集团带动整个组织的发展。此后，俄罗斯对独联体政策调整为：区别对待独联体国家，同时在市场经济与互惠互利的原则基础上重建和发展双边关系；在次地区层面，重点经营集体安全条约组织和欧亚经济共同体，同时继续发展俄白联盟国家和统一经济空间，抑制和打击古阿姆集团；在独联体框架下，发掘独联体在人文领域和抵御非传统安全威胁领域的合作潜力，发展在其他领域的多边合作。① 普京更为注重软硬兼施的手段，对于独联体内不合作的成员强硬动用经济、政治甚至军事手段予以敲打，对于亲俄的成员则加强资源的供给，不再如叶利钦时代为了将独联体打造成大而统一的组织对其中的反俄

---

① 柳丰华：《普京时期俄罗斯的独联体政策》，《国际论坛》2008 年第 9 期，第 62~67 页。

成员过于迁就。并且，由于俄罗斯国力的迅速提升，俄在独联体地区内的实力优势更为明显，其可以使用的手段也更为多样，对西方的态度更趋强硬。可以说从普京上台执政至今，整个独联体力量变化的趋势是俄罗斯核心地位的加强，其他国家愈加难以与俄罗斯抗衡。对于外高地区而言，俄罗斯已经取得了对地区局势的控制权，无论是阿塞拜疆与亚美尼亚的争端，还是格鲁吉亚内部分离地区的解决，俄罗斯都掌握着关键的决定权。在独联体的力量结构下，外高三国的安全问题无论如何都离不开俄罗斯的参与。这是地区结构的必然结果，任何意图忽略俄罗斯而单独解决地区安全问题的做法是不可能行得通的，这也被 2008 年的俄格战争所证实。

（三）结构间力量的矛盾与牵制

如以上所分析，外高地区处于两种结构迥然不同的体系中。就大的国际体系而言，体系呈现出美国"一超"独霸的结构特点，其他国家均无力挑战美国的霸主地位。为了维系自己的领导地位，美国制定和执行着一整套全球战略，俄罗斯和外高地区正处于美国独联体战略区域的重要位置之上，因而美国的政策立场和战略行动必然会对这些国家特别是作为小国的格鲁吉亚等外高国家的外交政策和安全战略产生极为重要的影响，这正是国际体系结构作用的必然结果。从现实情况来看，外高三国在建国后都对于美国领导的西方世界有着强烈的向往，意识到作为世界霸主的美国对于帮助自身巩固国家独立和推进经济发展的重要作用，积极寻求与美国发展经济和军事关系，争取美国的支持与援助。美国由此对于外高加索三国特别是格鲁吉亚具有强大的影响力，三国对美国的现实需要令其对外政策和安全战略必须要考虑到美国的态度与利益，受限于美国"一超"独强的国际结构。

在地区层面上，俄罗斯和外高三国处于以俄罗斯为核心和领导者的独联体地区体系中。俄罗斯在该体系中拥有压倒性的优势，使得整个独联体地区体系呈现出以俄为中心的伞形结构，其他成员国根本不具备挑战俄地区领导地位的实力。在这个体系中，俄罗斯在政治、经济、安全、军事、文化等各个方面都处于核心和优势地位，这既是由俄罗斯的领土面积和国家实力造成的，也是由苏联时代计划经济体制之下以俄罗斯为核心的经济、政治、文化布局所造成的。苏联时代经济等层面的密切联系使得其他独联体成员国在不同程度上对俄具有相当强的依赖性，令俄罗斯对地区成员拥有非常特殊的影响力和干预手段。俄罗斯经过初期的混乱时期后再次回到其大国传统之上。独联体是其维持大国战略地位和保证国家安全的至关重要的战略依托和缓冲地带，俄对独联体的重视程度自然日益增强，将之视为天然的利益地带，是特殊的"近邻"关系，强烈排斥其他强国对该地区的介入。外高地区处于俄罗斯三大传统利益带的南翼地带，是俄罗斯南下中东的桥头堡，也是其维护其腹部安全的战略防御空间，是俄整个独联体战略规划中不可或缺的重要组成部分。随着俄对于独联体战略的日益明晰和重视，俄罗斯在外高地区的介入也在逐步增强，对外高三国的外交政策和行为施加更为强大的影响力。在这种地区结构之下，外高三国无论对俄持何种态度，在外交政策和安全战略选择上都必须面对俄罗斯占据绝对优势的地区结构，并受制于这种结构。

然而，以上提到的国际体系结构和独联体地区结构存在着明显的矛盾，因为作为这两个体系主导国的美国与俄罗斯在战略利益上具有强烈的竞争性，特别是在独联体地区，两国的关系更为接近于对手，这就造成了两者分别主导下的结构间的碰撞。

冷战时代，美苏是全球主要的博弈者，两者主要的博弈地点是在欧亚大陆。苏联解体后，美国仍未能完全摆脱冷战思维，在近20年中一直将俄罗斯作为最主要的战略对手，严加防范和限制，而美国的态度又激起了俄罗斯的反弹，谋求恢复世界大国地位的俄罗斯与巩固全球霸主地位的美国在战略诉求上矛盾重重，双方在欧亚大陆展开新的博弈。"如果说在冷战时期苏美争夺的焦点主要是欧亚大陆的周边地带，那么冷战结束以后，国际政治的重心逐渐转向欧亚大陆的心脏地带及其'柔软的下腹部'——欧亚非三大洲交会地带。该地带包括东中欧，高加索地区，独联体南部，中亚（包括阿富汗）以及中东。"[1] "美俄两强在这里既有表面上的宗教、文明的碰撞，更有国家安全利益的矛盾，势力范围、战略利益的冲突，还有实际经济利益（如油气）的争夺。"[2]

---

[1] 李兴：《转型时代俄罗斯与美欧关系研究》，北京师范大学出版社，2007，第80~81页。
[2] 李兴：《转型时代俄罗斯与美欧关系研究》，北京师范大学出版社，2007，第80~81页。

　　冷战后美国的欧亚战略在前国务卿布热津斯基的《大棋局——美国的首要地位及其地缘战略》一书中有集中的体现。布热津斯基将欧亚大陆称为"为争夺全球首要地位而继续进行斗争的棋盘"，认为欧亚大陆对于美国维持全球领导地位至关重要，防止欧亚大陆出现能够统治欧亚大陆从而也能够对美国进行挑战的挑战者是绝对必要的，因此美国需要制定一项全面和完整的欧亚地缘战略。① 按照其设想，美国应加强和保持欧亚大陆地缘上的多元化，防范产生对美国地位提出挑战的敌对联盟，逐步建立美国领导下的更为合作的跨欧亚安全体系，并最终将其纳入美国主导的全球体系之中。简而言之，美国的欧亚战略就是要维持自身领导地位，保持欧亚国家的力量均衡，防范其他强国的崛起和对美国领导地位的挑战。

　　美国执行的欧亚战略基本与布热津斯基书中的思想相一致，在欧亚大陆中心地带实行西进（北约东扩）、东插（打击塔利班）、北挤（俄罗斯）、南突（伊拉克）的政策，点（科索沃、阿富汗、伊拉克）面（东南欧、中亚、中东）结合，网状棋布，软硬兼施，文武相济。② 这一战略实际上主要都是指向俄罗斯，是对俄罗斯的挤压与防范。作为俄罗斯地缘战略利益最为密集的独联体地区则是美国欧亚战略的重点关注区域。美国竭力削弱独联体国家与俄罗斯的经济、军事、文化、社会等各方面联系，防止这些国家再次与俄罗斯一体化从而形成类似苏联的强大联盟国家。从中东欧到外高加索再到中亚，美国试图沿着俄罗斯的外围建立一条其支持和领导下的封堵挤压俄力量外展的弧形战略地带。而外高加索正处于美国战略布局的关键位置之上。控制住外高加索不仅为美国进逼俄罗斯局势复杂的北高加索腹地提供了立足点，还能切断俄罗斯南下中东地区的陆地通道，为里海中亚石油的输出提供一条绕过俄罗斯的关键走廊，对美国防范俄罗斯干预中东事务和垄断独联体能源具有极为重要的作用。同时，把外高加索地区从俄罗斯的影响下疏离出来将隔断独联体的整体联系，打乱俄罗斯对独联体的一体化布局，达到弱俄、限俄的战略目的。

　　美国的欧亚战略与俄罗斯的大国复兴战略是矛盾对立的。俄罗斯在经历短

---

　　① 〔美〕兹比格纽·布热津斯基：《大棋局——美国的首要地位及其地缘战略》，中国国际问题研究所译，上海人民出版社，1998，第2~3页。

　　② 李兴：《论冷战后美俄关系中的欧亚地缘因素》，《国际政治研究》2005年第3期，第62~69页。

暂的混乱后重新走上了复兴大国地位的道路，恢复俄罗斯往昔的光辉是俄根本的战略目标。但是俄罗斯传统的地位是建立在其对欧亚大陆腹地的控制之上的，这种强国的出现必将挑战美国的地区领导地位，这是美国欧亚战略明确防范的情况。历史上俄罗斯作为强盛大国的时期都是其对于独联体区域保持控制的时期，这就令俄认定独联体地区对于俄来说具有难以替代的战略作用，是俄重新崛起为世界强国的关键战略空间，俄罗斯的复兴离不开对这一地区的控制。从地理上看，这些国家环绕在俄罗斯周围，可以成为俄罗斯安全的保护带，但一旦落入敌对方的控制之中也能够形成对俄罗斯致命的封锁带。因此俄罗斯将独联体视为自家的"后院"，是俄罗斯的"天然的特殊利益中心地带"，是俄外交的优先方向。[①] 外高加索地区正如以上所论述，是俄罗斯独联体战略中的重要一环，是俄必须控制的区域。

美国与俄罗斯在欧亚特别是独联体地区战略利益的矛盾性导致了外高加索外围的国际结构和地区结构的冲突性。美国"一超"独霸的国际结构对于外高三国产生的是疏俄、脱俄甚至反俄的动力，俄罗斯力量占据绝对优势的独联体地区结构对于外高三国所产生的是近俄、亲俄的动力，这两种体系结构对外高三国的施力方向是矛盾和抵触的。虽然按照华尔兹的理论，国际体系的力量分布即结构对于体系内单元的行为具有决定性的影响作用，但对于地区体系层次方面华尔兹并没有予以论证。实际上，将华尔兹的国际体系理论进行延伸，即可得出地区体系结构必然会对地区内单元体的行为具有重要作用的结论，这和国际体系结构的作用并没有质的区别。但是，当两个体系结构的作用力相互矛盾时，两个结构对于单元行为体行为的影响作用必然会受到削弱。而在现实中，美国"一超"独霸的国际体系结构对于外高国家的影响作用并不比俄罗斯力量处于绝对优势的独联体结构具有更强的优势。国际体系的领导国美国在实力上远高于地区强国俄罗斯，但就具体区域而言，美国并不能在每个区域都能压倒俄罗斯。特别是在与俄罗斯紧邻的独联体地区，由于俄罗斯在历史上的长期经营和现实中的异常重视，令俄在这些传统区域往往具有强于美国的影响力，外高地区正是如此。美国确实在加大对于外高地区的投入，但俄罗斯在该

---

① 康少邦、宫力：《国际战略新论》，解放军出版社，2006，第221页。

地区仍占据优势地位。不过两种结构中的主导国在外高地区战略目标的矛盾所带来的国际结构和地区结构相互影响力的冲突，造成了外部力量的相互抵消，降低了两层结构对于外高三国的影响力，给予三国安全政策自我选择的结构空间。为更好地理解双层结构的矛盾造成的三国安全政策自我选择的结构空间这一论断，不妨再回到结构现实主义理论那里。外高三国处于相同的国际体系结构和地区体系结构之中，三国的力量也差距不大，按照华尔兹的结构现实主义理论，在体系结构的作用下外高三国对外行为应基本一致。然而，现实当中格鲁吉亚、亚美尼亚和阿塞拜疆却分别与俄罗斯发展出迥然不同的安全关系。造成这种情况的外部结构原因就在于国际层级和地区层级结构作用力的矛盾互动与相互抵消，使得外高三国得以部分摆脱国际结构或地区结构的单纯影响，在结构上拥有了自我选择的空间。

二　历史恩怨

俄罗斯与格鲁吉亚等外高三国是在从苏联独立出来后才开始正式的国家间的交往，直到今天也仅 20 多年的时间。然而，俄罗斯与外高地区有着长期的交往历史，从俄罗斯吞并外高加索开始，双方在沙皇时代和苏联时代长期处于同一个国家之内，这种联系的紧密性远远不同于普通的国与国之间的历史往来，在双方的历史记忆、民族情感和现实利益等各个方面都产生了深重的影响。独立后的俄罗斯之所以与外高三国间分别形成三种不同的安全关系，是与这些历史因素有密切关系的。

俄罗斯与外高加索间的历史往来早在金帐汗国统治俄罗斯之前就已有之，虽然在蒙古帝国统治时期双方的往来基本中断，但在俄罗斯重获独立后这种关系很快就得到了恢复。不过，俄罗斯正式展开对外高加索的扩张行动是始于 1722 年对波斯帝国宣战。在此之前，外高加索地区是奥斯曼土耳其帝国和波斯帝国争夺的重要战略区域，俄罗斯并没有参与其中。从对波斯宣战开始俄罗斯正式拉开了其向南扩张的序幕。彼得大帝为兼并外高加索地区与土耳其和波斯均发生了战争，虽然最终目的未能实现，但兼并外高成为此后俄罗斯帝国的重要领土扩展目标。俄罗斯与土耳其在外高加索的战争接连不断。1783 年，俄罗斯获得了东格鲁吉亚军事保护国的地位。1801 年，沙俄废除东格鲁吉亚的独立地位将其正式纳入俄罗斯帝国版图,而这一行动受到当时格鲁吉亚各公国的强烈反对。此后俄罗斯又先后吞并卡拉巴赫、巴库、库巴汗国等今天阿塞拜疆共和国的区域。1826~1827年,俄罗斯与波斯和土耳其围绕外高进行的战争以俄获胜而告终,其后签订了俄波《土库曼彻条约》和俄土《阿德里安堡条约》。通过这两个条约,俄罗斯获取了土、波两帝国在外高地区的领土范围,将俄帝国南部边界基本推进到外高加索与伊朗、土耳其的边界处,完成了俄罗斯对于外高地区的兼并。

需要注意的是,格鲁吉亚地区公国和亚美尼亚地区公国对于被并入俄罗斯在态度和情感上是存在相当差异的。格鲁吉亚为免受土耳其和波斯的侵犯曾经在叶卡捷琳娜二世时与俄签订《格奥尔基条约》(1783年),规定沙俄帝国负有保护格鲁吉亚的责任。①但格鲁吉亚主要是希望借助俄罗斯抵御土耳其与波斯的侵袭以保持独立地位,对于俄罗斯1801年将其彻底兼并,格鲁吉亚是极为抗拒和不满的。而亚美尼亚对于并入俄远没有格鲁吉亚的抵触情绪。亚美尼亚长期处于土耳其和波斯的控制之下,根据1555年和1693年土耳其和波斯签订的条约,亚美尼亚一分为二,西亚美尼亚划归土耳其,东亚美尼亚划归波斯。②后来并入俄罗斯的实际上是东亚美尼亚。亚美尼亚由于饱受土波两国的侵辱,一直谋求向俄罗斯寻求帮助。出于宗教上的接近,16世纪70年代,亚美尼亚教皇艾奇米阿齐纳·阿科普·朱加叶庆就曾向沙皇米哈伊洛维奇提出赐予帮助的请求。而将俄亚政治关系拉近的关键人物则是18世纪亚美尼亚民族解放运动的杰出人物伊斯莱尔·奥利,他在寻求欧洲宫廷帮助无果的情况下于1701年到达俄罗斯,向沙皇寻求帮助,从此开启了亚美尼亚受俄罗斯安全庇护的大门。1828年,东亚美尼亚从波斯划归俄罗斯后,虽然没有实现理想中的独立自由,但是亚美尼亚基本还是能够接受俄罗斯的统治。这是因为相对于较为落后的波斯而言,经过西方近代文明洗礼的俄罗斯要先进得多,这为亚美尼亚地区的经济与文化的发展创造了有利的条件。③此外宗教的接近也起到重

---

① "История Армении",http://armeniaca.info/history/main.htm.

② http://www.littlearmenia.com/html/little_armenia/armenian_history.asp.

③ АРАМ Симонян,"Туркманчай — 1828: Историческая Перспектива Независимости,"http://www.istrodina.com/rodina_articul.php3? id=2499&n=124.

要的作用，亚美尼亚与俄罗斯同为基督教信仰，这也使其更乐于从伊斯兰教下的波斯转归俄罗斯统治。在归入俄罗斯之后，亚美尼亚民族开始谋求在俄罗斯统治下的民族统一，即解放土耳其控制下的西亚美尼亚。为此亚美尼亚民族积极支持俄罗斯对土耳其的战争，例如在1877～1878年的俄土战争中，亚美尼亚人全力配合俄军，将俄罗斯看作帮助其摆脱土耳其统治的救星。这也就造成亚美尼亚人在沙皇时代对于帝国的忠诚度远高于格鲁吉亚人和阿塞拜疆人。

十月革命爆发后，外高加索三国获得短暂独立。1917年11月，格鲁吉亚、亚美尼亚和阿塞拜疆三方成立外高加索人民委员会，宣布三国独立于苏维埃俄罗斯。其后由于内部的矛盾，该委员会在1918年5月26日解散，三国相继宣告独立建国。三国独立后的对外政策截然不同：格鲁吉亚强烈反对苏维埃俄国，选择支持和依附德国；阿塞拜疆与土耳其签署友好条约保持了稳定的关系；亚美尼亚则与土耳其爆发了战争。不过三国独立的时间均十分短暂，稳定下来的苏俄很快介入三国事务，在其支持和干预下格鲁吉亚、阿塞拜疆和亚美尼亚苏维埃社会主义共和国在1921年相继成立。1922年3月，三国组成外高加索苏维埃社会主义联邦共和国，并于当年12月作为创始国之一加入苏联。但是在这一个过程中格鲁吉亚和苏联中央产生了严重的冲突。这场冲突也被称为格鲁吉亚事件，即在苏联成立前后，格鲁吉亚为争取以独立民族共和国身份平等加入苏联而与当时的俄共中央部分领导人发生的严重对立。格鲁吉亚反对当时斯大林提出的联盟方案，格方认为："根据斯大林同志的提纲建议的各独立共和国以自治形式进行联合为时过早，我们认为加强经济力量的联合和总政策的统一是必要的，但要保存独立的一切特征。"[①] 虽然列宁对于斯大林的方案所包含的大俄罗斯主义表示不满和批评，但格鲁吉亚还是未能获得以平等的独立共和国身份直接加入联盟的权利，最终同意与阿塞拜疆和亚美尼亚统一后再加入联盟。这场冲突对于格鲁吉亚民众造成极大的挫伤和对俄罗斯民族的强烈不满，给此后格鲁吉亚与联盟中央的关系以及格鲁吉亚和俄罗斯民族间的关系抹上了阴影。

1936年12月，苏联通过新宪法，原有的外高加索联邦共和国被取消，

---

① 《列宁论民族问题》（下册），民族出版社，1987，第566页。

格鲁吉亚、阿塞拜疆和格鲁吉亚成为直属加盟共和国。在整个苏联时期，三国实际上都从联盟获得了巨大的利益，从落后的农业国成为工业国，科教文卫等各方面均取得了长足的发展，人民生活水平也高于周边地区。例如亚美尼亚，作为人口和面积最少的外高国家，亚美尼亚的工业发展速度不仅领先其他两国，在苏联各加盟共和国中也名列前茅，到 20 世纪 80 年代时，亚美尼亚已经成为地区内最发达和经济实力最为雄厚的国家。[①] 格鲁吉亚和阿塞拜疆同样从联盟获得大量的资金和资源支持，属于苏联联盟体系下的受益国。外高加索三国在苏联时期都受到过大俄罗斯主义的压制，与苏联中央也存在着各种矛盾，但是比较起来格鲁吉亚与联盟中央的矛盾要远远高于阿塞拜疆和亚美尼亚。

正如以上所述，从入盟之初格鲁吉亚就对未能获得独立平等地位而耿耿于怀，对联盟中央和俄罗斯民族抱有相当的不满和猜忌，这种情绪并没有随着联盟的存在而减弱，反而因为一系列问题在逐步加深。斯大林时期，格鲁吉亚作为其故乡虽然得到了中央投资等各方面的倾斜，但并没有从清洗等残酷的政治运动中幸免。并且斯大林作为格鲁吉亚人却持有强烈的大俄罗斯主义思想，鉴于格鲁吉亚此前表现出的颇为强烈的民族独立意识，斯大林极为敏感，对于任何格鲁吉亚在这方面的苗头都予以毫不留情的打击。赫鲁晓夫上台后对斯大林进行了全面的批判，格鲁吉亚对此却有不同的看法，在对待斯大林的问题上是与中央有矛盾的。例如，1961 年 12 月，格鲁吉亚哥里市居民举行大规模集会和示威游行，反对拆除斯大林铜像，对此，赫鲁晓夫却下令出动军警进行镇压，加深了双方的民族积怨。[②] 类似的矛盾在此后也屡有发生，虽然在戈尔巴乔夫改革之前这类矛盾尚处于可控的范围之内，但格鲁吉亚民族与俄罗斯民族的积怨却日渐累积。

戈尔巴乔夫的改革带来了苏联的混乱，原有的民族矛盾在失去联盟中央的压制后不可遏制地爆发出来。格鲁吉亚和俄罗斯间的矛盾、亚美尼亚和阿塞拜疆间的矛盾迅速走向激化。在苏联解体的最后过程中，格鲁吉亚是三国中态度

---

① Armenian History-Soviet Armenia, http：//www. advantour. com/armenia/history/soviet-armenia. htm.

② 陈联璧：《苏联解决民族问题的阶级斗争方式与民族关系危机》，http：//euroasia. cass. cn/news/84741. htm。

最为坚决也最为积极的，早在 1989 年就进行大规模示威要求独立，只是被苏联国防部部长亚佐夫元帅亲自带兵镇压下去。格鲁吉亚拒绝参加 1991 年 3 月 17 日就是否继续保留苏联所做的全民公决，并自行于当年 4 月宣布独立。亚美尼亚未曾参加全民公决，并在 1991 年 9 月 21 日举行全民公决宣布独立。但是亚美尼亚和格鲁吉亚的情况存在重大不同。亚美尼亚在整个独立过程中并没有出现反俄和反对共产主义的民族情绪，整个过程遵照了苏联有关加盟共和国脱离苏维埃联盟法律的内容与精神，从这个意义上而言，亚美尼亚是苏联加盟共和国中唯一以合法程序实现独立的成员。可以说，亚美尼亚的独立过程并不是格鲁吉亚那样主动的斗争和争取，更多的是在苏联瓦解情况下的顺势而为。阿塞拜疆由于纳卡问题导致民族主义情绪日渐增长、要求独立的呼声越来越高，与联盟中央爆发了一系列的冲突，造成了 1990 年 1 月的苏军大规模镇压巴库支持民族独立的阿塞拜疆民众并造成大量平民伤亡事件。但是阿塞拜疆对于联盟中央的态度又是复杂和矛盾的，作为唯一参加 1991 年苏联全民公决的外高国家，其投票人数占总人口的 75.1%，其中高达 93.39%的民众赞同保留苏联。

三　领导人因素

无论是俄罗斯还是外高三国，总统都是对外政策的主要制定者和外交活动的最高领导者，同时也是国家武装力量的总司令。虽然宪法和法律对总统职位的权力和行为准则有相应的规定，但应该明白，总统也是普通人，其行为也受到其个性特征的影响。所谓个性，就是个体在物质活动和交往活动中形成的具有社会意义的稳定的心理特征系统，即个人对现实和周围世界的方式和态度。个性是后天形成的，受人的价值观、人生观、世界观的影响。一般而言，个性的形成主要受家庭环境、成长经历、教育背景、信仰体系等因素的影响。不同个性的总统会有特点迥异的外交行为、独特的思考方式以及问题领域的特殊偏好，这使其形成不同的执政风格，从而对国家的外交政策和国家战略产生显著的影响。

由于俄罗斯和外高三国都是转型国家，政治民主化还远未能达到西方的标准，苏联时代的政治集权思想和家长式统治作风仍然对国家的民众和政治体制具有相当强的影响，因此这些国家的总统所具有的权限基本都高于成熟民主国家总统的权限，议会对其的制约性也相对较弱，这就令总统个人因素能够发挥的空间更大，影响力更强。纵观俄罗斯与格鲁吉亚等国安全关系的演变过程，我们可以清晰地发现总统个人因素在其中所起到的特殊作用，其中典型的案例是格鲁吉亚在萨卡什维利上台后与俄关系的急剧恶化。可以说，格俄关系最后走向战争在相当大的程度上是缘于萨卡什维利总统的个人执政风格和政策好恶。当然，萨卡什维利属于总统个人因素对安全关系影响较为极端的案例，但这种总统个人因素在俄与外高三国的安全关系演变中发挥重要作用的情况并不是个案，而是相对普遍存在的情况。以下选取几位较具典型性的总统进行分析。

（一）苏联时代的官僚——谢瓦尔德纳泽和老阿利耶夫

在第三章对俄罗斯与外高国家安全关系演变进行的探讨中，我们能够发现在外高三国独立之初，政权基本都掌握在具有强烈民族主义情绪的政治人物手中。这种情况比较易于理解，因为这些国家的独立所依靠的主要力量就是强烈的民族主义，正是通过不断煽动的高涨的民族主义情绪才最终促成了国家独立的结果。但是，这些政治领导人所推行的过于偏激的对俄政策对于本国与地区霸主俄罗斯间的关系造成了过大的伤害，也反过来导致自身利益的受损，例如阿塞拜疆埃利奇别伊总统极端亲土排俄的安全政策所导致的阿在纳卡问题上的重大挫败和格鲁吉亚加姆萨胡尔季阿总统闭关锁国所导致的格鲁吉亚与俄罗斯关系中断造成的格经济困境。格鲁吉亚和阿塞拜疆这种对俄关系的不正常状态随着其后谢瓦尔德纳泽和老阿利耶夫的上台得到了根本性的扭转。这两位总统在任内所推行的对俄政策具有很强的相似性，都对俄的重要性有充分的认识，在发展与俄罗斯和西方关系时试图保持某种平衡，尽管两人在平衡的侧重上有所不同。这种相似性的出现不仅与两国所面临的环境有关，也与两人共同的从政背景有相当的联系。谢瓦尔德纳泽和老阿利耶夫在苏联时期都曾担任过较高职务，是苏联时代的受益者，这种背景对于两人处理对俄关系必然产生影响。两人对于俄罗斯的重要性以及国家所面临的现实环境的认识与之前的民族主义领导者是迥然不同的。

谢瓦尔德纳泽 1928 年 1 月出生于格鲁吉亚，和斯大林一样是格鲁吉亚人。

谢瓦尔德纳泽 1948 年加入苏联共产党，苏联时期在格鲁吉亚共和国联盟中央担任了一系列高级职务，仕途非常顺利。1959 年成为格鲁吉亚最高苏维埃的成员，1968 年至 1972 年担任格鲁吉亚内政部部长、警察将军。1972 年出任格鲁吉亚共产党第一书记，其在任职期间曾经严厉打击过民族主义者，其中包括后来担任格鲁吉亚独立后第一任民选总统的加姆萨胡尔季阿。谢瓦尔德纳泽 1976 年进入苏共中央委员会，1978 年成为苏联政治局候补委员，1985 年起担任苏联外交部部长直到 1990 年 12 月辞职，后在 1991 年 11 月再次担任外长至苏联正式解体。谢瓦尔德纳泽有着"高加索银狐"的外号，这主要源于其手段圆滑、办事机智老练，而他的这种特点也在其担任格总统期间处理与俄罗斯的关系时得到鲜明的体现。

谢瓦尔德纳泽在苏联时期顺利的从政经历使其对于苏联和其继任者俄罗斯的认识和态度与苏联时代备受打击的加姆萨胡尔季阿等格鲁吉亚极端民族主义者不可能一致。加之其多年担任苏联外长，有着丰富的外交经验和开阔的世界视野，对于俄罗斯在独联体的霸主地位和俄格关系对格鲁吉亚国家安全的重要性有着深刻的理解。因此谢瓦尔德纳泽在取代加姆萨胡尔季阿担任格领导人后很快就调整了与俄罗斯隔绝的政策，重视发展与俄罗斯的关系。虽然谢瓦尔德纳泽为解决阿布哈兹和南奥塞梯问题与俄罗斯多次发生矛盾，对俄的不满也在加深，但老练的外交经验和与莫斯科的长期联系使格始终与俄罗斯保持着正常的国家关系，避免过于激化与俄罗斯的矛盾。总体而言，在谢瓦尔德纳泽任职期间，格鲁吉亚虽然将发展与西方关系放在首要位置，但对于俄罗斯也是非常重视，曾经尝试通过满足俄罗斯的一些战略需求换取俄对格安全需要的支持，例如 1994 年至 1995 年间格鲁吉亚与俄罗斯的关系十分融洽，格积极支持俄在独联体地区的各种倡议、加入集体安全条约组织等举动令格俄安全关系得到良好的发展。1996 年后，谢瓦尔德纳泽因为对俄罗斯在阿布哈兹等问题上的政策不满确实做出了一些反击，比如阻挠俄打击潜逃至格鲁吉亚的车臣武装分子、拒绝配合俄在车臣的战争等。但作为有着丰富经验的外交家，谢瓦尔德纳泽深知格鲁吉亚无法承担与俄罗斯完全对立的后果，始终避免与俄矛盾的失控，并且根据形势转变立场缓和与俄的关系。2002 年，谢瓦尔德纳泽与普京会面，做出收回格鲁吉亚加入北约的要求等关键性让步，改善了俄格关系，使得双边关系直至 2003 年谢氏下台都保持了基本的平稳。

出生于 1923 年的阿塞拜疆总统老阿利耶夫与谢瓦尔德纳泽在年龄和个人背景上有许多相似之处，同样在苏联时期担任过一系列要职，是苏联体制下培养出来的官僚。阿利耶夫 1950 年进入阿塞拜疆共和国安全部工作，并先后供职于阿内务部、国家安全委员会。1964 年升任阿塞拜疆国家安全委员会副主席，1967 年任主席，上将军衔。1969 年 7 月当选为阿塞拜疆共产党第一书记。1976 年起任苏共中央政治局候补委员，1982 年至 1986 年任中央政治局委员，1982 年至 1987 年任苏联部长会议第一副主席。虽然在 1987 年因与戈尔巴乔夫不合而"以健康原因"退休，但其在整个苏联时期的仕途是非常顺利和成功的，属于苏联体制下的既得利益者。对于俄罗斯，阿利耶夫具有特殊的感情，在担任总统后并不避讳同俄罗斯的亲密关系，称自己"一生都同俄罗斯密不可分"。① 1993 年阿利耶夫成为阿塞拜疆国家元首后立即调整之前民族主义政治势力人民阵线执政时奉行的不与俄罗斯合作甚至是反俄的政策。阿利耶夫任总统后出访的第一个国家就是俄罗斯，其出访目的是"纠正共和国领导同俄罗斯的关系中所犯的错误"，他认为："俄罗斯是一个大国，尽管目前处于艰难时期，仍然在世界政治中起着主导作用。""阿塞拜疆同俄罗斯以及前苏联各加盟共和国之间已形成了密切的政治、经济、文化和人际上的联系，不应以独立为借口破坏或强行割断这种关系，只应在平等互利基础上加深和发展相互间的关系。"在阿利耶夫的主导下，阿塞拜疆加入了独联体，全面改善与俄罗斯的关系。在其担任阿总统的 10 年中，尽管阿利耶夫积极发展同美国的关系以平衡俄罗斯，但始终重视对俄的关系，不尝试挑战俄在地区的重要战略利益，并且基本满足俄在关键战略利益上的要求，这就使得俄罗斯能够容忍阿塞拜疆的平衡战略，双方关系始终处于平稳发展的状态。

从上述分析可以看出，谢瓦尔德纳泽和阿利耶夫担任总统后在对俄政策上有许多共通之处，均调整了此前民族主义者对俄疏离甚至反对的政策，与俄罗

---

① 孙壮志：《阿塞拜疆新总统——盖·阿·阿利耶夫》，《俄罗斯中亚东欧研究》1993 年第 6 期，第 85~87 页。

斯建立了正常的国家关系，恢复了苏联时期与俄罗斯在经济、政治、文化等各个层面的正常往来。两人也都对于俄罗斯的地区地位和自身力量有较为务实客观的认识，借助西方力量制衡俄罗斯的同时又避免过于激化与俄罗斯的关系，虽然相比之下阿利耶夫对俄政策更为圆滑。这种相似情况的出现并非偶然，两国独立后的国家生存需要固然是根本性的因素，但两位总统个人因素也在其中起到了相当重要的作用。苏联时期受到的教育和长期担任苏联国家高级官员的经历使得两人在两国新独立的民族主义冲动情绪中能够保持较为清醒的头脑，对于国家的建设和发展有着更为成熟和正确的主张，对俄罗斯的地位和俄格、俄阿关系的重要性有着客观的认识，政策更为务实、稳健。

（二）深受西方影响的新一代——萨卡什维利

在讨论领导人个人因素在国家对外政策中发挥的影响时，萨卡什维利总统无疑是极好的典型案例。实际上，从 2004 年萨卡什维利担任格总统到 2008 年俄格战争前，格鲁吉亚所处的地区和国际安全形势并没有发生根本性的重大变化。阿布哈兹和南奥塞梯问题基本保持了"颜色革命"前的情况，俄罗斯对这两个地区维持现状的政策也未曾出现变化。然而，俄格关系却从 2006 年后急剧恶化，并在 2008 年爆发了令世界震惊的战争。俄格关系这种极端情况出现的最大责任者恰恰在于萨卡什维利总统，其个人对西方的过于信任与政治上的不成熟直接导致了战争的出现，也就是说，俄格关系并没有走到如此极端的必然因素，萨卡什维利对于战争的出现发挥了最为重要的作用。

不同于长期深受苏联文化和体制影响的谢瓦尔德纳泽，萨卡什维利具有美国留学的背景，喜爱西方文化，具有明显的亲西方色彩。萨卡什维利 1967 年出生于第比利斯，1993 年赴法国斯特拉斯堡大学研究国际法，1994 年至 1995年在美国国会奖学金的支持下先后在美国哥伦比亚大学和华盛顿大学留学，并在当地律师事务所有过短暂的工作。值得一提的是，萨卡什维利的夫人桑德拉·鲁洛弗斯是其在法国留学时相识的荷兰人，而她也被许多人认为对于萨卡什维利的亲西方态度具有重要影响作用。

2003 年，萨卡什维利领导的"天鹅绒革命"推翻了谢瓦尔德纳泽政权，而其背后的支持者正是美国。萨卡什维利上台之初也曾展示出进一步改善与俄关系的态度，但是在他对外战略中与美国的关系才是重心。他表示"虽然对于格鲁吉亚来说俄罗斯十分重要，但格美关系将不断加深，而格俄关系是跟随其后的。"① 萨卡什维利的这些讲话体现出虽然他意识到俄罗斯的重要性，却将美国视为格鲁吉亚的安全保障和抗衡俄罗斯的依靠，正是这种思想导致了他其后的冒险行为。萨卡什维利改善对俄关系并非出于对俄罗斯的好感，而是希望以此换取俄罗斯支持其解决格鲁吉亚国内分离主义地区问题。但是萨卡什维利显然过于缺乏耐性，希望短时间内就能解决已经长期存在的问题。在俄罗斯拒绝支持格武力改变阿布哈兹和南奥塞梯现状后，萨卡什维利态度发生急剧变化，在国内发起大规模的反俄宣传，对俄罗斯进行一系列外交挑衅事件，包括逮捕俄罗斯驻第比利斯军官等不理智行为，激起双方关系上史无前例的恶化。而在此期间西方国家对格鲁吉亚的外交支持使得萨卡什维利进一步误判形势，认为西方将会给予其全力的支持，从而不顾俄罗斯的严厉警告铤而走险武力进攻南奥塞梯，最终招致俄强势反击。萨卡什维利的这一系列行为在政治上而言都是十分草率和鲁莽的，过高估计了自身对于西方的重要性，同时过低估计了俄罗斯维护自身地区霸权的决心，体现出其年轻冲动、缺乏治理国家经验的重大弱点。对比谢瓦尔德纳泽在任时对俄美关系的平衡及在 1996 年后利用车臣等问题向俄施压时对矛盾的控制，就能够发现萨卡什维利在政治上的幼稚与不成熟。正是这种幼稚和不成熟导致格鲁吉亚滑入与俄罗斯的战争，致使国家安全利益遭受重创。

以上是总统个人因素对安全关系发挥重要作用的比较典型的几个案例。而实际上这种因素几乎在俄罗斯与外高三国每位总统任内都起到一定的作用，只是存在着强度的差异而已。例如，亚美尼亚总统科恰良的卡拉巴赫背景就对其安全政策上的选择具有相当明显的影响。其前任彼得罗相总统在任时亚美尼亚在纳卡问题上的立场是"土地换和平"，即从纳卡周围的阿塞拜疆地区撤退可以和任何给予纳卡地区自治和安全保证的方案做交易，这遭到了纳卡地区民众的不满。而担任过卡拉巴赫总统的科恰良当选亚美尼亚总统后，基本将亚美尼亚的安全政策与纳卡地区的要求保持一致，将"领土换和平"改为"领土换

① 苏畅：《格鲁吉亚新总统米哈伊尔·萨卡什维利》，《俄罗斯中亚东欧研究》2004 年第 4 期，第 84~86 页。

地位"，要求以从阿被占地区撤军来换取阿塞拜疆承认纳卡的独立地位。这种安全政策极为强硬，基本封死了与阿塞拜疆谈判的大门，令本有希望走向缓解的亚阿关系重新冰冻，从而使得地缘战略孤立的亚美尼亚在安全上更为依赖俄罗斯的支持，促成了俄亚安全关系的进一步深入。同样，俄罗斯叶利钦等总统的个人性格也对俄罗斯处理与外高国家安全关系发挥了重要的作用，这里就不再详细论述。但应该说明的是，总统这一职位从根本上而言要服务于国家利益和国家战略需要，担任总统的个人是在法律和政治体制规定范围内行使权力，因此总统个人性格的这种影响力要受制于许多因素，在不同时间、地点、环境下所发挥的作用并不一样，在重视其作用的同时要避免不切实际地夸大其作用。

四　领土问题

外高加索三国独立后在领土完整性上都存在着严重的问题，分别为阿布哈兹、南奥塞梯和纳卡问题。纳卡问题是亚美尼亚和阿塞拜疆的领土争端，阿布哈兹和南奥塞梯是格鲁吉亚的内部领土分离问题。虽然这三个领土问题分属国际争端和国内争端两种不同的范畴，但是历史的原因，这种差异并不明显。前两章已经对这三个问题的历史及现状做出了描述与分析，从中不难看到，由于这三个问题在苏联时代都已存在，都曾为同一国家内的领土问题，只是在苏联解体后才具有了国内和国际两种不同的性质。

阿布哈兹和南奥塞梯在苏联时代都具有相当程度的自治地位，特别是阿布哈兹地区的自治程度更高。由于在加入苏联前阿布哈兹就是独立的国家，其与格鲁吉亚的隶属关系是在苏联时期由联盟中央所造成，因此苏联解体后阿布哈兹要求同样独立建国是有其依据的。阿布哈兹与格鲁吉亚的关系单纯划为内部分离问题并不是很恰当，实际上阿布哈兹问题具有类似国家间领土矛盾的性质。并且，阿布哈兹和南奥塞梯受到俄罗斯的大力支持，两者特别是南奥塞梯存在着并入俄罗斯的强烈呼声，这就更加令这两个问题与纳卡问题在性质上基本没有实质差异。

这三个领土问题对于外高三国与俄罗斯安全关系的影响是极为强烈和重要的。这首先源于领土安全对于国家安全的重要性。所谓国家安全，其实从本质上而言就是领土安全和国民安全，由于国民又总是生活在一定的领土之上，因此领土安全成为国家安全基本的内容。传统的安全观念认为，保护国家的领土主权不受侵犯是国家首要的任务。因而，国家安全的目标首先就是维护领土的完整，领土争端的存在必然对国家的安全战略和外交造成重大影响。对作为小国的外高加索三国而言，三个争端地区的归属对于国家的完整性和安全具有格外重要的意义。格鲁吉亚的分离主义地区阿布哈兹和南奥塞梯分别为8432平方公里和3900平方公里，虽然绝对量不大，但相对于格鲁吉亚仅6.97万平方公里的国土面积而言，其占比相当可观。并且，阿布哈兹还占有格鲁吉亚近一半的海岸线。纳卡地区面积为4400平方公里，而亚美尼亚为2.98万平方公里，阿塞拜疆为8.66万平方公里（这个数据是包含纳卡地区的数据），纳卡领土面积分别占两国领土的比例也是相当高的。此外，纳卡地区还是亚美尼亚文明的起源地，对亚美尼亚民族具有特殊的含义。而对于阿塞拜疆而言，失去纳卡不仅只是4400平方公里领土的丧失，还会让其重要的纳什切万省成为飞地，最终会导致对该地区控制权的丧失。除了这些因素之外，作为新独立国家，外高加索三国在独立过程中都借助了强烈的民族主义，在独立后都在加强民族自豪感和民族精神的重塑。强烈的民族主义促使三国更为重视领土完整对于国家安全的意义，这就使得领土问题对这些国家的安全战略和政策具有极强的影响作用。

其次，三个争端都有俄罗斯的深度参与。阿布哈兹和南奥塞梯紧邻俄罗斯，在两者与格鲁吉亚的争斗中俄罗斯给予它们关键性的支持，并且直接介入格鲁吉亚与两地区的冲突，驻扎有维和部队。可以说，离开俄罗斯的支持，这两个地区不可能保持半独立的状态。而对于纳卡问题俄罗斯虽然未曾直接武力介入，但其对于纳卡地区的控制方——亚美尼亚却拥有关键性影响力，亚美尼亚在军事上、经济上基本依仗俄罗斯。没有俄的支持，亚美尼亚在领土问题上很难具备强硬的资本，因此俄罗斯的态度对于解决纳卡问题相当关键。而俄罗斯本身也将阿布哈兹、南奥塞梯和纳卡问题作为对外高三国施加影响的工具，用以在外高地区帮助实现自身的安全目标。因此，三个地区领土问题对于卷入其中的外高三国与俄罗斯的安全关系具有极为重要的影响，而且在某种程度上，正是在这种关键性安全问题上的密切联系使得外高国家与俄罗斯的安全关系在三国对外安全关系中具有更为重要和特殊的地位。

阿布哈兹问题和南奥塞梯问题表面上是格鲁吉亚与内部分离主义地区的问题，但实际的对手是格鲁吉亚和俄罗斯。尽管在俄格战争之前在公开的场合下，俄罗斯均表示支持格鲁吉亚的领土完整，但是俄对于阿布哈兹和南奥塞梯的支持基本处于半公开化的状态。当然，俄罗斯对于这两个地区的干涉程度还是有所不同。俄对阿布哈兹的分离运动从 20 世纪 90 年代初就给予支持与同情，并且在 1994 年后从国家层面确立了维持阿布哈兹独立于格鲁吉亚现状的战略。但俄对于南奥塞梯问题的介入较晚，虽然初期对其予以了一定支持。这主要由于南奥地区在 20 世纪 90 年代所争取的只是自治地位的提高，而非从格鲁吉亚独立。直到萨卡什维利政府重新整合该地的努力开始强化后，才激化了南奥塞梯与格中央政府的矛盾，导致该地区走向分离，进而引发俄罗斯的强力介入。俄罗斯对这两个地区的政策是由其更广泛的地缘政治利益驱动的，是与俄所认定的霸权利益和大国地位相匹配的。俄罗斯为了防止亲西方的格鲁吉亚彻底投入西方怀抱，维护自己在格鲁吉亚的战略利益，将这两个分离地区作为牵制格鲁吉亚的最为重要的手段。正因为此，俄罗斯一直无意解决这两个问题，而要将争端常态化。这种立场与格鲁吉亚的诉求自然处于矛盾对立的状态。对于格鲁吉亚，这两个分离地区是对其国家安全的最大威胁，重新将两个地区整合到统一的格鲁吉亚国家内是最为重要的战略任务。可以说，格鲁吉亚的外交走向是与解决这一领土问题紧密关联的，也正是围绕这一核心问题，格鲁吉亚不断调整与俄罗斯的安全关系。例如，格鲁吉亚从 1993 年 10 月开始调整此前在安全领域对俄罗斯抵触、疏离的政策，积极满足俄在安全战略上的要求，如加入独联体和签署《友谊、合作和友邻关系条约》等。促成这种调整的原因正是格鲁吉亚此前单方面武力解决阿布哈兹问题的失败使其认识到俄罗斯对阿布哈兹的支持是其难以逾越的障碍，从而希望改善与俄关系换取俄在此问题上的让步。1996 年后俄格在安全合作领域关系明显恶化，而其原因主要在于格鲁吉亚在做出一系列对俄的让步后未能获得俄罗斯在阿布哈兹问题上的实质性支持，俄仍然意图保持分离地区现状，这令格鲁吉亚政府对俄日益不满，转而加快融入西方，对俄趋于强硬。2008 年俄格战争的爆发更是直接源于萨卡什维利政府不顾俄罗斯的警告单方面使用武力解决南奥塞梯问题所致。而在此之后，俄罗斯承认两个分离地区的独立地位使格鲁吉亚难以在对俄关系上做出实质性调整，俄格进入敌对的僵持状态。从这些例子能够发现阿布哈兹和南奥塞梯问题对于俄格关系发展演变的巨大影响作用。

纳卡问题实际是亚美尼亚和阿塞拜疆围绕纳卡地区的归属问题展开的争端，虽然亚美尼亚坚称纳卡争端是纳卡共和国和阿塞拜疆间的问题，但纳卡共和国从未获得其他各方承认，被视为亚美尼亚实际控制区域。纳卡地区对于亚美尼亚和阿塞拜疆都具有极为重要的价值和意义，对亚美尼亚更是如此。亚美尼亚民族起源于这一地区，其民众和海外侨民将之视为亚美尼亚领土核心部分，因而纳卡地区的得失也就上升至亚美尼亚国家最高利益之列。通过20世纪90年代初期的战争，亚美尼亚不仅实际控制了纳卡地区，而且攻占了纳卡周围阿塞拜疆的7个地区。由于独立初期亚美尼亚对于俄罗斯较为亲近，而阿塞拜疆则疏远排斥俄罗斯，使得俄在纳卡战争时给予亚美尼亚极大的支持，从而也为此后俄亚同盟关系的建立奠定了最初的基础。虽然亚美尼亚通过战争获得了对纳卡及其周边地区的控制权，但这也造成了其地缘战略上的极度孤立状态。阿塞拜疆和其盟友土耳其对亚美尼亚采取敌视态度，进行边境封锁，这迫使亚美尼亚在经济、军事、能源等方面极度依赖俄罗斯，离开俄的支持，亚美尼亚国家将面临生存危机。为此，亚美尼亚执行坚持靠向俄罗斯的政策，不断增强与俄罗斯在安全方面的联系，最终建立起不对称的同盟关系。亚美尼亚堪称独联体内俄罗斯最为忠实的盟友，而究其原因，最为根本的恰是纳卡争端所造成的亚美尼亚的孤立状态，正是这种状态迫使亚美尼亚为了生存只能选择依靠俄罗斯的现实道路。

阿塞拜疆在纳卡战争失败后实际上放弃了短期内武力解决纳卡冲突的战略。通过战争，阿塞拜疆认识到自身难以在战场上击败得到俄罗斯支持的亚美尼亚军队，解决纳卡问题首先必须改变俄罗斯在这一问题上的态度。老阿利耶夫总统上台后调整对俄罗斯的关系，希望改变俄罗斯在纳卡问题上对于亚美尼亚的支持态度，帮助最终解决这一问题。鉴于20世纪90年代对于阿塞拜疆的走向存在疑虑，俄罗斯仍然将纳卡问题作为防范阿塞拜疆倒向西方的工具。阿塞拜疆也积极发展同西方国家的关系，借助西方的力量向俄罗斯施加压力，以促使俄罗斯调整对纳卡问题的态度。只是老阿利耶夫总统的对俄政策非常的圆滑，也非常有耐心，向俄罗斯施压的同时又不挑战俄罗斯在阿塞拜疆的战略利益底线，尽量满足其关键利益。阿塞拜疆这种政策起到了很好的效果，由于阿拥有丰富的里海资源，还处于油气管道输出的重要战略地带，其对俄重要性随着里海油气开发的顺利进行和西方力量的积极介入而不断上升。俄罗斯认识到阿塞拜疆对其外高战略实现的关键作用，积极谋求拉近俄阿关系，为此俄罗斯在阿塞拜疆最为关心的纳卡问题上表现出积极解决的态度，对待亚美尼亚和阿塞拜疆日趋持中立的态度，积极促进两国谈判与对话。阿塞拜疆对于俄罗斯在纳卡问题上立场的变化非常满意，而与此同时美国与欧盟却并未能在纳卡问题上显示出有效的作用，这促使阿塞拜疆与俄罗斯关系大幅度改善。2002 年以来，两国加强了在安全和能源等多个领域的合作，解决了里海划界等双方关心的难题，高层互访不断。2008 年，俄格战争的爆发使阿塞拜疆更为直观地认识到俄罗斯在解决地区领土争端中的关键作用，以及西方力量在这类问题上的局限性，从而令阿塞拜疆在领土问题上明显强化了对俄罗斯的倚重。从以上可以看出，纳卡地区问题对于阿塞拜疆对俄政策具有非常重要的影响。阿塞拜疆清楚地知道俄罗斯对于解决该问题的关键作用，其平衡政策很大程度上是为了在保持与俄合作关系基础上对俄罗斯施压以促成其改变在纳卡问题上对亚美尼亚的支持立场。

第五章 俄罗斯与外高加索三国安全关系的前景和影响

纵观独立以来俄罗斯与外高加索三国间安全关系的演变历史,外高地区这一传统战略要地在俄罗斯的地缘政治战略中的重要性在不断得到恢复。外高地区在历史上一直是俄罗斯南下中东的战略桥头堡,也是俄南翼安全的重要隔离带和缓冲区。外高地区也与俄罗斯在长达一百多年中处于同一个国家之内,在政治、经济、文化等各个方面都有着密切的往来与融合,特别是在苏联时期高度的计划体制下,双方的经济和工业体系更是高度相连,外高地区对俄罗斯形成了强烈的依赖性。独立初期的俄罗斯与外高地区的传统联系一度被隔断。俄罗斯精英的幼稚和不成熟导致了对于外高加索地区的漠视,将之视为包袱,不愿介入该地区的内部问题。而外高三国独立后由于民族主义的盛行,对俄多有仇视,例如阿塞拜疆和格鲁吉亚都在初期推行了疏俄、排俄甚至反俄的政策,人为地隔断与俄罗斯的传统联系。并且由于地区内部的阿布哈兹、纳卡问题先后爆发客观上也造成外高三国忙于内部事务,进一步拉远了与俄罗斯的联系。然而,地缘政治的实际情况促使各国的安全政策逐步向务实方向回归。俄罗斯在经历短暂的向西方"一边倒"的战略后,重新回到其传统大国的战略轨道上,注重实力与战略空间。在苏联传统战略利益空间被步步挤压的状态下,俄开始重视和强调独联体地区的地缘战略价值,将之视为俄罗斯重新成为世界大国的战略依托。在这种情况下,俄对于独联体重要组成部分的外高地区的重视程度也日渐提升,积极介入阿布哈兹、南奥塞梯、纳卡等地区争端,力图恢复俄对该地区的传统控制力和防范西方力量的渗透。而外高三国也相继从独立初期的极端民族主义情绪中走出，认识到俄罗斯对于各自在经济等方面的重要作用。格鲁吉亚和阿塞拜疆先后与俄罗斯恢复了正常的双边关系。只是由于与俄的传统关系、现实利益等各种因素的影响令三国与俄罗斯形成了三种截然不同的安全关系。虽然外高三国与俄罗斯在安全领域的关系各不相同，但外高地区与俄罗斯安全联系和互动的不断增强却是无可争辩的事实。

俄罗斯与外高国家虽然已经经历了 20 多年的互动，但这对于新独立国家而言仍是很短的时间，双方各自的安全战略都还需要发展和完善，双边安全关系仍处于调整演变阶段，充满了各种变化。俄罗斯和外高三国的安全战略和外交政策的调整将是未来决定双方安全关系走势的主因，但是外部力量的介入特别是美国因素仍将会发挥重要的影响。

一　俄罗斯与外高加索三国安全关系的前景

（一）俄罗斯与格鲁吉亚安全关系的前景

俄罗斯与格鲁吉亚目前仍然处于僵局之中，这是 2008 年俄格战争导致的直接结果。战争使得原来两国间的潜在矛盾完全公开化，并且造成俄直接承认了南奥塞梯和阿布哈兹两个地区的独立地位，令俄格关系彻底破裂。战争造成了俄格关系目前的局面，也影响着未来双方关系的走向，因此这里先分析下俄格战争对于俄格关系造成了哪些影响，又是哪些因素仍在发挥作用。

首先，战争迫使俄罗斯放弃了在阿布哈兹和南奥塞梯问题上的模糊政策。俄罗斯一直对阿布哈兹和南奥塞梯地区予以实际的支持，力图维持其半独立的现状，以便作为对格鲁吉亚控制的手段。这种支持的目的是以此来牵制和胁迫格鲁吉亚，其限度则是保持两个地区不独不统的现状，只有这种状态才最符合俄罗斯在格鲁吉亚的战略利益。而在官方层次上，俄罗斯始终承认格鲁吉亚领土的完整性，即承认格鲁吉亚拥有对阿布哈兹和南奥塞梯的主权。俄罗斯的这种模糊政策虽然令格鲁吉亚不满，但在战争之前格鲁吉亚无力迫使俄罗斯放弃对阿布哈兹和南奥塞梯的支持，双方维持着波动的关系。不过，俄罗斯政策上的有意模糊确实为俄格关系的变化留下了足够的弹性空间，双方虽然有着较量，但都有回旋的余地，这也使两国关系波折起伏却还大致保持正常关系。然而，战争的爆发迫使这种政策的模糊性难以为继。在格鲁吉亚选择武力解决南奥塞梯问题的情况下，俄罗斯武装介入也就表示了对分离地区的公开支持和与格鲁吉亚的决裂。格鲁吉亚此举也等同于逼迫俄放弃模糊政策，因此俄在战后承认南奥塞梯和阿布哈兹的独立地位实际上也是一种不得已的行为。就俄方而言，承认两地的独立地位反而大幅降低了牵制格鲁吉亚的战略效果。俄无法在这两个地区的归属问题上与格鲁吉亚做交易，在承认阿布哈兹和南奥塞梯独立地位的同时与格保持正常关系也是不可能的，双方完全处于对立面。而作为大国，俄罗斯既然已经对两个地区的独立予以承认，那么短期内就不会改变这种承认，因其关系到俄罗斯的大国信誉和国际声望。因此，俄格战争所造成的俄罗斯对阿布哈兹和南奥独立地位的承认成为阻碍俄格关系正常化的巨大鸿沟。双方关系在未来相当一段时间内都难以发生实质性改善。

其次，战争激化了格鲁吉亚对于俄罗斯的敌对情绪，同时在安全上更为依赖美国。格鲁吉亚在俄格战争中遭到惨败，俄罗斯不仅攻入南奥塞梯，还一度进入格鲁吉亚境内，并对包括首都第比利斯地区的军事设施进行了轰炸。虽然格鲁吉亚内部关于萨卡什维利政府贸然发动战争存在着很多异议，但战争的过程和结果也令格民众对俄罗斯产生了强烈不满。战争开始后俄罗斯与格鲁吉亚外交关系中断，俄在国内大规模遣返格鲁吉亚在俄务工人员，这也在格鲁吉亚引起仇视。虽然2013年萨卡什维利下台后格鲁吉亚与俄罗斯关系有所缓和，但战争留下的积怨在格民众中并未消散，加之一些亲西方力量的鼓动，对两国关系的改善形成了阻碍。前面提到的2019年因俄罗斯议员在第比利斯参加会议误坐格鲁吉亚议长椅子所引发的大规模民众抗议事件，恰恰体现了这种民众情绪对两国关系的破坏作用。同时，对俄持较为稳重态度的现格鲁吉亚执政党能否在2020年的议会选举中继续维系执政地位也尚未可知。尽管格鲁吉亚不太可能再重新走回萨卡什维利时代对俄极端政策的老路，格鲁吉亚民众也绝不希望2008年战争重演，但格民众对俄罗斯的敌对情绪是客观存在的，这一因素增加了俄格未来安全关系发展的变数，在某些情况下有可能造成两国关系的剧烈波动。

综上所述，虽然俄罗斯与格鲁吉亚的联系和往来有所恢复，但2008年俄格战争所造成的俄罗斯与格鲁吉亚双方关系的僵局短期内难以出现大的改观。

2013 年以来，俄格双方往来与关系的适度修复和俄格关系正常化间还有相当距离，两国要回到战争前正常的国家间关系还需要一定的时间和条件。俄罗斯对阿布哈兹和南奥塞梯独立的承认将是未来双方关系恢复和发展中极难处理的障碍，这个问题如何解决将直接考验双方领导人的智慧和对彼此关系的重视程度。但从现在的情况看来，短期内这个问题还没有解决的方案和迹象，俄罗斯对萨卡什维利下台后的格鲁吉亚政府采取了一定的缓和和拉拢的政策，也收到了一定效果，但在两国核心问题难以突破的情况下，格鲁吉亚任何政治力量都难以扭转格倒向西方的国家安全战略，这种缓和必然是相当有限度的。虽然双边联系由于彼此的现实需要应该会日渐恢复，但基本的信任和双边关系的全面恢复仍需相当一段时期，并且格鲁吉亚亲美脱俄的态势也很难发生根本性扭转。

（二）俄罗斯与亚美尼亚安全关系的前景

俄罗斯与亚美尼亚的双边关系自从建交以来十分稳定。亚美尼亚是俄罗斯在整个独联体内最为忠实的盟友，双方在安全领域密切合作，建立起同盟关系。俄罗斯在纳卡问题上支持亚美尼亚，在军事和经济上给予亚美尼亚大量援助，是亚美尼亚安全的实际保护者。亚美尼亚也在安全领域全面与俄合作，不仅允许俄罗斯军事基地的存在，还将防空等重要国防权限交予俄罗斯。此外，亚美尼亚还允许俄罗斯企业大举收购控制自己的重要工业和科研机构，从而事实上将经济命脉交由俄罗斯控制以换取俄对亚安全的保障。俄罗斯与亚美尼亚这种深度的安全合作使得双方的关系一直处于不断加深之中，没有俄格、俄阿关系中的起伏波折。

俄罗斯与亚美尼亚之所以能够建立和保持紧密的合作关系，主要在于双方对于彼此重要价值的认知和不存在严重的双边问题，而这一因素也同样对于将来双方关系的走势产生重要影响。为了自身南部的安全和战略影响力，俄罗斯必须要保证在外高加索这一传统势力区的控制力，而这需要在该地区保持适度的军事存在，将外高国家并入自身战略轨道。但是格鲁吉亚亲美反俄、阿塞拜疆摇摆不定，两国都不愿看到俄罗斯军事力量在地区的强化，拒绝向俄提供军事基地。亚美尼亚则积极满足俄罗斯在驻军等问题上的条件，全面配合俄罗斯在地区安全上的倡议。而且，亚美尼亚还是独联体集体安全条约组织在外高加索地区的唯一成员。该组织是俄罗斯在独联体范围内建立整体安全体系的主要支柱，也是俄罗斯在独联体地区保持影响力和领导权的重要工具。失去亚美尼亚，独联体集体安全条约将缺少南翼的重要战略环节，造成俄周边安全布局出现极大的漏洞。这令俄罗斯十分重视发展与亚美尼亚的合作关系，将之视为自己在外高地区可靠的盟友，也是牵制格鲁吉亚和阿塞拜疆、维护俄在该地区利益的关键国家。亚美尼亚对于俄罗斯的需要更甚于俄对亚的需要，亚美尼亚的国家生存和发展实际上一直都相当依赖俄罗斯。亚美尼亚因为纳卡问题与阿塞拜疆长期处于敌对状态，同时又和南部的土耳其有着长期的历史积怨，在纳卡战争后受到了阿塞拜疆及其盟友土耳其的联合边境封锁，令身为内陆国家的亚美尼亚经济遭受重创。加之亚美尼亚面积过小，资源缺乏，工业体系比较单一，独立生存困难重重。受限于地缘条件，亚美尼亚唯一真正能够依靠的大国只有俄罗斯。在边境受封锁后，亚美尼亚主要贸易往来对象都是俄罗斯，其能源供给大部分也来自俄罗斯。而在武器来源方面，俄罗斯通过赠予、贷款等方式转移给亚美尼亚的军事装备是其与阿塞拜疆抗衡、保卫国家安全的最为重要的实力来源。同时，亚美尼亚面对阿塞拜疆和土耳其针对自身的结盟关系，具有强烈的生存危机，但又无力单独应对阿土联合的威胁，只有依靠俄罗斯提供的安全保障才能保证其国家安全。因此，亚美尼亚对于俄罗斯的依靠是从生存角度而言的，是其面临的地缘政治困境所决定的，而这种地缘政治困境又大部分是因为纳卡问题而起。

未来俄罗斯与亚美尼亚关系的走向实际上也就取决于上述提到的因素的变化发展，即双方对于彼此的价值和重要性认识将会有何种变化。俄罗斯自从 2002 年以来对于阿塞拜疆的重视程度在日益加深，阿塞拜疆本身具有丰富的油气资源，也控制着里海中亚石油西输的关键通道。控制住阿塞拜疆也就彻底打破西方在外高地区的战略企图，格鲁吉亚的战略价值将大幅削减。因此俄罗斯逐步认识到外高地区最强国阿塞拜疆的关键性作用，近年来大力拉拢阿塞拜疆。俄阿关系出现了积极的发展，阿塞拜疆明显靠近俄罗斯。但是，阿塞拜疆目前并没有放弃其平衡战略，也不愿意完全受制于俄罗斯，其对外政策和安全战略对俄而言存在相当的不可靠性。在这种情况下，俄罗斯仍需要与亚美尼亚的联盟关系，需要一个坚定可靠的盟友以保证俄罗斯在该地区内的军事存在。俄罗斯近几年来在纳卡问题上的立场有所变化，不再坚持将该问题冷冻化以保持纳卡现状，而是表示出支持亚阿两国谈判解决问题的态度。利用纳卡问题牵制阿塞拜疆对于俄罗斯而言目前已经得不偿失，反而成为拉近俄阿关系的障碍，因此俄罗斯在这个问题上趋于中立，希望成为双方的调节人促成该问题的和平解决。但是，俄罗斯在纳卡问题上还是会非常顾及亚美尼亚的利益，在阿塞拜疆完全转变立场投向俄罗斯之前，俄不会大幅调整对亚美尼亚的政策。

亚美尼亚的安全困境短期内也不可能获得改变，这主要因为纳卡问题仍将长期困扰亚美尼亚。亚美尼亚国内在该问题上一贯坚持强硬的立场，特别是其海外庞大的侨民群体一直将纳卡视为民族精神的家园，坚决反对政府在这一问题上的妥协。亚美尼亚任何政府都不敢在这一领土争端上做出实质性的让步。阿塞拜疆同样面临国内民众的压力，坚持收回纳卡地区的控制权。双方在这个问题上的矛盾短期内无法得到实质性缓解。如此，亚美尼亚也就难以与阿塞拜疆建立正常的关系，消解阿塞拜疆对其的封锁和敌对意图。与土耳其的关系虽然近年来在俄罗斯的斡旋下有所缓和，但鉴于对亚美尼亚大屠杀问题等历史遗留问题的矛盾立场，双方民众的敌对情绪仍然强烈，历史积怨难以消解，再加上土耳其在纳卡问题上对阿塞拜疆的支持态度，亚土关系难以取得实质性进展。2018 年 3 月 1 日，亚美尼亚总统萨尔基相宣布终止有关亚美尼亚与土耳其实现双边关系正常化协定的核准进程。亚美尼亚在生存环境无法得到根本改善的状况下，不会大幅改变与俄结盟、在安全上依赖俄罗斯的政策。

正是因为在未来一段时间内促成俄亚同盟关系的因素仍将继续发挥作用，同盟关系还将维持和发展下去，在中短期内不会出现大的波动。当然，两国关系也面临一些挑战，比如俄罗斯与阿塞拜疆、与土耳其关系的调整，特别是在乌克兰危机后俄有意拉拢土耳其，土则意欲借力俄争夺中东主导权，俄土关系大幅改善。2016 年，在土耳其发生的未遂政变中，俄罗斯给予埃尔多安总统以支持，进一步推动了俄土关系的向好。未来俄会不会牺牲亚美尼亚利益换取与土耳其和阿塞拜疆的进一步合作，此种担忧就亚美尼亚而言也并非完全多虑，不过就中短期而言，这种可能性较低，无论从地缘战略还是从平衡需要，俄都绝不会轻易放弃亚美尼亚这一高加索地区最坚定的盟友。就亚美尼亚而言，无论是外部现实的战略压力还是国家发展的需要，保持与俄罗斯密切的战略同盟关系对其都是最为现实和必然的选择。

（三）俄罗斯与阿塞拜疆安全关系的前景

俄罗斯与阿塞拜疆的双边关系自 2002 年以来在逐步加强，最为根本的原因在于阿塞拜疆能源潜力和地理位置的重要性在日益凸显，俄罗斯对于阿塞拜疆的需求和重视在升高。此外阿塞拜疆在领土问题和国内政治问题上也需要俄罗斯的大力支持。这些原因共同促成双方关系的改善。

俄罗斯近年来愈加强调能源外交。2003 年俄罗斯批准的《2020 年俄罗斯能源战略》明确规定了在俄利益和外交重点地区发展能源战略。2009 年，俄罗斯通过《2030 年俄罗斯能源战略》，对上一战略进行了修正和完善，形成了比较系统的能源外交学说。[①] 俄罗斯将能源供应作为外交武器来实现自身战略，特别是针对欧洲地区。欧盟石油消费的 33%、天然气消费的 46% 来自俄罗斯。[②]俄罗斯为保持对欧盟的能源控制力，就必须防范欧盟在俄罗斯之外找到新的能源提供方。目前，中亚里海一带是各方关注的新的能源产地，因此加强对该地区能源的控制和垄断对俄愈加重要。而阿塞拜疆不仅本身拥有较为丰富的油气资源，还占据里海中亚油气绕过俄罗斯输入欧洲的关键地理位置。在绕开俄罗斯和伊朗的条件下，里海中亚地区如果向欧洲输送油气，阿塞拜疆就成为必经之途。能源已成为俄罗斯大国复兴的关键支柱，能源外交是其维护其国家利益的重要工具，因此俄必然日益重视阿塞拜疆这一地缘战略位置异常重要的外高国家。对于俄而言，只要控制住阿塞拜疆，也就锁住了中亚里海能源西输的咽喉，就可以保持自身对于欧洲的能源控制地位。同时，把阿塞拜疆拉入自身怀抱，俄罗斯也就能够在外高地区掌握控制权，格鲁吉亚将极有可能被迫转变亲美排俄的政策。能源外交战略将是经济缺乏活力的俄罗斯在未来十多年内坚持的既定战略，而里海和中亚油气资源的开发量和探明量也将会日渐上

---

① 高淑琴、贾庆国：《俄罗斯能源外交：理论学说的形成及发展趋势》，《东北亚论坛》2011 年第 2 期，第 61~67 页。

② Россия-Евросоюз：Энергетическое партнёрство，http：//counci.l gov.ru/inf_ ps/chronicle/ 2008 /11 /item8462. Html.

升，因此，只要伊朗与西方关系没有急剧的变化，阿塞拜疆对于俄罗斯的价值只会提升不会减弱，俄将继续对阿塞拜疆实行拉拢政策。

　　阿塞拜疆一直在奉行平衡战略，兼顾西方与俄罗斯。由于纳卡战争的教训，阿塞拜疆充分认识到俄罗斯在地区内的影响力，不敢如格鲁吉亚一般正面挑战俄罗斯。并且，纳卡一直处于亚美尼亚的控制之下，阿塞拜疆解决这一问题必须首先改变俄罗斯在这一问题上对于亚美尼亚的支持立场，否则阿塞拜疆不可能通过武力获得自己希望的结果，这在 20 世纪 90 年代的纳卡战争中已得到验证。阿塞拜疆在与亚美尼亚的较量中也无法指望获得西方单方面的支持，因为亚美尼亚本身与美国等国也保持着良好的关系，其在美国的移民团体的院外游说集团对于美对亚美尼亚政策具有相当强的影响力。在宗教等层面，亚美尼亚也与西方国家有着更多的共性。阿塞拜疆在得不到西方全力支持的情况下，要解决纳卡问题就需要发展与俄关系，谋求俄罗斯在此问题上立场的松动乃至支持。除了纳卡问题外，近年来阿塞拜疆在内政上也需要俄罗斯的支持。阿利耶夫家族长期控制阿塞拜疆国家政权，国内民主制度的发展极度缓慢，不仅在国内引起反对派的抗议，在国际上也经常招致美欧对于阿塞拜疆人权和民主倒退的批评，而俄罗斯在这些问题上对阿塞拜疆予以支持。这令小阿利耶夫总统对于西方推动阿国内"民主化"存有极大疑虑，希望借助俄罗斯防范和抵制西方的政治压力。纳卡问题的存在使得俄罗斯对于阿塞拜疆的重要性持续保持，特别是在俄格战争后，阿塞拜疆彻底认识到解决领土争端问题绝不可能绕开俄罗斯，西方的支持和承诺并不可靠，这种认识在乌克兰危机发生后得到了进一步的强化。而美欧对于阿塞拜疆阿利耶夫家族威权统治的批评一直在持续，小阿利耶夫将面临更大的民主化压力，再加上中东宗教极端力量向高加索地区扩散正威胁着阿世俗政权安全，与俄保持良好关系并获取更多支持成为阿塞拜疆的现实战略需要。

　　俄罗斯和阿塞拜疆这种战略上的相互需要将使俄阿关系在未来继续延续目前良好的发展势头，俄阿双方将更为接近。但是比较难以确定的是，阿塞拜疆是否将会最终偏离平衡东西的外交轨道与俄罗斯建立盟友关系。按照目前的情况看，这种情况发生的概率相对较小，虽然两国关系确实在不断改善，但阿塞拜疆与西方的关系也十分密切，美国和欧盟都积极投资阿能源产业，北约也与阿建立了合作关系。左右逢源的地位对于阿塞拜疆维护自身独立安全和获取利益都极具好处，从国家利益而言，阿塞拜疆选择完全投向俄罗斯并不明智。俄罗斯在纳卡问题上能够给予阿塞拜疆多大程度的支持也尚有疑问。尽管俄已经在调整纳卡问题上的立场，但这种调整的幅度短期内也不可能太大，俄必须顾及亚美尼亚的反应，俄亚同盟关系的存在严重限制了俄能够发挥的作用。但是，阿塞拜疆倒向俄罗斯与其结盟的可能性也是存在的。假如西方在阿塞拜疆策动针对其现政权的"颜色革命"并遭到挫败，就有可能导致阿塞拜疆政策的剧变，一如2005年乌兹别克斯坦在"安集延事件"后由亲美转为亲俄，重新加入集体安全条约组织。只不过由于美国目前战略重心正在朝印太地区转移，在外高地区挑起新的争端引发与俄罗斯的正面碰撞并不符合美国的利益，因此短期内美国策动阿国内"颜色革命"的可能性极低。

二　俄罗斯与外高加索三国安全关系的影响

(一)　地区影响

俄罗斯与外高地区安全关系的状态和变化对于周边的土耳其、伊朗以及中亚国家都有着重要的影响。

对于土耳其和伊朗而言，外高加索地区对其安全具有十分重要的意义。历史上俄罗斯就是从两国手中夺下的该地区，将其作为南下的桥头堡，对土耳其和伊朗形成了严重的威胁。独立后的外高加索一度与俄罗斯关系疏远，俄在此的军事存在和影响力急剧下降，这对于两国而言都是较为有利的局面。但随着俄罗斯重新返回外高加索，俄与外高地区的安全关系的加深和复杂化对两国再次产生冲击，不过由于土、伊与俄罗斯关系的不同，对两国的影响也存在很大的差别。

就土耳其而言，俄罗斯对于外高地区安全领域影响力的加强是有损其战略利益的。首先，土耳其在历史上与俄罗斯一直矛盾不断。俄罗斯屡次侵略土耳其，并且从其手中夺下了外高加索的大部分地区。土耳其长期以俄罗斯作为安全假想敌和最大威胁，加入北约主要也是为了借助西方力量抵御苏联对其国家安全的威胁。外高加索对土耳其国家安全意义重大。外高与土耳其在地理上没有高加索山脉这样的天然屏障，俄罗斯占据该地区就可以随时威胁土耳其的腹地。而如果俄失去对该地区的控制，则高加索山脉也就成为其南下的严重障碍和土耳其安全的重要屏障。因此，土耳其在苏联解体后趁俄罗斯力量虚弱的时机大举向外高扩展影响力，特别是加强与其同属突厥民族的阿塞拜疆的关系，形成了对亚美尼亚的战略同盟。同时土耳其也积极发展与格鲁吉亚的关系，积极筹划建设经阿塞拜疆、格鲁吉亚至土耳其的油气管线。这些举动都与俄罗斯的利益形成了一定的矛盾，而俄罗斯对外高控制力的增强一定会带来土耳其影响力的下降。实际上，2008 年俄格战争后，俄罗斯与外高地区安全关系的变化已经严重弱化了土耳其在该地区的影响力。首先，俄格战争令途经格鲁吉亚至土耳其的油气管线的安全性成为疑问。土耳其力图将自身打造成里海能源输出欧洲的重要通道和枢纽，以增强本身的战略地位。但俄格战争令土耳其这一辛苦筹划的战略受到严重威胁。其次，俄阿关系的缓和使得土耳其对阿塞拜疆的影响力下降。阿塞拜疆是目前外高地区最为重要的国家，土耳其在外高的影响力主要通过与阿塞拜疆的特殊关系来发挥。俄阿关系的缓和使阿塞拜疆在安全上对于土耳其的依赖性下降，这对土耳其是十分不利的。唯一对土耳其比较有利的变化是亚美尼亚面对俄阿关系缓和的压力而软化了对土耳其的态度。但这对于土耳其又是把双刃剑，与亚美尼亚关系的缓和势必引发阿塞拜疆的不满。从目前的情况来看，俄罗斯未来在外高地区的影响力将会呈上升趋势，土耳其可能不得不接受俄罗斯主导该地区的可能。

对于伊朗而言，俄罗斯与外高安全关系的加强是利大于弊的。伊朗在历史上也遭受过俄罗斯经外高加索对其的侵略，伊朗伊斯兰革命后对于外高方向的苏联威胁也是极为担心。但在苏联解体后，情况发生改变。伊朗与俄罗斯在军事、能源等领域的合作迅猛发展，俄成为伊朗事实上的战略伙伴。伊朗最为担心的不是俄罗斯对于外高地区控制力的恢复，而是担心西方力量的介入对其北部造成安全威胁。而随着伊朗核危机的升级，伊朗与美国关系日趋恶化，俄伊关系进一步凸显出其重要性。俄罗斯对于外高地区影响力的增强将有助于防范美国和北约军事力量在该地区的渗透，对于稳固伊朗的北部局势是有好处的。但是伊朗对于阿塞拜疆心存疑虑，这主要因为伊朗北部有大量阿塞拜疆人聚居区域，阿塞拜疆的发展将会可能引发民族分离问题，这是伊朗不愿看到的，也是在纳卡战争中伊朗支持信奉基督教的亚美尼亚而不支持同样信奉伊斯兰教的阿塞拜疆的根本原因。俄罗斯与阿塞拜疆关系的改善一方面确实降低了西方对阿塞拜疆的影响力，这对于伊朗是有利的，但同时俄罗斯对阿塞拜疆的重视有利于阿提升在地区内的地位，一个更为强大的阿塞拜疆又是不符合伊朗利益的。不过与西方扩大在该地区的影响力相比较而言，伊朗更愿意接受俄罗斯对外高控制力的上升。

外高局势的变化对于中亚的哈萨克斯坦和土库曼斯坦也有一定的影响。这两个国家都拥有丰富的油气资源，但由于地处内陆油气输出线路受到相当大的限制。苏联时代的能源管线布局令两国的油气资源都是经由俄罗斯输往其他地区。独立以来两国也希望能够降低俄罗斯对于自身油气输出的控制权，不断尝试新的输出线路，也取得了不小的进展，比如开拓东部市场，向中国铺设管道出口油气。而在西部方向，两国也极为希望能够开辟绕开俄罗斯向欧洲出口的管线，尤其近年来里海油气开发迅猛的哈萨克斯坦在这方面有着更为强烈的需求。哈萨克斯坦油气经阿塞拜疆和格鲁吉亚或亚美尼亚一线输出至土耳其港口将是最为可行的线路，目前已经投入运营的 BTC 管道就是从阿塞拜疆巴库直达土耳其港口杰伊汉，而哈萨克斯坦里海原油经油轮运至巴库就可通过该管线输出。未来一旦在里海下铺设管道，哈萨克斯坦原油西输的速度将会更快。但是，俄罗斯与阿塞拜疆关系的缓和及与俄格战争的爆发严重威胁到这条油气输出线路的可靠性和安全性。虽然俄罗斯与外高国家关系极端恶化以至发生战争并不符合哈萨克斯坦和土库曼斯坦的利益，但俄与该地区关系的强化和俄影响力的上升也并不是两国所期待的。

（二）国际影响

俄罗斯与外高加索的安全关系不仅对于地区层次的土耳其、伊朗等国具有强烈的冲击，对在该地有重要利益的美国、欧盟也都有相当的影响。

美国作为全球霸主和领导者，在全球范围内奉行维持霸权的战略，防范和遏制任何潜在的挑战者，保护自身的"利益"，尽可能地维系自身优势地位的延续。外高加索地区具有重要的战略价值，其安全局势的变化是作为霸主的美国相当关注的。外高加索对于美国的战略价值主要来自两个方面：一是来自中亚和外高加索地理位置的重要性；二是来自里海地区战略资源开发的巨大潜力以及能源输送管道走向所具有的地缘政治功能。①从根本上说，美国关注外高的主要因素在于俄罗斯。美国一直在严防俄罗斯再次崛起为超级大国，为此积极挤压俄罗斯的战略空间，将其限制在自身的疆域之内。对东欧国家美国通过北约东扩和欧盟东扩令其彻底脱俄，而对俄罗斯战略依托的独联体地区，美国也在积极介入，扶持反俄亲美国家，严防俄罗斯对独联体地区的成功整合。美国对于外高加索地区的重视是逐步升高的，与三国均有着密切的政治、经济、军事交往，重点拉拢阿塞拜疆和格鲁吉亚。美国希望能够逐步把外高国家拉入自身的战略轨道内，消除俄罗斯在该地区的影响力，这样不仅能打破俄罗斯整合独联体的重要一环，还能够阻断俄罗斯南下的重要通道，并且打通里海油气向西方出口的通道，削弱俄罗斯对于欧盟天然气供应垄断者的地位，降低俄罗斯能源外交的效用。因此，美国和俄罗斯在外高是直接的竞争者，俄罗斯与外高加索安全关系的状态直接影响到美国在这一地区的利益。

俄罗斯与外高国家在安全领域的加强不符合美国的利益，俄影响力的增强就意味着美国在该地区影响力的下降。美国需要的是外高国家脱离俄罗斯的安全影响在美国领导下形成对俄战略防范地带。但是在俄格战争之后，外高三国对于俄罗斯的力量和决心有了更为现实的认识。从目前的情况和趋势看，俄罗斯对于外高地区的整体影响力和控制力都处于上升之中。俄格战争彻底扑灭了格鲁吉亚借助美国支持来挑战俄罗斯地区战略的不切实际的幻想，格鲁吉亚对俄冒险政策彻底失败。格鲁吉亚虽然由于战争失败后与俄罗斯关系的僵局不得不延续其依靠美国的政策，但战争已经令格对西方支持的可靠性产生了一定的疑虑，丧失继续挑战俄罗斯关键战略利益的信心和勇气。与此同时，阿塞拜疆和亚美尼亚也被这场战争所震撼。阿塞拜疆从中得出解决地区领土问题无法绕开俄罗斯的结论，而亚美尼亚则对于俄罗斯提供的安全保障更有信心。因此，俄格战争后至今，在整个外高地区，俄罗斯的地区影响力呈上升态势。俄罗斯在保持与亚美尼亚战略同盟关系的同时，与外高加索地区核心力量阿塞拜疆的关系日益接近，令美国越来越难以在外高地区建立遏制俄罗斯的战略防护带。

---

① 胡尚哲、高永久：《美国的中亚和外高加索战略的演变》，《俄罗斯中亚东欧研究》2006年第2期，第66~74页。

但是，美国并不会放弃在外高地区的渗透和扩展自身的影响力，俄罗斯也难以排除美国的持续介入。外高三国都大力发展与美国的关系，不论是极度亲美的格鲁吉亚还是俄罗斯的盟友亚美尼亚，都十分希望能够与美国保持良好的关系，获得美国的援助和支持。从国家利益而言，外高三国均不希望完全受制于俄罗斯，美国的介入对于三国都是有好处的，可以平衡俄的影响，增加三国的独立性。特别是阿塞拜疆，一直在奉行平衡东西方的政策，虽然与俄罗斯的关系不断加强，但过于倒向俄罗斯也不符合其国家利益，目前看来，这种情况也不太可能在近期内发生。因此美国虽然在俄格战争后在外高地区的影响力受到了俄罗斯的遏制，出现一定程度的下降，但美俄与外高国家关系没有发生根本性变化，美国在该地区保有强大的影响力，仍然是俄罗斯面临的主要竞争者。

欧盟在外高的利益关注点主要在于里海油气管道的输出线路，并不存在俄美间地区霸权和战略竞争的问题。欧盟主要防范俄罗斯在欧洲方向的扩张，对于外高加索和中亚方向俄罗斯的动向缺乏安全上的关切性。欧盟介入外高加索的主要目的在于寻求新的油气供应源，降低对于俄罗斯的能源依赖，避免俄罗斯利用能源对其进行战略威胁。目前通过外高地区将里海能源运往欧洲的管道中 BTC 石油管道已经开通。然而，这条管道经过阿塞拜疆和格鲁吉亚，俄格战争和俄阿关系的改善令管线的安全性存在很大疑问，未来欧洲能否在与俄关系出现危机时获得该管线的稳定能源供给是存疑的。对于欧盟而言，独立而又与俄罗斯保持正常关系的外高地区最为符合其利益，但俄格战争的发生打破了欧盟的预想。不过，欧盟对于俄罗斯与外高国家安全关系的变化并不会过于敏感。这一方面因为外高油气输入量占欧盟国家进口总量的比重并不高，另一方面则是因为欧盟与俄罗斯存有诸多共同利益，在许多方面是合作的伙伴，欧盟在外高地区的油气管线在正常情况下不会受到俄方的威胁。因此，目前俄罗斯与外高国家安全关系虽然对于欧盟能源供应的布局不利，但是对其并不构成严重威胁，欧盟并不会改变目前较为中立克制的立场。

结　语

近年来，国内学界对于外高加索地区的兴趣在逐步增加，特别是 2008 年俄格战争后，对于该地区的关注度与之前相比有了显著的变化。然而与国外学界特别是欧美学界对外高加索较为浓厚的兴趣和丰富研究成果相比，国内在这方面的研究是较为薄弱的。一直以来，我们对于作为大国的俄罗斯较为关注，但对于作为小国的外高加索三国关注不足，研究成果也相对较少。对于俄罗斯与外高加索三国的安全关系到目前为止尚未有系统性的权威研究成果。本书希望能够在这个领域做出一些新的探索，让这个问题进入更多研究者和读者的视野，同时也希望能够为后续的研究者提供一些思路或借鉴，共同填补该领域存在的研究空白，为中国海外利益的拓展提供资料储备。

本书主要想解决两个问题，第一个问题是俄罗斯与外高加索三国分别形成了何种安全关系。根据对俄罗斯与格鲁吉亚、亚美尼亚和阿塞拜疆三国自独立以来安全关系演变历史的回顾和研究，最终确定俄罗斯与三国分别处于敌对关系、同盟关系和平衡关系。第二个问题则是为何一同从苏联分离出来并且处于同一狭小地域内的外高加索三国会与俄罗斯形成三种迥然不同的安全关系。三国都毗邻俄罗斯，处于俄罗斯的影响范围之内。然而，考察俄罗斯与三国的安全关系却不难发现这些安全关系的演变并没有完全按照俄罗斯的意愿进行，特别是与格鲁吉亚和阿塞拜疆的关系都显示出与俄罗斯利益相当程度的背离。考虑到双方力量对比的悬殊和地理位置的接近，这种情况的出现颇为引人注意。通过研究，本书将主要动因定为以下几条，即国际与地区体系结构、历史原因、领导人个性和领土争端。其中对三种关系的形成影响最大的是阿布哈兹、南奥塞梯和纳卡三个领土问题。俄罗斯在这三个问题上的立场和行为直接导致三国对俄态度和政策的不同，对俄与三国间不同安全关系的产生和发展具有最为重要的作用。

在此基础上，对于俄罗斯与外高加索三国安全关系的前景进行了展望。依据三组关系的历史和以上所做的分析研究，基本可以确定，只要不发生极为特殊的情况，俄罗斯在未来几年中与三国的安全关系将会基本维持现在的状况。但是就中长期而言，俄与格鲁吉亚的敌对关系将会缓和，与阿塞拜疆的关系将会逐渐接近，而与亚美尼亚的同盟关系则会出现相对松动。未来俄罗斯在外高加索的影响力将会呈上升趋势，虽然美国会继续在该地区与俄罗斯竞争以图防止俄重新掌控该地区，但俄军事实力的恢复和积极大胆的力量运用使得外高三国对于俄罗斯地区领导地位的接受度在日益升高。当然，这种预测还存在着一定风险和不确定性，一旦一些重大的小概率事件发生，发展趋势也可能偏离预期的轨道。

本书选取国际关系中的现实主义安全理论作为分析工具，主要基于问题本身的客观情况。理论应该服务于现实，而不是反其道而行之。现实主义理论并非近年来出现的新颖理论，但对于本书所研究的客体即俄与外高三国安全关系而言是非常适用的。俄与三国都是从苏联独立出来的国家，国家的转型均未完全结束，国家安全受到内外各方面实实在在的威胁。俄罗斯面临着来自西方的沉重政治军事压力和来自车臣等边疆地区民族分裂势力的挑战，而外高加索三国独立地位更是来之不易，对于如何在大国夹缝中保障国家的独立与安全既缺乏经验又充满焦虑。此外，俄与外高三国离西方发达国家的民主富裕社会标准相距遥远，其所处的外部国际环境也远远恶劣于西方国家，现实主义思想在俄与三国中深受精英及民众的认可，而自由主义和建构主义思想在这些国家的现实环境中则缺乏生长的土壤，安全领域尤为如此。因此，现实主义安全理论对于主权独立的强调和对于政治军事威胁的关注使其对俄罗斯与外高加索三国的安全关系具有极强的解释力，远非自由主义和建构主义理论所能相比。故此，本书最终选择这一并不新颖却适用的视角来对三组安全关系进行研究，以期更为准确地剖析其中的原因、变化及趋势。

　　通过研究，现实主义安全理论的确能够较好地解释俄罗斯与外高加索三国安全关系的主要方面，揭示了其深层次的动因。但是，在研究中也发现了现实主义理论解释的不足之处。现实主义安全理论主要注重国家政治军事领域的传统安全，强调大国的实力作用和力量对比，对于小国的作用是较为忽视的。这些特点又在新现实主义中体现得更为鲜明，其对于基于大国力量对比形成的国际结构的强调使之对于小国的作用相当忽略。这就使得现实主义安全理论在分析俄罗斯与外高加索三国的安全关系时也存在一定的局限性，因为俄与三国间是典型的大国与小国的关系，格鲁吉亚、亚美尼亚和阿塞拜疆无论从国土面积还是国家实力而言，都是极其标准的小国，与作为世界大国的俄罗斯相比差距异常悬殊。

　　现实主义安全理论能够很好地解释俄罗斯的安全战略和政策，但对于作为小国的外高加索三国的解释力则存在一些局限。本书注意到了这一问题，在运用现实主义理论分析的同时也进行了一定创新和发展。首先，本书将研究的重心在作为大国的俄罗斯与作为小国的格鲁吉亚、亚美尼亚和阿塞拜疆之间进行了较为均衡的分布。突出研究了现实主义安全思想对于小国安全战略、政策和行为的影响，从中发现现实主义安全研究虽对小国存在着忽视，但是其所强调的权力、利益等基本要素和对于传统安全的偏爱对小国而言也是极为重要的，只是现实主义较为忽略小国的视角。现实主义所强调的权力保障安全的思想同样适用于小国，只是由于小国的力量微弱，加之现实主义在研究国际安全问题时突出强调大国的作用，造成现实主义安全理论适用于大国而非小国的观感。

　　其次，本书在研究中对于小国在安全领域的特殊性进行了较多的考量，并基于此对现实主义理论应用于小国时的条件和方法进行了一定的探讨。小国与大国在安全利益上存在着明显的差异。小国由于实力孱弱，其安全关注点主要在于国家的主权独立与领土完整，安全利益较为集中于国家领土范围之内。而大国的安全关注点较为广泛，安全利益外延远远超出国家领土的范围，特别是当今世界由于核武器的威慑，大国间针对彼此本土的武力侵略发生的概率极低，国家主权独立和领土完整并非其关注焦点，在国际和地区层次基于实力所扩展的安全利益往往更为其所重视。现实主义强调了平衡、搭车、结盟在维护国家安全上的重要作用，但将大国视为这些手段的天然运用者，对于小国如何运用这些手段则较为忽视。而在现实中，小国由于本身实力弱小，其安全利益与国家生存密切联系，因此为维护自身安全在运用平衡、搭车、结盟这些手段时常常比大国更为积极和灵活。小国通过这些手段能够发挥远超其实力的作用，这在俄罗斯与外高加索三国的安全关系中得到了明显体现，特别是格鲁吉亚和阿塞拜疆在对俄关系上具有相当的主动性，其对俄格、俄阿安全关系所发挥的影响力远超双方间的实力对比所应产生的结果。本书对于作为小国的外高加索三国在运用现实主义安全手段中与作为大国的俄罗斯间的差异和特殊性进行了充分关注。

当然，即使对于现实主义安全理论做出了上述的调整也不可能完全消解该理论的天然局限性，这是任何理论都无法达成的目标。俄罗斯与外高加索三国的安全关系中自然包含着一些自由主义和建构主义理论更为强调的关系状态和动因，并且这些理论就某些方面提出的解释也可能优于现实主义理论。本书实际上也适当地接受了这两派理论的某些观点，在合理范围内扩大了现实主义的视野，以求相关研究更为全面深入。但是从整体而言，就本书的研究客体即俄罗斯与外高加索三国的安全互动而言，现实主义能够为三组安全关系形成和变化的根本动因提供最为充分的解释，其解释力的局限和不足对于研究的准确性和完整性并不构成根本性的影响。

参考文献

一 中文文献

（一）专著

1. 〔美〕汉斯·摩根索：《国家间政治：权力斗争与和平》（第七版），徐昕、郝望、李保平译，北京大学出版社，2006。

2. 〔美〕肯尼思·华尔兹：《国际政治理论》，信强译，上海人民出版社，2008。

3. 〔英〕麦金德：《历史的地理枢纽》，林尔蔚、陈江译，商务印书馆，2007。

4. 〔美〕布热津斯基：《大棋局——美国的首要地位及其地缘战略》，中国国际问题研究所译，上海人民出版社，2007。

5. 〔美〕詹姆斯·多尔蒂、小罗伯特·普法尔茨格拉夫：《争论中的国际关系理论》（第五版），阎学通、陈寒溪等译，世界知识出版社，2003。

6. 〔美〕阿诺德·沃尔弗斯：《纷争与协作——国际政治论集》，于铁军译，世界知识出版社，2006。

7. 〔美〕小约瑟夫·奈：《理解国际冲突：理论与历史》，张小明译，上海世纪出版集团，2005。

8. 〔美〕罗伯特·基欧汉：《霸权之后：世界政治经济中的合作与纷争》，上海世纪出版集团，2006。

9. 〔美〕罗伯特·基欧汉、约瑟夫·奈：《权力与相互依赖》，北京大学出版社，2002。

10. 〔美〕亚历山大·温特：《国际政治的社会理论》，秦亚青译，上海世纪出版集团，2000。

11. 〔美〕诺姆·乔姆斯基：《海盗与君主——现实世界中的国际恐怖主义》，叶青译，上海译文出版社，2006。

12. 〔英〕爱德华·卡尔：《二十年危机（1919~1939）》，秦亚青译，世界知识出版社，2005。

13. 〔俄〕安·德·兰尼克·米格拉尼扬：《俄罗斯之路——为何如此曲折》，新华出版社，2007。

14. 〔法〕菲利普·赛比耶-洛佩兹：《石油地缘政治》，潘革平译，社会科学文献出版社，2008。

15. 〔俄〕伊·伊万诺夫：《俄罗斯新外交——对外政策十年》，当代世界出版社，2002。

16. 〔俄〕外交与国防政策委员会：《未来十年俄罗斯的周围世界——梅普组合的全球战略》，新华出版社，2008。

17. 〔俄〕C. 3. 日兹宁：《俄罗斯能源外交》，王海运、石泽译，人民出版社，2006。

18. 〔美〕泽夫·卡庆主编《苏联主要民族手册》，费孝通等译，人民出版社，1982。

19. 〔德〕康德：《历史理性批判文集》，何兆武译，商务印书馆，1991。

20. 倪世雄：《当代西方国际关系理论》，复旦大学出版社，2011。

21. 楚树龙：《国际关系基本理论》，清华大学出版社，2003。

22. 白云真、李开盛：《国际关系理论流派概论》，浙江人民出版社，2009。

23. 李兴：《转型时代俄罗斯与美欧关系研究》，北京师范大学出版社，2007。

24. 李兴主编《中国马克思主义与当代》，北京师范大学出版社，2012。

25. 李渤：《俄罗斯政治与外交》，时事出版社，2008。

26. 李学保：《当代国际安全合作的探索与争鸣》，世界知识出版社，2006。

27. 宋新宁、陈岳：《国际政治学概论》，中国人民大学出版社，2000。

28. 孙壮志主编《列国志·阿塞拜疆》，社会科学文献出版社，2005。

29. 苏畅主编《列国志·格鲁吉亚》，社会科学文献出版社，2005。

30. 施玉宇、高歌、王鸣野编著《列国志·亚美尼亚》，社会科学文献出版社，2005。

31. 赵常庆：《十年巨变：中亚和外高加索卷》，中共党史出版社，2004。

32. 门洪华：《和平的维度：联合国集体安全机制研究》，上海人民出版社，2002。

33. 上海太平洋国际战略研究所：《俄罗斯国家安全决策机制》，时事出版社，2007。

34. 朱锋：《国际关系理论与东亚安全》，中国人民大学出版社，2007。

35. 康少邦、官力：《国际战略新论》，解放军出版社，2006。

36. 袁胜育：《转型中的俄美关系——国内政治与对外政策的关联性研究》，社会科学文献出版社，2006。

37. 吴宏伟：《俄美新较量——俄罗斯与格鲁吉亚的冲突》，长春出版社，2009。

38. 李静杰、郑羽：《俄罗斯与当代世界》，世界知识出版社，1996。

39. 潘德礼、许志新：《俄罗斯十年，世界知识出版社》，2003。

40. 王绳祖：《国际关系史：1648~1979》，世界知识出版社，1996。

41. 郑羽：《既非盟友也非敌人——苏联解体后的俄美关系》，世界知识出版社，2006。

42. 郑羽、李建民：《独联体十年》，世界知识出版社，2002。

43. 晓阳：《俄罗斯利益集团》，当代世界出版社，1999。

44. 学刚、姜毅：《叶利钦时代的俄罗斯》（外交卷），人民出版社，2001。

45. 谭索：《叶利钦的西化改革与俄罗斯的社会灾难》，社会科学文献出版社，2009。

46. 顾志红：《普京安邦之道：俄罗斯近邻外交》，中国社会科学出版社，2006。

47. 朱可辛：《普京之治》，中共中央党校出版社，2007。

48. 陆齐华：《俄罗斯和欧洲安全》，中央编译出版社，2001。

49. 军事科学院世界军事研究部：《俄联邦军事基本情况》，军事科学出版社，2004。

50. 薛兴国：《俄罗斯国家安全理论与实践》，时事出版社，2011。

51. 冯绍雷、相蓝欣：《俄罗斯与大国及周边关系》，上海人民出版社，2005。

52. 任飞、狄飞：《中亚五国与南高加索三国投资环境》，经济科学出版社，2018。

53. 滕仁：《地缘政治视角下的俄罗斯与外高加索国家关系研究》，黑龙江大学出版社，2014。

（二）论文

1. 〔亚美尼亚〕卡拉佩特·卡连强：《世界新秩序和亚美尼亚安全》，《俄罗斯中亚东欧研究》2009 年第 3 期。

2. 〔俄〕谢尔盖·马尔科多诺夫：《大高加索的危机与俄罗斯》，《俄罗斯研究》2011 年第 2 期。

3. 〔美〕布兰德利·沃麦克：《美国实力的现实与局限》，《吉林大学社会科学学报》2004 年第 1 期。

4. 刘胜湘：《西方现实主义国际安全理论及其批判》，《武汉大学学报》（哲学社会科学版）2006 年第 2 期。

5. 李少军：《评"民主和评论"》，《欧洲》1995 年第 4 期。

6. 李义虎：《国际格局研究的现实主义取向和"中国学派"》，《国际政治研究》2004 年第 2 期。

7. 秦亚青：《现实主义理论的发展及其批判》，《国际政治科学》2005 年第 2 期。

8. 刘侣萍、崔启明：《北约日益重视外高加索地区的战略地位》，《俄罗斯中亚东欧研究》2008 年第 1 期。

9. 李兴：《论冷战后美俄关系中的欧亚地缘因素》，《国际政治研究》2005 年第 3 期。

10. 李兴：《论冷战后美俄关系中的欧亚地缘因素》，《国际政治研究》

2005 年第 3 期。

11. 郑羽：《俄罗斯的独联体政策：十年间的演变》，《东欧中亚研究》2001 年第 4 期。

12. 郑羽：《俄罗斯国家经济安全战略与 1998 年金融危机》，《俄罗斯中亚东欧研究》1999 年第 6 期。

13. 柳丰华：《普京时期俄罗斯的独联体政策》，《国际论坛》2008 年第 9 期。

14. 王彦：《独联体地区安全结构分析：俄罗斯中亚东欧研究》，2001 年第 3 期。

15. 赵龙庚：《大国在高加索地区的利益博弈》，《亚非纵横》2009 年第 2 期。

16. 赵龙庚：《高加索地区的问题及症结》，《现代国际关系》2000 年第 10 期。

17. 赵龙庚：《中亚和北高加索地区伊斯兰极端势力的活动及警示》，《亚非纵横》2006 年第 2 期。

18. 于洪君：《格鲁吉亚在兄弟阋墙的浩劫中痛苦挣扎》，《东欧中亚研究》1996 年第 2 期。

19. 汪金国、王志远：《论冷战后俄罗斯对南高加索战略的演变》，《俄罗斯中亚东欧研究》2009 年第 5 期。

20. 章平：《俄罗斯东欧中亚研究》，《东欧中亚研究》1994 年第 3 期。

21. 黄登学：《俄格冲突的根源探析》，《东北亚论坛》2009 年第 1 期。

22. 朱锋：《俄格冲突的国际政治解读》，《现代国际关系》2008 年第 11 期。

23. 王郦久：《俄格冲突的国际影响分析》，《外交评论》2008 年第 5 期。

24. 孙壮志：《谈俄罗斯与外高加索三国的关系》，《东欧中亚研究》1997 年第 6 期。

25. 孙壮志：《阿塞拜疆新总统——盖·阿·阿利耶夫》，《俄罗斯中亚东欧研究》1993 年第 6 期。

26. 毕洪业：《转型以来俄罗斯与外高加索国家关系的演变》，《俄罗斯研究》2003 年第 4 期。

27. 毕洪业、陈国庆：《后冷战时期俄美在格鲁吉亚的地缘政治较量》，《俄罗斯研究》2006 年第 4 期。

28. 毕洪业：《俄罗斯地缘外交中的格鲁吉亚》，《俄罗斯中亚东欧研究》2005 年第 3 期。

29. 冯玉军：《试析俄格冲突的战略内涵》，《俄罗斯中亚东欧研究》2008 年第 6 期。

30. 冯玉军：《大国及地区势力对中亚高加索的争夺及其影响》，《东欧中亚研究》1997 年第 6 期。

31. 戴平辉：《结构性权力下的美国霸权》，《太平洋学报》2004 年第 1 期。

32. 杨洁勉：《浅析奥巴马政府的全球战略调整》，《国际问题研究》2011 年第 2 期。

33. 王晓玉、王月红：《美俄争夺外高加索的发展态势》，《国际问题研究》2001 年第 4 期。

34. 范军：《美国：从中亚到南高加索》，《俄罗斯研究》2002 年第 2 期。

35. 许晓光：《南高加索民族冲突与亚美尼亚民族问题的由来》，《俄罗斯东欧中亚研究》1993 年第 1 期。

36. 李中海：《外高加索三国经济转轨特点及效果评价》，《东欧中亚研究》2001 年第 5 期。

37. 李抒音：《外高加索形势对俄罗斯安全环境影响分析》，《俄罗斯中亚东欧研究》2006 年第 3 期。

38. 杨恕、张会丽：《俄格冲突后的格鲁吉亚局势》，《俄罗斯中亚东欧研究》2010 年第 1 期。

39. 胡尚哲、高永久：《美国的中亚和外高加索战略的演变》，《俄罗斯中亚东欧研究》2006 年第 2 期。

40. 陈宪良：《俄罗斯与格鲁吉亚关系的变化及走势》，《俄罗斯中亚东欧研究》2008 年第 5 期。

41. 陈宪良、张梅：《普京执政时期俄罗斯与格鲁吉亚的关系》，《西伯利亚研究》2008 年第 5 期。

42. 周媛、丛鹏：《解读美俄博弈格鲁吉亚的地缘战略因素》，《国家观察》2008 年第 2 期。

43. 宋志明：《美国的介入对格鲁吉亚与俄罗斯关系的影响》，《西伯利亚研究》2004 年第 6 期。

44. 季志业：《俄格冲突对国际关系的影响探析》，《现代国际关系》2008 年第 9 期。

45. 谭德峰、张玉国：《俄格冲突与俄罗斯独联体政策的未来》，《东北亚论坛》2009 年第 2 期。

46. 吕萍：《浅析俄格关系的新发展》，《俄罗斯学刊》2014 年第 6 期。

47. 毕洪业：《俄罗斯对阿塞拜疆外交的困境与前景》，《俄罗斯学刊》2014 年第 2 期。

48. 张建勋：《制约美国在外高加索战略利益的俄罗斯因素探析》，《西伯利亚研究》2009 年第 2 期。

49. 陆文华：《美国地缘战略中的亚美尼亚》，《东欧中亚研究》2001 年第 5 期。

50. 姜春良：《美俄角逐高加索》，《现代军事》2002 年第 4 期。

51. 张佩贤：《浅析中亚及高加索地区伊斯兰教的复兴》《俄罗斯中亚东欧研究》1992 年第 6 期。

52. 张超哲：《由南奥塞梯战争看美俄在格鲁吉亚的地缘战略博弈》，《经营管理者》2009 年第 23 期。

53. 孙超：《南高加索安全复合体的生成困境探析》，《俄罗斯研究》2017 年第 2 期。

54. 涂志明：《冷战后欧盟对南高加索地区政策研究——政策演变、主要动因和影响要素》，《俄罗斯研究》2018 年第 2 期。

55. 侯艾君：《中国在外高加索地区的安全风险及其规避》，《国际安全研究》2019 年第 2 期。

56. 罗兰：《中国在东欧及南高加索地区的规划》，《国外社会科学》2019 年第 2 期。

57. 邓浩：《中亚和外高加索地区形势的演变及其走向》，《俄罗斯东欧中亚研究》2017 年第 6 期。

58. 陈寒溪、肖欢容：《国际政治结构：概念的批判》，《外交评论》2009

年第 4 期。

59. 丁晓星：《外高加索地区的民族矛盾与冲突》，《中国世界民族学会第八届会员代表大会暨全国学术讨论会论文集（下）》，2005。

二 外文文献

（一）英文文献

1. De Waal, Thomas. *Black Garden：Armenia and Azerbaijan Through Peace and War* . New York University Press，2003.

2. Cohen，J.（Ed.）. *A Question of Sovereignty，The Georgia-Abkhazia Peace Process* . Conciliation Resources，London，1999.

3. Coppieters，B.. *Federal Practice，Exploring Alternatives for Georgia and Abkhazia* . VUB University Press，2000.

4. Hill，Fiona. *Energy Empire：Oil，Gasand Russia's Revival.* London：The Foreign Policy Center ，2004.

5. Areshidze，Irakly. *Democracy and Autocracy in Eurasia：Georgia in Transition.* East Lansing：Michigan State University Press，2007.

6. Zürcher，Christoph. *The Post-Soviet Wars：Rebellion，Ethnic Conflict，and Nationhood in the Caucasus.* New York：New York University Press，2007.

7. Blainey，Geoffrey. *The Causes of War* . New York：The Free Press，1988.

8. Ebel，Robert，and Rajan Menon（eds.）. *Energy and Conflict in Central Asia and the Caucasus.* Lanham：Rowman & Littlefield，2000.

9. Deyermond，Ruth. *Security and Sovereignty in the Former Soviet Union.* Boulder：Lynne Rienner Publishers，2008.

10. Wheatley，Jonathan. *Georgia from National Awakening to Rose Revolution.* London：Ashgate Publishing Limited，2005.

11. Nygren，Bertil. *The Rebuilding of Greater Russia.* London：New York. Routledge，2008.

12. Gilpin，Robert. *War and Change in World Politics.* Cambridge：Cambridge University Press，1981.

13. Amineh, M. P. . *Globalisation, Geopolitics and Energy Security in Central Eurasia and the Caspian Region*. The Hague: Clingendael International Energy Programme, 2003.

14. Cornell, S. E. R. N. MCDermott, W. O'Malley, V. Socor, S. F. Starr. *Regional Security in the South Caucasus: The Role of NATO*. Central Asia-Caucasus Institute , 2004.

15. Goodhand, J. and T. Vaux. *War and Peace in the Southern Caucasus*. Humanitarian Initiatives, 2002.

16. Hansen, S. , *Pipeline Politics, The Struggle for Control of the Eurasian Energy Resources* . Clingendael International Energy Programme, April 2003.

17. Huber. M. *State-building in Georgia: Unfinished and at Risk?*. Clingendeal Institute, February 2004.

18. Ruseckas, L. . *State of the Field report: Energy and Politics in Central Asia and the Caucasus* . The National Bureau of Asian Research, 1998.

19. Billmeier, A. , Dunn, J. & Selm, B. van. *In the Pipeline: Georgia's Oil and Gas Transit Revenues*. IMF Working paper, November 2004.

20. Baev, Pavel, Bruno Coppieters, Svante E. Cornell, David Darchiashvili, Arman Griorian, Dov Lynch. *The South Caucasus: A Challenge for the EU*. Institute for Security Studies, December 2003.

21. *Independent International Fact-Finding Mission on the Conflict in Georgia*. September 2009.

22. Chicky, Jon E. *The Russian-Georgian War: Political and Military Implications for U. S. Policy*. Central Asia-Caucasus Institute & Silk Road Studies Program, February 2009.

23. Blank, S. J. . *U. S. Military Engagement with Transcaucasia and Central Asia*, The Strategic Studies Institute, June 2000.

24. Blank, S. J. . *Energy and security in Transcaucasia*. Stratetic Studies Institute, 7 September 1994.

25. Tardieu, Jean-Philippe . *Russia and the "Eastern Partnership" After the War*

in Georgia . Russia /NIS Center, August 2009.

26. Migdalovitz, Carol. *Armenia-Azerbaijan Conflict.* CRS Issue Brief for Congress. Order Code IB92109, 2003.

27. Lapidus, . Gail W. "Between Assertiveness and Insecurity: Russian Elite Attitudes and the Russia -Georgia Crisis." *Post-Soviet Affairs*, Vol. 23, No. 2, 2007.

28. Chepurin, Aleksandr. "Seven Subjects on Russian-Georgian Agenda." *International Affairs* , Vol. 50, Issue 3 , 2004.

29. Karaganov, Sergei. "Russia and Beyond. Moscow and Tbilisi: Beginning Anew." *Russia in Global Affairs* 31 March 2004, No. 1.

30. Narochnitskaya, Natalia. "Caucasian Wars as an Instrument of Geopolitics." *Russian Analytica*, September 2004.

31. Stulberg, Adam. "Moving Beyond the Great Game: The Geoeconomics of Russian Influence in the Caspian Energy Bonanza." *Geopolitics* 10, 2005.

32. Russetski, Alexander and Siegfried Woeber. "Abkhazia and South Ossetia: Basic Principles for an Effective Transformation of the Peace Process ." *Helsinki Monitor*, 2005, No. 2.

33. Ivanov, Y. "Russia's National Security Problems in Transcaucasia and the Era of Globalization ." *Military Thought*, 1 January 2005.

34. Rutland, P. "Russia's Response to U. S. Regional Influence." *NBR Analysis*, Vol. 14, No. 4, November 2003.

35. Baran, Z. "The Caucasus: Ten Years after Independence." *Washington Quarterly*, Vol. 25, No. 1, Winter 2002.

36. Berman, I. . "The New Battleground: Central Asia and the Caucasus." *Washington Quarterly*, Vol. 28, No. 1, Winter 2004-2005.

37. Winrow, . G. M. "Pivotal State or Energy Supplicant? Domestic Structure External Actors, and Turkish Policy in the Caucasus." *Middle East Journal*, Vol. 57, No. 1, Winter 2003.

38. DeTemple, . J. "Military Engagement in South Caucasus-NATO." *Joint Force Quarterly*, Autumn-Winter, 2001.

39. Appathurai，. J. "NATO's Evolving Partnerships ." *NATO Review*，Vol. 49，No. 3，Autumn 2001.

40. Nassibli，N. "Azerbaijan's Geopolitics and Oil Pipeline Issue. " *Perceptions*，December 1999-February 2000.

41. Malik，Martin. "Terms of Reference of Security Policy in Southern Caucasus. " *Central Asia and the Caucasus*，Vol. 6，No. 24，2003.

42. Fall，Brian. "Conflict in the South Caucasus. " *Asian Affairs*，Vol. 37，No. 2，July 2006.

43. Fairbanks，Charles. "Georgia's Rose Revolution. " *Journal of Democracy*，Vol. 15，No. 2 ，April 2004.

44. Jenkins，Gareth. "Turkey Caught in a Dilemma over South Ossetia. " *Eurasia Daily Monitor*，August 11，2008.

45. Strachota，Krzysztof . "The Southern Caucasus and Central Asia after the Russian-Georgian War：The Geopolitical Consequences. " *CES Commentary* 10，2008.

46. Stulberg，Adam. "Moving Beyond the Great Game：The Geoeconomics of Russian Influence in the Caspian Energy Bonanza. " *Geopolitics* 10，2005.

47. Auvinen，Juha. "Political Conflict in Less Developed Countries 1981 – 1989. " *Journal of Peace Research*，Vol. 34，No. 2 ，1997.

48. Heslin，Sheila. "Key Constraints to Caspian Pipeline Development：Status，Significance and Outlook. " Austin，TX：James A. Baker III Institute Working Paper，1998.

49. Hill，Fiona，and Regine Spector. "The Caspian Basin and Asian Energy Markets. " Washington，D. C. ：The Brookings Institution，Conference Report No. 8，September 2001.

（二）俄文文献

1. С. А. Ланцова В. А. Ачкасова，Мировая политика и международные отношения，Питер 2008.

2. Кимитака Мацузато：Историографический диалог вокруг непризнанных государств，Sapporo：Slavic Research Center，Hokkaido University，2007.

3. Блиев，Марк Макси мович: Южная Осетия вколли зиях российско－грузин ских отношений，М.：Европа，2006.

4. Договора между Российской Федерацией и Республикой Армения о российской военной базе на территории Республики Армения，16 марта 1995г. Архив МИД Республики Армения.

5. Сваранц А. Пантюркизм в геостратегии Турции на Кавказе：Моног-рафия. М.：Гуманитарйи，2002.

6. "Стратегия национальной безопасности Республики Армения"-принятым Указом Президента РА от 7. 02. 2007г.

7. "Грузия угрожает выходом из договора по Осетии"，BBC Russia，20 June 2004.

8. В. Кешелава：Российско-грузинские отношения：Абхаз. ракурс：（Попубл. газ. "Свобод. Грузия" −1999−2003гг.），Тбилиси：Мецниереба，2004.

9. В. К. Шмагина. Стратегический интерес США и Россияв Грузии. Время новостей，2003，№8.

10. Конова лов В. . Цветоват М. Гео стратеги ческие игры на Большом Кавказе. Космополис，2007（2）.

11. См. "Стратегический курс России с государствами-участниками Содружества Независимых Государств"，Российскаягазета，23 сентября 1995г.

12. Ивашов Л. Г. Россияили Московия? Геополитическое измерение наци-ональной безопасности России. М. ，2002.

13. Буралков. А. А. Грузия и Россия：стрологические причины напряженных отношений последних лет. Астрология в Красноярске，Астрология，2006，№7.

14. Роман Сетов. Конфликт Россия-Грузия：локальные действия и глоб-альные последствия. Независимаягазета，2007，№13.

15. Ю. Иванов. Проб лема национальной безопасности России в эпоху глоба лизации// Военная мысль，2005（5）.

16. Т. Рапопорт：Восстание меньшинств：Косово. Молдавия. Украина. Грузия. Курдистан：сб. информационного агентства REGNUM，М.：Европа，2006.

17. Вячеслав Трубников. Россия не уступит никому свое место в СНГ. Время новостей. 17. 03. 2004г.

18. Владимир Беляев, "Между МоскВой и Вашингтоном," Международная жизнь, янв, 2009.

19. Американские конгрессмены критикуют Россию за поддержку Абхазии и Южной Осетии, http：//www. novopol. ru/text43403. html.

20. Мельсида Акпоян: Пребывание Россий ских военно служащих на территории Грузии является незаконным – Якобашвили, http: www. news-georgia. ru/ geo1/ 20080830/42324610. html.

21. "Медведев и Саакашвили рассчитывают на норма лизацию российско-грузинских отношений", http：//www. novopol. ru/text38350. html.

22. Концепция внешней политики Российской Федерации. 12 июля 2008 года. http：// www. kremlin. ru/text/docs/2008/07/204108. shtml.

23. Вахтанг Сихару лидзе, Президент Грузии Михаил Саакашвили своим выступлением открыл сессию Генеральной Ассамблеи ООН в пятницу 22 сентября, http：//www. nukri. org/index. php? name = News&file = article&sid = 711.

24. Алексей Малашенко, "Полёт российских само лётов был россчитан на кондолиэурайс..." , http：//www. pankisi. info/analitic/? page = ru& id = 243.

25. Стенограмма выступления и ответов на вопросы СМИМинистра иностранных дел России С. В. Лаврова, http：//www. mid. ru/brp _ 4. nsf/ 0/B56EB574056F B73FC32574 AA005A EDA8.

26. Грузия Получит от США' Реальную Информацию' о Происходя щем в Абхазии. http：//www. novopol. ru/text43600. html.

27. Путин: Войнув Грузии развязали. http：//grani. ru/Politics/ World/ US/RF/m. 140693. html.

三　网站资源

http：//euroasia. cass. cn/（中国社科院俄罗斯东欧中亚研究所）。

http：//www. silkroadstudies. org/new/（中亚高加索研究所丝绸之路项目）。

http：//www. criticalthreats. org/（关键性威胁网）。

http：//merln. ndu. edu/（军事教育研究文库网）。

http：//csis. org/region/caucasus（战略与国际研究中心）。

http：//www. globalresearch. ca/index. php？context＝home（全球化研究中心）。

http：//www. iiss. org/（战略研究国际研究所）。

http：//www. bilgesam. org/en/（智者战略研究中心）。

http：//www. ararat-center. org/（Ararat 战略研究中心）。

http：//www. noravank. am/eng/（Noravank 基金会）。

http：//www. crisisgroup. org/（国际危机组织）。

http：//belfercenter. ksg. harvard. edu/（哈佛贝尔福研究中心）。

http：//www. eurothinkers. eu/（欧洲研究中心）。

http：//www. consilium. europa. eu/showPage. aspx？lang＝EN（欧盟理事会）。

http：//www. core-hamburg. de/（欧安组织研究中心）。

http：//www. iss. europa. eu/（欧盟安全研究所）。

http：//www. gees. org/（战略研究组）。

http：//fpc. org. uk/（外交政策中心）。

http：//www. fpif. org/（外交政策聚焦）。

http：//www. cria-online. org/（高加索国际事务评论）。

http：//www. eurasianet. org/（欧亚大陆网）。

http：//asbarez. com/（亚美尼亚网站）。

http：//news. am/eng/（亚美尼亚地区新闻网）。

http：//www. armstat. am/en/（亚美尼亚国家统计网）。

http：//www. panarmenian. net/（泛亚美尼亚网）。

http：//www. aaainc. org/（美国亚美尼亚人会议）。

http：//www. news. az/（阿塞拜疆新闻网）。

http：//today. az/（今日阿塞拜疆网）。

http：//premier. gov. ru/eng/（俄联邦政府）。

http：//eng. kremlin. ru/（俄联邦总统）。

http：//mil. ru/eng/（俄联邦国防部）。

http：//english. ruvr. ru/（俄罗斯之声）。

http：//www. cdi. org/russia/（防御信息中心-俄罗斯周刊）。

http：//eng. globalaffairs. ru/（全球事务中的俄罗斯）。

http：//www. sam. gov. tr/（土耳其外交部）。

http：//www. whitehouse. gov/（美国白宫）。

http：//opencrs. com/（美国国会调查报告）。

http：//www. state. gov/（美国国务院）。

http：//www. netnewspublisher. com/（网络新闻出版者）。

http：//www. nato. int（北约官网）。

http：//guam-organization. org/（古阿姆组织官方网站）。

http：//defence. janes. com/（简氏防务中心）。

附　录

附录1　阿布哈兹问题

阿布哈兹是格鲁吉亚境内的自治共和国，位于格鲁吉亚西北部，处于黑海和大高加索山的脊线之间，濒临黑海的东岸。阿布哈兹只占格鲁吉亚9%的领土，却拥有其海岸线的近一半。目前大约有20万人口。阿布哈兹矿产丰富，离俄罗斯城市索契仅30公里，其首府苏呼米的不冻港对俄罗斯具有重要战略意义，是黑海地区唯一能同塞瓦斯托波尔港相媲美的港口。此外，位于古道塔（Gudauta）的军用机场能在各种天气条件下起落飞机。

早在公元8世纪，独立的阿布哈兹王国就曾经存在过，但随后被并入格鲁吉亚。其后又长期处于奥斯曼帝国的统治之下。1810年，阿布哈兹签署条约，独立于格鲁吉亚之外接受沙俄保护，并且直到1864年都保持了自身的基本自治。1864年，俄罗斯将阿布哈兹国王流放，正式将阿布哈兹兼并入俄帝国。俄罗斯十月革命后，阿布哈兹也于当年11月8日宣布独立，选举产生了阿布哈兹民族委员会，并通过了宪法。但这次独立时间很短，1918年5月26日，格鲁吉亚民主共和国宣布成立，随后在6月就武装占领了阿布哈兹。

1921年，布尔什维克政权在阿布哈兹首先建立然后扩展到格鲁吉亚。阿布哈兹在全部主权独立的条件上于1921年12月16日与格鲁吉亚签订联合条约，无论是在官方文件还是在著作中，阿布哈兹在1921~1936年都是作为一个与格鲁吉亚联合的条约共和国而存在的。1925年阿布哈兹通过的宪法宣称阿布哈兹为主权独立的社会主义共和国。其中第 3 条规定阿布哈兹通过与格鲁吉亚的特殊条约加入外高加索苏维埃社会主义联邦共和国，并且其在苏联通过外高共和国成员的身份被代表。苏联 1924 年宪法第 15 条也提到阿布哈兹是自治共和国。1931 年，苏共中央决定将阿布哈兹降格为格鲁吉亚的一个自治共和国。这一决定虽然强行获得了实施，但引发阿布哈兹民众的广泛不满，也埋下了此后阿布哈兹对格鲁吉亚仇恨的种子。在其后的苏联时期，阿布哈兹对格鲁吉亚的不满日益增长，一直未曾放弃脱离格鲁吉亚恢复自身独立共和国地位的愿望，在 1957 年和 1977 年都曾向苏联领导人呼吁将阿布哈兹从格鲁吉亚转入俄罗斯联邦，而 1988 年阿布哈兹共产党领导层更是直接要求苏联联盟中央恢复 20 世纪 20 年代阿布哈兹与格鲁吉亚完全平等的地位。

　　1990 年 7 月，格鲁吉亚议会为了恢复自身在 1918～1921 年的独立共和国地位，将苏联时期的行为都宣布为非法。这一决定也就意味着取消了阿布哈兹的条约地位及它 1931 年的自治地位。作为回应，阿布哈兹最高苏维埃在法定代表人数不足的情况下在 1990 年 8 月 25 日通过了《阿布哈兹国家主权的宣言》和《关于阿布哈兹国家地位法律保障的决议》。格鲁吉亚最高苏维埃宣布上述立法行为都是无效的。双方的僵持一直持续到 1991 年 8 月格鲁吉亚总统加姆萨胡尔季阿和阿布哈兹领导人阿尔津巴达成权力分享协议。根据该协议，占阿布哈兹人口 45.7% 的格鲁吉亚人拥有总共 65 个议席中的 26 席，占 18% 的阿布哈兹人拥有 28 席，其他族群——俄罗斯族、亚美尼亚族和希腊族拥有 11 席。第一次在法律基础上的选举在 1991 年 9 月举行，这被视作阿布哈兹和中央关系的改善。但是，该协议并没有明确阿布哈兹和格鲁吉亚间的关系，并且引发了格鲁吉亚内部对于总统过多让步的不满。1992 年加姆萨胡尔季阿在政变中被赶下台，格鲁吉亚转而对阿布哈兹采取强硬措施，侵入阿布哈兹，最终导致双方的冲突进入战争阶段。格鲁吉亚方面在战争中遭到惨败，阿布哈兹在 1994 年单方面宣布成立主权独立的共和国，不过当时并没有得到各方的承认。1994 年 5 月 14 日，格鲁吉亚不得不与阿布哈兹在莫斯科达成《停火和军事力量分离的协议》，格同意从阿布哈兹所有地区撤军，并接受独联体维和部队在该地区的部署，这从事实上宣告了格鲁吉亚丧失对阿布哈兹的实际控制权。此后双方在欧盟及俄罗斯等国的调停下就最终和平问题进行过多次尝试，但未能取得实质性突破。与此同时，双方的小规模冲突继续发生，1998 年、2001 年和 2006 年双方军事力量间爆发了严重的交火事件，一度引发了战争的危机。2008 年 8 月 26 日，俄罗斯承认了阿布哈兹独立，并于当年 9 月与其建交，但迄今为止绝大多数国家均未承认阿布哈兹的主权国家地位。

附录 2 南奥塞梯问题

南奥塞梯是格鲁吉亚的一个自治州，面积 3900 平方公里，人口约 19 万，主要由奥塞梯人、俄罗斯人和格鲁吉亚人组成。南奥塞梯与俄罗斯北奥塞梯地区接壤。①

奥塞梯人在 1774 年自愿加入俄罗斯帝国，而当时的条约没区分南北奥塞梯。俄十月革命后，南奥塞梯被并入格鲁吉亚民主共和国（DPG）。但南奥一直是格中央政府的麻烦地区，因为南奥与俄帝国在过去 200 年间一直是传统盟友，在十月革命后又同情和支持布尔什维克。1920 年，一次大的奥塞梯人暴动被 DPG 的人民卫队残酷镇压，成千上万人死于大屠杀。奥塞梯大屠杀在 20 世纪 90 年代南奥塞梯武装冲突阶段塑造格鲁吉亚人是其敌人方面扮演了重要角色，令奥塞梯人自我意识为受害者。然而有意思的是，对于 DPG 的负面记忆从来不曾成为格鲁吉亚族和奥塞梯人在苏联时期和平相处的严重障碍。实际上，与阿布哈兹不同，在苏联时期格鲁吉亚族和奥塞梯族两个族群间的关系基本处于良好状态，相互保持高水平的通婚和交往状态，没有民族层面的严重相互憎恶。并且，更为关键的是，苏联时期南奥塞梯从来未曾就自身的地位问题向苏共中央提出严肃的呼吁。

南奥塞梯分离主义运动出现在苏联末期，是对格鲁吉亚独立运动的反应。当时格鲁吉亚为了实现从苏联分离出来建立独立国家的愿望，在国内开展了规模浩大的民族主义运动，将南奥塞梯人等少数民族视为国家的外来者。当南奥呼吁提高自身在格鲁吉亚的地位时，加姆萨胡尔季阿的回应却是将奥塞梯人称为在"格鲁吉亚不受欢迎的客人"，声称奥塞梯人的家是在北高加索，也就是北奥塞梯。格鲁吉亚人认为奥塞梯人定居于格鲁吉亚主要始于 2~3 个世纪前，

---

① 《南奥塞梯问题》，http：//news. xinhuanet. com/ziliao/2008－08/08/content_9045234. htm。

南奥塞梯本不是他们的家乡。这与阿布哈兹不同,格鲁吉亚承认阿布哈兹是阿布哈兹人的家乡。这种态势激发了南奥塞梯分离主义运动的兴起。

1990年9月,南奥塞梯宣布南奥民主苏维埃共和国建立,并呼吁苏联中央予以承认。而格鲁吉亚则宣布废除南奥塞梯原有的自治州地位,并且建议将南奥降至"文化自治区"。1991年1月,戈尔巴乔夫发布命令废除南奥塞梯最高苏维埃建立自治共和国的决定,也废除格鲁吉亚对南奥自治州地位的废除令。但这未能阻止格鲁吉亚与南奥塞梯矛盾冲突的升级。1992年1月,南奥就地区地位问题进行全民公决,结果绝大多数南奥塞梯居民支持加入俄罗斯联邦。1992年4月,格鲁吉亚开始炮轰南奥首府茨欣瓦利,双方爆发严重武装冲突,造成约1000人死亡,逾10万南奥塞梯人逃离家园。1992年6月24日,俄罗斯总统叶利钦和格鲁吉亚总统谢瓦尔德纳泽签署了旨在解决格鲁吉亚—南奥塞梯冲突的"达戈梅斯协议"(Dagomys Agreements)。在莫斯科的参与下,格鲁吉亚和南奥塞梯达成了停火协议,同意由俄罗斯、格鲁吉亚和北奥塞梯联合组成的维和部队和欧安组织观察员部署到该地区。

此后,和平进程有一些进展。1996年5月16日,冲突各方签署《就确保格—奥冲突各方安全和强化相互信任措施的备忘录》,1997年2月,签署《格—奥冲突造成的国内难民和难民自愿返回他们永久居住地的协议》。2000年,俄格签署《格—奥冲突地区经济重建的跨政府协议》,两国政府承诺将帮助南奥塞梯进行重建。2000年7月11日至13日,巴登欧安组织会议上,谈判再次取得进展,各方同意"中间协议草案",该草案包括了冲突解决的基本原则。这些原则包括:格鲁吉亚领土的完整,南北奥塞梯间的特殊联系,授予南奥高水平自治地位,国际安全监督,以及俄罗斯军队在南奥的存在。

谢瓦尔德纳泽总统治下南奥冲突一度似乎有可能得到解决。当时军事紧张程度已经很低,格鲁吉亚和南奥关系在停火后日益正常化,建立信任的步骤也在认真展开。2002年,族际关系得到改善,正常的人员互动很大程度上获得恢复。经济和社会行动也能够绕开未解决的和冻结的地位问题继续进行,第比利斯和茨欣瓦利之间的共同市场和汽车连线继续正常运转。

然而2004年萨卡什维利担任格鲁吉亚总统后,形势出现逆转。格鲁吉亚转而试图采用切断南奥当局收入来源将之孤立的政策迫使南奥屈服。格鲁吉亚以打击走私为名，派特遣部队进入南奥塞梯，并关闭了对于南奥民众生活异常重要的埃尔格涅季市场（Ergneti market）。2004 年 7 月 20 日，萨卡什维利甚至提出废除 1992 年"达戈梅斯协议"的可能性，而该协议是到那时为止调节格鲁吉亚和南奥塞梯冲突的法律基础。萨卡什维利声称："我并不准备承认禁止我们在格鲁吉亚领土悬挂国旗的那些协议。尽管谢瓦尔德纳泽签署了这些协议，我也可以随时取消它们。"①格鲁吉亚的行动引起了南奥方面的反弹，导致 2004 年 8 月格鲁吉亚与南奥塞梯的第二场战争，双方不仅使用了轻武器，还使用了火炮。尽管交战双方在月末短暂停火，但在 2004 年 8 月冲突的决定性阶段出现了新一轮炮击、挑衅以及对至关重要的通信方式的封锁。之后，军队的小型"过度反应事件"在南奥塞梯频繁发生。②

此后，南奥塞梯疏离格鲁吉亚倒向俄罗斯的趋势越来越明显。为了改变局势，格鲁吉亚也尝试过各种手段，包括 2007 年在格鲁吉亚控制的南奥地区成立由南奥塞梯前总理、国防部部长德米特里·萨纳科耶夫（Dmitry Sanakoyev）任首脑的南奥临时政府，宣称对整个南奥塞梯具有统治权。③ 但这一临时政府并没有得到南奥塞梯当局和俄罗斯的承认。格鲁吉亚通过和平手段解决南奥塞梯问题的一系列尝试都未取得实质进展，面对南奥日益离心的倾向，萨卡什维利最终选择了军事政治冒险，在 2008 年 8 月以武力进攻南奥塞梯，导致俄格战争的爆发。俄罗斯出动军队彻底击溃了格鲁吉亚对于南奥塞梯的进攻，迫使格鲁吉亚最终宣布接受俄罗斯提出的停火谈判 6 项原则。此后，俄正式承认南奥塞梯和阿布哈兹的独立，这使得格鲁吉亚解决这两个分离主义地区的愿望短期内已然无法实现。两国在此问题上的矛盾将长期存在，并持续对双方关系乃至地区局势的发展演变产生重要影响。

附录 3　纳卡问题

纳卡是纳戈尔诺-卡拉巴赫自治州的简称，位于阿塞拜疆西南部，是阿塞

---

① "Грузия угрожает выходом из договора по Осетии", BBC Russia, 20 June 2004, http：//news. bbc. co. uk/hi/russian/russia/newsid_ 3911000/3911101. stm.
② 〔俄〕谢尔盖·马尔科多诺夫：《大高加索的危机与俄罗斯》，《俄罗斯研究》2011 年第 2 期，第 47~67 页。
③ 德米特里·萨纳科耶夫为格鲁吉亚族人。

拜疆的一个自治州。纳卡的面积有 4400 多平方公里，首府为斯捷潘纳克特
（Stepanakert），主要人口为亚美尼亚族人。1991 年，纳戈尔诺-卡拉巴赫宣布
独立，虽然始终未得到国际承认，但长期脱离阿塞拜疆共和国的控制，实际处
于亚美尼亚共和国的管辖之下。围绕着纳卡问题，亚美尼亚共和国、纳卡自治
州和阿塞拜疆共和国间在 20 世纪 90 年代初爆发了严重的地区战争。此后，该
地区至今一直处于"无战争、无和平"的状态。纳卡争端包含有政治、法律、
社会、历史等各方面的因素，堪称后苏联空间内最复杂和最难于调和的争端
之一。

　　纳卡冲突具有深刻的历史根源。历史上，阿塞拜疆人和亚美尼亚人对于谁
才是该地区的原住民一直争论不休。亚美尼亚人一直将纳卡地区视为其历史的
家园和民族文化的摇篮。1918 年，亚美尼亚和阿塞拜疆人各自建立了独立的
国家，但对于纳卡地区的归属双方存在很大的争执。阿塞拜疆宣布主权及于该
地，纳卡地区的亚美尼亚人却拒绝接受阿中央政府的管辖。不过在遭受阿塞拜
疆一系列的镇压行动后，1919 年 8 月 22 日，纳卡的亚美尼亚人大会最终被迫
宣布接受阿塞拜疆的统治。

　　苏联时期，纳卡问题因苏共中央的介入等一系列因素而变得更加复杂，也
为日后的冲突埋下了伏笔。1920 年 11 月，阿塞拜疆共和国苏维埃革命委员会
发表声明，宣布将纳卡及纳什切万等地移交给亚美尼亚共和国。1921 年，该
委员会再次公告，宣布纳卡是亚美尼亚社会主义苏维埃共和国的一部分。但
是，这两个声明都是在苏联共产党中央的压力下做出的，阿塞拜疆并不愿意交
出纳卡地区。随后，在阿塞拜疆革命委员会的不断抗争下，1921 年 7 月苏共
中央做出了有利于阿塞拜疆的决定，纳卡地区留在阿塞拜疆境内。为了缓解纳
卡亚美尼亚人的不满，1923 年将纳卡升级为阿塞拜疆共和国内的自治州。不
过，整个苏联时期，有关纳卡地位的争执都没有停止，该州的亚美尼亚人不断
地向联盟中央呼吁将该地移交给亚美尼亚，这造成亚族和阿族的矛盾日渐加
深。20 世纪 80 年代后期，随着苏联中央政府控制力的降低，阿塞拜疆人和亚
美尼亚人在纳卡的矛盾终于难以控制。自 1987 年开始，纳戈尔诺-卡拉巴赫自
治州的民族主义运动强化起来，不断要求将纳卡并入亚美尼亚。1988 年 2 月，
阿塞拜疆和亚美尼亚人在纳卡爆发了严重冲突，导致大量的阿塞拜疆族人逃离

亚美尼亚，而这又在其后引发阿塞拜疆人针对在阿的亚美尼亚人的严重报复。1989 年 12 月，亚美尼亚最高苏维埃和纳卡自治州苏维埃决定将亚美尼亚和纳卡重新统一。1991 年 12 月 10 日，纳戈尔诺-卡拉巴赫宣布独立，但并不为国际所承认，只有亚美尼亚予以承认。

1992 年冬，纳卡冲突全面爆发，进入战争阶段。战火持续到 1994 年，直到当年 5 月在俄罗斯的斡旋下双方签署停火协议。阿塞拜疆遭到严重失败，亚美尼亚不仅保住了对纳卡地区的实际控制，还夺取了纳卡周边 7 处阿塞拜疆地区的领土，打通了亚美尼亚与纳卡地区的地理联系通道。尽管亚美尼亚始终坚持自己并未参战，只是给予纳卡当局以有限支持，但鉴于其武装部队实际上全面介入了战争，并且在战争中全力对纳卡进行支持，因此，这场战争实际上是阿塞拜疆共和国和亚美尼亚共和国之间的较量。而从此之后，纳卡问题也就成为两国关系中无法化解的矛盾，令阿塞拜疆和亚美尼亚长期处于"无战争、无和平"的敌对状态。而纳卡对于两国的极端重要性令该问题一直以来都强烈地影响着双方的外交与安全政策。

后　记

　　本书是本人博士学位论文的延伸与发展，由中国博士后科学基金第九批特别资助项目"俄罗斯南下战略及其对丝绸之路经济带安全环境的影响"（项目号：2016T90975）资助出版。

　　本书的构思和完成离不开我的博士导师李兴教授和博士后合作导师唐永胜教授的悉心指导，正是他们在学术上的引领和生活上的关心才让我有能力和精力完成这项研究。选择外高加索区域作为研究对象，得益于李兴教授的指导，是导师的引领和指点，让我注意到了这样一个国内研究相对薄弱的地区。在写作和完善过程中，两位老师始终耐心纠正我在研究上的误区和偏差，指引我拓展研究视野、提升研究水平。感谢中联部胡昊研究员、清华大学吴大辉教授、北京师范大学刘小林教授和张胜军教授为本书的修改完善提出的宝贵建议。感谢国防大学国家安全学院的各位领导、教授和同事，他们的关心帮助，让本书的完成有了充足的时间，而研究中的很多疑惑也在一次次与他们的探讨中得以顺利化解。

　　中国社会科学院世界经济与政治研究所徐秀军副研究员和俄罗斯东欧中亚研究所王晨星助理研究员，对本书的写作给予了极有价值的意见和建议，特别是在一些研究思路遇阻的时候，与他们的讨论给我带来了许多灵感。

　　我的父母是我求学和工作的坚强后盾，一直默默地支持我的每个选择。他们的鼓励和支持，让我的写作没有后顾之忧，支撑着我完成一段段枯燥的研究之旅。

本书的出版得到了社会科学文献出版社的大力支持和帮助，在此表示诚挚谢意。

姜　磊

2019 年 8 月于红山口

图书在版编目（CIP）数据

俄罗斯与外高加索三国安全合作研究 / 姜磊著 . --
北京：社会科学文献出版社，2019. 10
ISBN 978-7-5201-5749-0

Ⅰ. ①俄…　Ⅱ. ①姜…　Ⅲ. ①国家安全-国际合作-
研究-俄罗斯、格鲁吉亚、亚美尼亚、阿塞拜疆　Ⅳ.
①D751. 2 ②D736

中国版本图书馆 CIP 数据核字（2019）第 228836 号

俄罗斯与外高加索三国安全合作研究

著　　者 / 姜　磊

出 版 人 / 谢寿光
责任编辑 / 张苏琴

出　　版 / 社会科学文献出版社·当代世界出版分社（010）59367004
　　　　　　地址：北京市北三环中路甲 29 号院华龙大厦　邮编：100029
　　　　　　网址：www. ssap. com. cn
发　　行 / 市场营销中心（010）59367081　59367083
印　　装 / 三河市龙林印务有限公司

规　　格 / 开　本：787mm × 1092mm　1/16
　　　　　　印　张：12　字　数：194 千字
版　　次 / 2019 年 10 月第 1 版　2019 年 10 月第 1 次印刷
书　　号 / ISBN 978-7-5201-5749-0
定　　价 / 88. 00 元

本书如有印装质量问题，请与读者服务中心（010-59367028）联系